Der Stricker

Erzählungen, Fabeln, Reden

Mittelhochdeutsch / Neuhochdeutsch

Herausgegeben, übersetzt und kommentiert
von Otfrid Ehrismann

Philipp Reclam jun. Stuttgart

Umschlagabbildung: Der Hofhund. Miniatur aus dem Codex FB 32001 (fol. 25^{v}) des Tiroler Landesmuseums Ferdinandeum, Graz; 1456.

2., überarbeitete Auflage

Universal-Bibliothek Nr. 18821

Gesamtherstellung: Reclam, Ditzingen. Printed in Germany 2011

ISBN 978-3-15-018821-7

www.reclam.de

Inhalt

Fabeln

1

Vor einem stadele, dâ man drasch,
dâ gie ein han durch genasch
und warp als er kunde.
dô er kratzen begunde,
dô vant er in kurzer stunt
einen wol getânen vunt,
einen schœnen mergriezen.
'möhte ich dîn iht geniezen',
sprach er wider sich selben dô,
'sô wære ich dîn harte vrô.
wære dir iemen zuo komen,
dem du möhtest gevromen,
dem wære wol mit dir geschehen.
nu hân ich kurzlîche gesehen,
daz ich enmac dîn
niht geniezen noch du mîn,
des bistu hie ze mir verlorn –
ich næme vür dich ein haberkorn.'
der han gelîchet einem man,
der beidiu wil unde kan
tumplîche werben
und wænet doch niht verderben.
kumt er den mergriezen an,
er lât in ligen als der han.
was sint die mergriezen?
diu wort, der wir niezen
gegen got und nâch êren.
beginnet man in lêren,
wie er werben solde,
ob er sich lieben wolde
beidiu gote und den liuten,
sô mac man imz diuten,
ê er sich dar an iht kêre.

1

Der Hahn und die Perle

Vor einer Scheune, in der gedroschen wurde, stolzierte ein Hahn und bemühte sich nach Kräften, Futter zu finden. Als er scharrte, machte er alsbald eine schöne Entdeckung, er fand nämlich eine herrliche Perle.

»Wenn ich etwas mit dir anfangen könnte«, sprach er zu sich selbst, »so würde ich mich sehr über dich freuen. Hätte dich jemand gefunden, dem du nutzen könntest, der würde dich gut verwenden. Ich sehe aber deutlich, dass wir beide nichts miteinander anfangen können, du bist umsonst bei mir – statt deiner hätte ich lieber ein Haferkorn.«

Der Hahn gleicht jemandem, der sich töricht verhält und doch glaubt, dabei nicht zugrunde zu gehen. Stößt der auf eine Perle, so lässt er sie wie der Hahn liegen.

Was bedeuten die Perlen? Es sind die Worte, die wir an Gott richten und mit denen wir nach Ehre streben. Belehrt man jenen Menschen, was er tun sollte, um Gott und den Menschen zu gefallen, so muss man es ihm erst erklären, bevor er sich danach

des effet er sich sêre,
der den wîsheit lêret,
der sich an die rede niht kêret.
swer niht wîsheit wil pflegen,
vünde er si ligen an den wegen,
er möhte ir niht mêr geniezen
denne ouch der han des mergriezen.

2

Ein rabe quam an ein gras,
dô vant er, daz im liep was,
pfâwenveder*en* ein vil michel teil,
des wart er vrô unde geil.
die stiez er alle an sich,
dô wart er harte wünneclich
und gie, dâ er sîne genôzen vant.
zuo den sprach er zehant:
'nu sehet, wie rehte schœne ich bin!
ez wære ein michel unsin,
daz ich mit iu solde sîn,
dar umbe spottete man mîn.'
alsus wart im dannen gâch,
und quam vil schiere dar nâch,
dâ in die pfâwen sâhen;
die begunden dar gâhen.
swelhiu ir vederen dâ gesach,
diu gie dar unde sprach:
'disiu veder, diu ist entriuwen mîn,
sine sol niht langer bî dir sîn.
weizgot, du læzest si mir!'
alsô zucte iesliche die ir,
unz er wart swarz alsam ê.
dô wart im zweier dinge wê:

richtet. Wer jemandem, der sich dann nicht daran / nicht an die Erzählung hält, lehrt, weise zu handeln, der macht sich zum Affen.

Wer die Perle am Wege finden würde und nicht weise sein möchte, der könnte mit ihr nicht mehr anfangen als der Hahn.

2

Der Rabe mit den Pfauenfedern

Ein Rabe ließ sich aufs Gras nieder und fand etwas, das ihm gefiel, nämlich viele Pfauenfedern; darüber war er froh und übermütig. Er steckte sie alle an sich – prächtig sah er aus! – und ging zu seinen Gefährten.

Er sprach zu ihnen: »Seht doch, wie wunderschön ich bin! Ich wäre verrückt, wenn ich mit euch zusammen leben würde, man würde mich verspotten.«

Er eilte hinweg und kam bald darauf zu den Pfauendamen. Als sie ihn sahen, eilten sie herbei, und welche ihre Federn erblickte, die ging hin und sagte: »Diese Feder gehört doch mir, sie soll nicht länger an dir sein. Bei Gott, gib sie her!«

So riss jede die ihrige heraus, bis der Rabe schwarz war wie vorher.

Zweierlei quälte ihn nun: dass man ihm die

daz im die vederen wâren genomen,
und ouch niht torste bekomen
zuo andern sînen genôzen –
er vorhte spot grôzen.
den wolde er niht lîden
und begunde si durch daz mîden
und meit si ein vil lange zît.
iedoch erbaldete er sît
unde gie baltlîche dar.
dâ si wurden sîn gewar,
si sprâchen alle: ‘kumest du?
wâ sint dîne schœne vederen nu?’
des vrâgten si in alle
und brâhten in sô ze schalle,
daz im lieber wære geschehen,
hæte er die vederen nie gesehen.
alsus tuot ein betrogen man:
und kumt in ein gewalt an,
sô vert er mit schalle
und versmæhet die alle,
den er ê was gelîch,
und machet sîn dinc sô hêrlîch,
daz er selbe wænen wil,
daz niemen tugende habe sô vil,
als er habe an sich geleit;
und machet mit sîner betrogenheit,
swenne im der gewalt wirt benomen
und er ûz dem schalle muoz komen:
die in ê vil gerne sâhen,
sæhen si in danne hâhen,
dar umbe lobeten si alle got.
sô muoz er immer ir spot
lîden unz an sînen tôt.
daz erholt er âne nôt.
des ist er tump, der sich sô traget,
daz niemen sînen schaden klaget.

Federn genommen hatte und dass er nicht wagen konnte, zu seinen übrigen Gefährten zu gehen – er fürchtete großen Spott. Den wollte er nicht ertragen, er mied sie deshalb, und zwar sehr, sehr lange. Jedoch, er fasste wieder Mut und ging kühn zu ihnen hin. Als sie ihn sahen, sprachen sie alle: »Du kommst hierher? Wo sind denn nun deine schönen Federn?« Alle fragten sie ihn und brachten ihn so ins Gerede, dass er die Federn lieber nie gesehen hätte.

Genauso verhält sich ein eingebildeter Mensch: wird er mächtig, dann lebt er laut und fröhlich und verachtet all jene, mit denen er früher auf gleicher Stufe stand. Er setzt sich so in Szene, dass er schließlich selbst glaubt, keiner habe so viele Vorzüge wie er. Wenn ihm dann seine Macht genommen wird und es still um ihn geworden ist, so ist dies die Folge seiner Selbsttäuschung, und die, die ihn zuvor gerne gesehen hatten, sähen ihn jetzt lieber am Galgen baumeln und würden Gott dafür noch loben.

So wird er ihren Spott bis zu seinem Tode ertragen müssen. Dies hat er ohne Not auf sich genommen! Wer sich so verhält, ist töricht, und niemand wird über seinen Schaden klagen.

3

Swes herze noch ie besezzen wart
mit wunderlicher hôchvart,
daz ist rehte allez ein wint:
ein kater, einer katzen kint,
der überhœhetes alle,
die sint Adames valle
mit hôchvart wurden bekant.
der gie, dâ er ein vohen vant,
der sprach er kündiclîche zuo:
'nu râtâ, vrouwe, waz ich tuo!
ich weiz wol, daz du wîse bist
und kanst vil manigen guoten list.
dar umbe suoche ich dînen rât.
ich sage dir, wie mîn dinc stât:
ich hân mê tugende eine
denne allez daz gemeine,
dâ von du ie gehôrtest sagen.
ichn dörfte nimmer gedagen,
solde ich dich wizzen lân,
wie vil ich hôher tugende hân.
ezn vünde niemens sin
sô edeles niht, als ich bin.
swie gerne ich nu næme
ein wîp, diu mir wol zæme –
die mac mir niemen vinden,
doch wil ich nimmer erwinden.
dir sint vil grôze witze bî:
waz nu daz edeleste sî,
daz du iender kanst erkennen,
daz solt du mir nennen,
des tohter wil ich nemen ê,
ê danne ich gar âne wîp bestê.'

3
Der Kater als Freier

Mag jemals eines Menschen Herz mit grenzenloser Hoffart erfüllt gewesen sein – alles ist nichts gegenüber einem Kater, dem Sohn einer Katze; [5] er übertraf alle, deren Hoffart seit Adams Fall bekannt wurde.

Er ging zu einer Füchsin, zu der er anmaßend sprach: [10] »Rate mir, Frau, was ich tun soll! Ich weiß, du bist weise und verstehst dich auf viele gute Künste. Deshalb suche ich deinen Rat. Ich sage dir, wie es um mich steht: [15] Ich alleine habe mehr Vorzüge als alles, von dem du jemals gehört hast. Ich käme nie zum Schweigen, wollte ich dir erzählen, [20] welche großen Qualitäten ich habe. Niemand könnte etwas so Edles wie mich ersinnen. Wie gerne würde ich nun eine Frau nehmen, die zu mir passen würde – [25] die kann niemand für mich finden, doch will ich nicht aufgeben. Du hast großen Verstand: Nenne mir das Edelste, das du kennst, [31] lieber will ich dessen Tochter nehmen als ganz ohne Frau bleiben.«

diu vohe kündiclîche sprach:
'swaz ich edeles ie gesach,
den gêt diu sunne allen vor.
si sweimet sô wünneclîche enbor
und ist schœne und alsô heiz,
daz ich sô edeles niht enweiz.'
er sprach: 'der tohter muoz ich hân!
si ist hôhe unde wol getân
und hât sô wünneclichen schîn,
si mac wol vil edele sîn.
nu sage mir von der sunne mê,
ist iht dinges, daz ir widerstê?
daz soltu nennen iesâ!'
diu vohe sprach: 'entriuwen, jâ!
ir widerstêt der nebel wol,
der ist *sô* grôzer krefte vol,
daz diu sunne niht geschînen kan,
swâ ir der nebel niht engan.'
der kater sprach: 'ist daz alsô,
sô bin ich des nebels tohter vrô.
sît er sô grôze kraft hât,
daz er der sunne widerstât,
sô gevellet mir sîn tohter baz.
nu sage, ist aber iender daz,
daz dem nebel ane gesige,
vor dem er sigelôs gelige?'
'jâ', sprach diu vohe zehant,
'dir ist der wint wol bekant,
der ist des nebels meister wol.
wære des nebels ein lant vol,
swenne sich der wint rüeret,
er verjaget und zefüeret
den nebel in vil kurzer vrist,
daz niemen weiz, wâ er ist.'
der kater sprach: 'daz ist guot!
sô wil ich wenden mînen muot

Listig sprach die Füchsin: »Über allem Edlen, das ich jemals sah, steht die Sonne. Sie schwebt so wundervoll in die Höhe, sie ist herrlich und voller Hitze – etwas so Edles kenne ich sonst nicht.«

Der Kater sprach: »Deren Tochter muss ich haben! Sie ist hoch und schön, und sie strahlt so wundervoll, gewiss ist sie sehr edel. Erzähle mir doch etwas mehr von der Sonne: Gibt es etwas, das ihr widerstehen kann? Du musst es mir unverzüglich nennen!«

Die Füchsin antwortete: »In der Tat, ja! Der Nebel widersteht ihr, der besitzt so große Kräfte, dass die Sonne nicht zu scheinen vermag, wenn es der Nebel nicht erlaubt.«

Da erwiderte der Kater: »Ist das so, dann freue ich mich über die Tochter des Nebels. Wenn dieser so große Kraft besitzt, der Sonne zu widerstehen, dann gefällt mir *seine* Tochter besser. Doch sag, gibt es etwas, das den Nebel besiegen kann, vor dem dieser kapitulieren muss?«

»Ja«, antwortete die Füchsin, »du kennst doch den Wind, der ist unbestritten der Herr des Nebels. Wäre ein Land auch voller Nebel, der aufkommende Wind verjagte und zerstreute ihn in kürzester Zeit, so dass niemand mehr weiß, wo er sich aufhält.«

Der Kater sprach: »Das ist gut! Deshalb werde ich jetzt meine Absichten auf die Tochter des Windes

an des windes tohter umbe daz.
wie ode wâ gevüere ich baz,
sît im diu êre ist beschert,
daz er sô gewalticlîche vert!
des wil ich sîner tohter zuo,
ê daz ich iender wirs getuo.
ist iht dinges in der krefte,
daz des windes meisterschefte
mit sîner kraft widerstê,
daz solt du mir sagen ê,
als liep ich dir ze vriunde sî.'
'jâ', sprach diu vohe, 'ich weiz hie bî
ein grôz, alt, œde steinhûs,
dâ hât der wint vil manigen sûs
und manigen stôz ane getân
und muose doch ez lâzen stân.
swie vil er dâ gestürmet hât,
ez hât die kraft, daz ez noch stât.'
der kater sprach: 'sam mir mîn lîp!
sô wil ich dehein ander wîp
wan des steinhûses kint,
sît der kreftige wint
daz stürmet naht unde tac
und doch niht dâ gesigen mac.
des hûses tohter wil ich nemen,
diu muoz mir aller beste gezemen.
hât aber iht dinges die kraft,
dâ von daz hûs schadehaft
immer mêre werde?
ist des iht ûf der erde,
dâ sage mir von etewaz!'
'jâ', sprach diu vohe, 'ich weiz noch daz,
daz dem steinhûse ane gesiget,
daz ez dâ nider geliget:
ob der erde und dar under
ist miuse ein michel wunder,

richten. Was könnte ich denn Bessres tun, da er die Ehre hat, so gewaltig zu sein! Darum verlange ich nach seiner Tochter, bevor ich etwas Niedriges anpacke. Gibt es aber etwas, das so stark ist, mit seiner Kraft der Herrschaft des Windes zu widerstehen, dann musst du mir dies zuvor bei unsrer Freundschaft sagen.«

»Ja«, erwiderte die Füchsin, »ich kenne hier in der Nähe ein großes, altes, verlassenes Steinhaus, dagegen hat der Wind mit vielen Stürmen und Böen geblasen, und er musste es doch stehen lassen. Wie sehr er auch getobt hat, es ist so stark, dass es noch steht.«

Der Kater antwortete: »Bei meinen Leben! So will ich keine andere Frau als die Tochter des Steinhauses, wenn es der kraftvolle Wind Tag und Nacht bestürmt und doch den Sieg nicht davontragen kann. Die Tochter dieses Hauses möchte ich nehmen, die wird am besten zu mir passen. Hat aber irgendetwas die Kraft, das Haus zu zerstören? Wenn es so etwas auf der Welt gibt, dann berichte mir davon!«

»Ja«, entgegnete die Füchsin, »ich weiß, was das Steinhaus besiegen kann, so dass es zerfällt: Über und unter der Erde gibt es zahllose Mäuse, die

die hânt die mûre sô durchvarn,
daz si des niemen kan bewarn,
man müeze si schiere vallen sehen –
daz muoz von den miusen geschehen!'
der kater sprach: 'ich bin geil
und hân ouch sælde unde heil,
daz ich die rede vernomen hân:
sô wil ich elliu wîp lân
und wil der miuse tohter nemen.
daz lâ mich ê vernemen,
ob si âne sorgen leben,
ist in iht meisters gegeben?'
'jâ', sprach diu vohe sâ zestunt,
'dir ist diu katze wol kunt,
diu ist der miuse meister gar.
swâ si ir werdent gewar,
dô vliehent si durch grôze nôt.
swaz si ir gevâhet, die sint tôt –
diu mac sich dir gelîchen wol,
diu ist als rîcher tugende vol
und ist als edele als du bist.
swaz an dir ze lobene ist,
daz ist ouch vollicliche an ir.
du hâst dich des gerüemet mir,
ezn vinde niemens list
sô edeles niht, sô du bist.
nu merke rehte dîne kraft!
diu katze ist als tugenthaft
an muote und an lîbe,
diu zimet dir wol ze wîbe:
dun maht ouch niht hôher komen,
ich hân daz vür wâr vernomen.
du hâst dich selben geaffet,
daz du sô vil hâst geklaffet,
und hâst *mit* worten getobet,
daz du dich hôher hâst gelobet,

die Mauern so unterwühlt haben, dass man sie unweigerlich bald fallen sehen wird – das werden die Mäuse vollbringen!«
Der Kater sprach: »Ich bin froh, diese Rede gehört zu haben; Glück und Segen sind bei mir: [112] Alle anderen Frauen will ich lassen und die Tochter der Mäuse nehmen. Zuvor lass mich aber wissen, [115] ob diese sorglos leben und kein Herr über sie gesetzt ist?«
»Ja«, antwortete die Füchsin darauf, »du kennst doch die Katze, die ist Herr über die Mäuse. [120] Wenn diese sie sehen, dann fliehen sie wegen der großen Gefahr. Welche sie auch fängt, sie müssen sterben – sie ist genauso wie du, sie besitzt dieselben großen Qualitäten [125] und ist so edel wie du. Was man an dir loben muss, gilt auch für sie. Du hast dich vor mir gebrüstet, niemand könne sich [130] etwas so Edles erdenken wie dich. Jetzt erkenne, wie du wirklich bist! Denselben Geist und denselben Körper wie du hat die Katze, sie ist die passende Frau für dich: [135] Du kannst nun einmal nicht höher hinaus, dies weiß ich ganz sicher. Du hast dich selbst zum Narren gemacht, dass du so viel geschwatzt und unsinniges Zeug dahergeredet hast, [140] und dich über alles in

denne iht in der werlde sî.
nu bin ich tiurer denne dîn drî
und weiz der tiere dannoch vil,
den ich mich niht gelîchen wil,
die verre tiurer sint denne ich.
kanstu niht erkennen dich,
sô sich et eine katzen an:
du kanst niht anders, denne si kan;
swaz si ist, daz bist ouch du –
dâ von tuo dînen munt zu!
du suochest einen tôren:
vâch dich selben bî den ôren,
sô hâstu in vunden iesâ,
er ist vil vollicliche dâ!'
dô kêrte der kater wider
und lie sîn hôchgemüete nider,
dô er bevant, wer er was,
und was vil vrô, daz er genas.
alsam geschiht dem tumben man,
der daz niht bedenken kan,
wer er ist und wâ er sol –
dem ergêt ez selten wol.
swenne er sich sô vergâhet,
daz er diu dinc versmâhet,
diu im ze mâze wæren
und sælde und êre bæren,
und sô tumbe sælde suochet,
daz er der dinge ruochet,
der er niht muoten solde,
ob er sich erkennen wolde –
der hât sich selben übersehen,
dem sol ze rehte geschehen
als dem katern geschach,
der im ze hôher wirde jach:
daz wart im misseprîset,
und wart des underwîset,

der Welt gestellt hast. Ich bin dreimal mehr wert als du, und doch kenne ich viele Geschöpfe, mit denen ich mich nicht vergleichen würde, weil sie weitaus wertvoller sind als ich. Wenn dir die Selbsterkenntnis fehlt, dann sieh doch eine Katze an: Du kannst nichts anderes als sie; was sie ist, bist du auch – deshalb halte deinen Mund! Suchst du einen Narren, so fasse dich an deinen eigenen Ohren, dann hast du ihn gleich gefunden, und zwar in voller Größe!«

Da ging der Kater weg, und da er erkannt hatte, wer er eigentlich war, gab er seine Hoffart auf und freute sich sehr, dass er noch einmal davongekommen war.

So geht es dem Dummkopf, der nicht erkennen kann, wer er ist und wohin er gehört – mit dem wird es nicht gut enden. Wer so hoch hinaus will, dass er verachtet, was zu ihm passen und ihm Glück und Ehre bringen würde, und wer ein solch eitles Glück sucht, dass er sich um etwas bemüht, das er nicht begehrte, wenn er seine Grenzen kennen würde – der überschätzt sich selbst, dem wird es genauso ergehen wie dem Kater, der seinen Wert zu hoch ansetzte: Ihm wurde dies übel genommen, und er wurde belehrt, dass er wie die Katze war –

daz er der katzen was gelîch –
dô erkande er und schamte sich.
alsô muoz sich ein man schamen,
dem man sîn reht und sînen namen
mit schanden zeiget unde saget,
sô er ze hôchverte jaget.
swie lange sich ein kater wert,
ist im niht ein katze beschert,
sô mac er michel wirs gevarn:
ieclich man sol sîn reht bewarn.

4

Daz ist ieslicher katzen muot:
sæhe si vor ir unbehuot
hundert tûsent ezzen stên,
si wolde zuo in allen gên.
daz si niht gezzen möhte
und ir ze nihte entöhte,
daz machete si doch unreine,
daz si würden elliu gemeine
den liuten ungenæme
und ze ezzen widerzæme.
alsam tuot ein unreiner man,
der nimmer sô vil wîbe enkan
gewinnen, als sîn herze gert.
er versuochet wert und unwert:
die er niht minne mac gewern,
die wil er dannoch niht verbern –
er benaschet bœse unde guot.
diu sînes willen niht entuot,
der wil er doch warte machen
und wil si dâ mit swachen,
daz si im ze jungest werde reht.

dies führte ihn zur Selbsterkenntnis, und er schämte sich. In derselben Weise muss sich jemand schämen, den man, wenn er sich zu hoffärtig aufgeführt hat, zu seiner Schande deutlich auf seinen Stand und seinen Rang hinweist.
Ein Kater mag sich noch so lange dagegen sträuben, bekommt er keine Katze, so wird es ihm sehr schlecht ergehen: Jedermann soll in seinem Stand bleiben.

4
Die Katze

Dies ist die Veranlagung jeder Katze: Sieht sie hunderttausend Essen unbewacht vor sich stehen, würde sie gerne zu allen hinrennen. Was sie nicht essen könnte und nichts für sie wäre, das würde sie doch verunreinigen, so dass alles für die Leute abstoßend und ungenießbar wäre.
In derselben Weise verhält sich ein unkeuscher Mann, der nicht so viele Frauen bekommen kann, wie sein Herz begehrt. Er probiert es bei Würdigen und Unwürdigen: Auf die, die seine Liebe nicht wollen, will er dennoch nicht verzichten. Er nascht an schlechten und guten. Ist eine ihm nicht willfährig, so wird er ihr doch seine Aufwartung machen, um ihren Widerstand zu brechen, damit sie ihm schließ-

er minnet krumbe unde sleht
und hât vil gar der katzen site.
bejaget er katzenlop dâ mite,
daz dunket mich vil billîche:
er tuot der katzen vil gelîche.
ir beider werc bewærent wol,
daz man ir lop gelîchen sol.

5

Ez was hie vor ein rîcher wirt:
swaz den gesten vröude birt,
des bôt er allez genuoc;
er schuof, swâ man sîn gewuoc,
daz er vil wol gelobet wart.
er het ouch einen hovewart,
der kunde wol überspringen:
des endorfte in niemen twingen,
dâ mit erwarp er sîn brôt.
swer im den arm dar bôt,
dar über spranc er sâ zehant –
des wart der hunt wol bekant.
eines tages quam der geste vil,
dô muose er üeben sîn spil.
er spranc unz an die stunde,
daz er müeden begunde.
dône wolde er niht mêre springen,
dô begunde man in twingen.
dô in des einer betwanc,
daz er in überspranc,
sô twanc in ouch ein ander.
der meisterschefte vant er
sô vil, unz er verzagete
und in vil gar versagete

lich gefügig ist. Er fädelt seine Beziehung zielstrebig oder auf Umwegen ein und verhält sich dabei genauso wie die Katze. Erntet er dadurch Katzenlob, so scheint mir das nur gerecht: Er verhält sich ja auch wie eine Katze. Ihr beider Tun beweist, dass man ihren Ruf vergleichen kann.

5
Der Hofhund

Einst lebte ein mächtiger Herr, der bot den Gästen alles in Fülle, was ihnen Freude machte. Er hatte erreicht, dass er in den höchsten Tönen gelobt wurde, wo man über ihn sprach. [6] Er besaß einen Hovawart, der hohe Sprünge vollführen konnte. Niemand brauchte ihn dazu zu zwingen, er verdiente damit sein Futter. [10] Hielt jemand ihm den Arm hin, dann sprang er sofort darüber. So wurde der Hund weithin berühmt.

Eines Tages trafen viele Gäste ein, da musste er seine Kunst vorführen. [15] Er sprang so lange, bis er müde wurde. Als er nun nicht mehr springen wollte, begann man ihn zu zwingen. Als ihn einer gezwungen hatte, [20] seinen Arm zu überspringen, da zwang ihn auch ein zweiter. Dies geschah so oft, dass er schließlich aufgab, ihnen alles abschlug [25] und für nieman-

und durch niemen springen wolde,
swelch nôt er dar umbe dolde.
  rehte alsô tuot ein milter man:
swie milte er immer werden kan,
wil man sîn ze harte vâren,
in muoz diu milte swâren.
in bringet einer dâ zuo,
der in beide spâte und vruo
ze gîticlîche neisen wil,
daz in muoz dunken ze vil
der gâbe und ienes gîtecheit,
und im ze jungest gar verseit.
swie gerne er milte wære,
in machent die gîtegære
an guote*m* willen sô schart,
daz er tuot sam der hovewart,
den man ze springene twanc
sô lange, unz er durch niemen spranc.

6

Ez was hie vor ein arm man,
der sô lützel guotes gewan,
daz er vil selten sat wart.
dô het er einen hovewart,
dem enweste er, waz geben,
noch enweste, wes er selbe möhte leben.
dâ von sô wart der hunt sô swach,
daz man in kûme leben sach.
  nu was ein burc dâ nâhen bî.
'ich wil sehen, ob dâ iemen sî',
gedâhte er, 'der sich ruoche erbarmen
über mich tôtarmen.'
diu burc het einen rîchen wirt,

den mehr springen wollte, wie man ihn deshalb auch quälte.

In derselben Weise verhält sich ein freigebiger Mensch: Er mag noch so freigebig sein, seine Freigebigkeit wird ihn verdrießen, wenn man sich ihm zu sehr aufdrängt. [31] Wer ihn von früh bis spät aus Habgier bedrängt, bringt ihn dazu, seine Gabe und dessen Habgier für zu groß zu halten [36] und ihm schließlich alles abzuschlagen. Wenn er auch gerne freigebig wäre, so verhärten die Habgierigen doch seinen guten Willen so sehr, [40] dass er sich am Ende so verhält wie der Hovawart, den man so lange zu springen zwang, bis er für niemanden mehr sprang.

6
Der Hofhund und die Jagdhunde

Einst lebte ein armer Mann, der besaß so wenig, dass er niemals satt wurde. Er hatte einen Hovawart, [5] dem er nichts zu geben wusste, noch wusste er selbst, wovon er leben könnte. Dadurch war der Hund so geschwächt, dass er kaum noch am Leben blieb.

Nun stand in der Nähe eine Burg. [10] »Ich will sehen«, dachte er, »ob es dort jemanden gibt, der sich über mich Elenden erbarmen möchte.«

Die Burg hatte einen mächtigen Herrn, der besaß alles, was die Menschen erfreut.

swaz den liuten vröude birt,
des volgete im ein michel teil.
nu gehalf dem hunde sîn heil,
daz er vür des wirtes tisch quam
und sîn dâ niemen war nam,
wan des wirtes hessehunde.
swelcher in an begunde
loufen, als er solde,
und in ûzbîzen wolde,
vor dem leit er sich dar nider
und tet niht anders dar wider,
wan daz er den zagel ruorte,
unz er den zorn zevuorte.
dô er sich alsô kunde ergeben,
dâ von liezen si in leben.
doch begunde er in entwîchen
unde al umbe slîchen
under den benken, dâ ez vinster was –
dâ bejagete er, daz er wol genas.
dô der arme hovewart
ein wênic kreftiger wart,
dô begunde er vür die tische gên,
under die hessehunde stên.
als er ein bein dâ gevienc,
swelch hessehunt dar gienc,
dem liez erz nider vallen.
sus geschuof er mit in allen,
daz si in bî in verdolden.
des si dâ niht wolden,
daz dûhte aber in ein wirtschaft.
nu gewan er schiere solche kraft:
waz im in den munt quam,
daz im deheiner daz ennam –
daz quam dâ von: er werte sich.
er dûhte sich sô heimlich,
daz er sich satzte wider sie

[16] Dem Hund verhalf sein Glück dazu, dass er zum Tisch dieses Herrn gelangte und ihn niemand bemerkte außer dessen Hetzhunden. [20] Wenn ihn von denen einer, wozu er ja da war, anrannte und mit Bissen hinausjagen wollte, dann kuschte er sich nieder und unternahm nichts dagegen, [25] außer dass er, bis er dessen Zorn besänftigt hatte, mit dem Schwanz wedelte. Weil er sich auf solche Weise ergab, ließen sie ihn am Leben. Doch er entwich ihnen [30] und schlich unter den Bänken umher, wo es dunkel war. Dort ging er auf Jagd, so dass er gesund wurde.
Als der arme Hovawart wieder zu Kräften gekommen war, [35] begab er sich vor die Tische und stellte sich unter die Hetzhunde. Wenn er einen Knochen aufgeschnappt hatte, ließ er ihn vor dem Hetzhund niederfallen, der gerade vorbeiging. [40] So erreichte er, dass sie ihn alle bei sich duldeten. Was sie verschmähten, nahm er für einen Leckerbissen.
Nun wurde er rasch so kräftig, dass ihm keiner mehr das wegnahm, was ihm ins Maul kam. [47] Das kam so: Er wehrte sich nämlich. Er fühlte sich so zu

und in des sînen niht enlie.
die hunde muosen dicke jagen,
daz si etewenne in siben tagen
niht enquâmen wider hein.
sô wurden im elliu diu bein
diu si alle solden ezzen.
des wart er sô vermezzen,
hæte in ein lewe bestân,
er wolde ez im niht vertragen hân.
sô die hunde danne quâmen wider,
sô warf er ir einen nider
vor dem tische, und aber einen,
und wolde si an den beinen
deheinen gewalt lâzen hân.
dô mohtens im niht widerstân,
si wâren von dem jagen sô kranc,
daz er si sanfte betwanc.
von sîner vrävellichen kraft
muosen si sîne meisterschaft
ze allen zîten lîden
und muosen in vermîden,
als ob er ein leu wære.
nu gelîchet disem mære:
swâ ein gebûr ze hove gât,
der dâ heime niene hât,
und gesmecket der süezen spîse,
sô gebâret er in der wîse,
als er mitalle ein schâf sî.
unz er in gewonet bî,
daz er ze hove wirt erkant,
sô muoz er sich iesâ zehant
den edelen gelîchen
und wil den niht entwîchen.
sô beginnet er danne liegen,
beidiu lôsen unde triegen.
sîn smeichen wirt sô mannicvalt,

Hause, dass er sich ihnen widersetzte und ihnen nichts von sich ließ.

Die Hunde mussten oft so lange zur Jagd gehen, dass sie manchmal eine Woche lang nicht wieder nach Hause kamen. So bekam er alle die Knochen, die jene hätten fressen sollen. Dadurch wurde er so anmaßend, dass er es sich nicht einmal hätte gefallen lassen, dass ein Löwe gegen ihn gekämpft hätte.

Wenn die Hunde dann zurückkamen, stieß er einen vor dem Tisch um, dann noch einen, und er wollte sie nicht an die Knochen heranlassen. Sie konnten nichts gegen ihn tun, denn sie waren von der Jagd so schwach, dass er sie leicht bezwingen konnte. Sie mussten wegen seiner gewaltigen Stärke seine Überlegenheit stets ertragen. Sie waren gezwungen, ihn zu meiden, als ob er ein Löwe gewesen wäre.

Diese Erzählung ist ein Gleichnis für Folgendes: Wenn ein Bauer, der daheim nichts besitzt, an den Hof geht und das süße Leben schmeckt, dann verhält er sich so, als ob er nichts anderes sei als ein Schaf. Wenn er lange genug unter den Adligen gelebt hat, so dass man ihn bei Hofe kennt, dann wird er sich alsbald mit diesen gleichstellen und wird ihnen nicht von der Seite weichen. Er fängt an zu lügen, zu heucheln und zu betrügen. So vielfältig wird sein Schmeicheln sein, dass man ihm schließlich

daz man im bevilhet einen gewalt.
des wirt er danne sô hêre,
daz er die edelen immer mêre
dar nâch verdrücket, swâ er mac.
under der vüezen er zem êrsten lac,
der meister wil er danne wesen
und wil die kûme lân genesen.
dar an tuot er rehte
alsô wil daz ungeslehte.
daz ungeslehte ist alsô gemuot:
wirt im gewalt ode guot,
daz ez niemen behalten wil.
der selben vinde ich nu sô vil;
daz ir der tîvel müeze pflegen –
ich entuon in anders dehein segen.

7

Ze einen zîten daz geschach,
daz ein wolf einen biber sach
eines tages in dem wâge;
dem sazte er manige lâge.
unz er ze jungest ûz gie,
der wolf in iesâ gevie.
dô sprach der biber: ‘neve mîn,
was sol disiu rede sîn?’
der wolf sprach mit zorne:
‘dâ bistu der verlorne!
ich wil dich ezzen, weizgot!’
der biber sprach: ‘iz ist dîn spot!’
er sprach: ‘des wirstu wol gewar!’
dô wart der biber riuwevar,
er sprach: ‘herre neve, daz verbir
und ginc danne mit mir:

ein Amt anvertraut. Dadurch wird er dermaßen überheblich, dass er die Adligen mehr und mehr unterdrückt, wo er nur kann. Er will dann die beherrschen – und wird sie kaum noch am Leben lassen –, unter deren Füßen er am Anfang gelegen hatte. Er verhält sich genauso wie einer aus niedriger Herkunft.

Die, die niederer Herkunft sind, denken wie folgt: Erreichen sie eine herrschaftliche Position oder Besitz, dann werden sie niemanden mehr bewirten. Von denen finde ich heutzutage so viele; der Teufel soll sie holen. Einen anderen Segen habe ich nicht für sie.

7
Der Wolf und der Biber

Einst erblickte ein Wolf einen Biber im Wasser; dem lauerte er auf vielfältige Weise auf. Als der Biber schließlich einmal aus seinem Bau kam, schnappte ihn der Wolf.

Da sprach der Biber: »Lieber Vetter, was ist denn los?«

Wütend antwortete der Wolf: »Du bist verloren! Weiß Gott, ich will dich fressen!« Der Biber erwiderte: »Du machst Witze!« Der Wolf darauf: »Du wirst schon sehen!«

Da wurde der Biber blass und sprach: »Herr Vetter, lass das bleiben und geh mit mir fort; ich

ich wil dir einen dahs geben,
soltu tûsent jâr leben,
du muost mirs iemer danc sagen.
dun darft in vierzehen tagen
nimmer komen von einer stat,
wan du bist ze allen zîten sat.
der ist dir nützer denne ich.
deiswâr, wil du mich
mit rehten triuwen meinen,
ich gibe dir aber einen –
als dicke sô du wilt,
daz ouch du mîn vrideschilt
vor dînen genôzen wellest wesen,
daz si mich lâzen genesen.'
der wolf sprach: 'des hilfe ich dir.
nu sage an, wie mac mir
der selbe dahs werden?'
'er lît hie in der erden
bî disem wâge in einem hol,
dâ gewinne ich dirn wol.
lâ mich dich überschrîten
und lâ dich dar rîten,
sô heize ich in her ûz treten,
des hân ich in lîhte erbeten.
ich beginne wider in jehen:
"ir sult mir ditz ros gesehen."
sô er uns danne beginnet nâhen,
sô solt ouch du in vâhen.'
der wolf sprach: 'daz tuon ich,
nu sitz ûf und rîte mich!'
  dô saz der biber ûf in,
dô truoc in der wolf hin,
und quâmen zuo des dahses tür.
dô sprach er: 'neve, gêt her vür
durch mînen willen unde saget,
wie iu daz ros behaget!

werde dir einen Dachs schenken, für den du mir noch in tausend Jahren dankbar sein wirst. Du wirst dich vierzehn Tage lang nicht mehr rühren können, so satt wirst du sein. Der Dachs nützt dir mehr als ich. Bei Gott, willst du mich recht aufrichtig in Schutz nehmen, dann schenke ich dir noch einen – und dies, so oft du möchtest, damit du mein Schutzschild vor deinen Gefährten bist und sie mich am Leben lassen.«

Der Wolf antwortete: »Ich helfe dir. Sag, wie kann ich diesen Dachs bekommen?«

»Er liegt hier unter der Erde in einer Höhle am Wasser – da hole ich ihn dir schon heraus. Lass mich auf dich steigen und trabe dorthin, so heiße ich ihn herauskommen; diese Bitte ist ein Leichtes für mich. Ich sage zu ihm: ›Schaut mir dieses Ross an.‹ Wenn er sich uns daraufhin nähert, kannst du ihn fangen.«

Der Wolf erwiderte: »Das mache ich, nun sitz auf und reite mich!«

Da setzte sich der Biber auf ihn, der Wolf trug ihn fort, und sie kamen zum Haus des Dachses.

Da sprach der Biber: »Vetter, kommt hervor, ich bitte darum, und sagt, wie Euch dieses Ross gefällt!

ine gilte ez niht mitalle,
ine vernæme, wie ez iu gevalle;
ich vürhte, daz ich danne verlür.'
der dahs huop sich her vür,
unze er den wolf ane sach,
dô entweich er wider unde sprach:
'entriuwen, neve, dirre vol,
der gevellet mir harte wol,
diu brust ist im vil starc;
ich wil dir geben eine marc,
daz dun vergeltest deste baz.
rît in den wâc und mache in naz,
daz ich in rehte gesehe;
mir ist liep, daz dir wol geschehe!
hat er niht vlôzgallen,
sô muoz er uns wol gevallen.
sô wil ouch ich in rennen,
ich kan in baz erkennen.'
daz dûhte den wolf guot.
in den wâc er dô wuot –
der was ze guoter mâze tief.
der dahs neben im lief
durch ein dicke stûdæhe,
daz er vil wol gesæhe
sînes lieben neven rîten.
er sprach ze allen zîten:
'rît ein wênic in baz,
er ist noch niht gar naz!'
des sagete im der biber danc:
hin in den wâc er dô spranc
und quam hin under in den grunt,
von dem wolve wol gesunt.
dô lief der dahs hin in sîn hol.
ez zimet ouch noch den liuten wol:
swer sînem vriunde bî gestêt,
sô ez im an die rehten nôt gêt,

Ich werde es gewiss nicht kaufen, bevor ich nicht gehört habe, wie es Euch gefällt; ich fürchte, sonst mache ich ein Verlustgeschäft.«
Der Dachs kroch hervor. Als er jedoch den Wolf erblickte, wich er zurück und sprach: »Wahrhaftig, Vetter, dieses Fohlen gefällt mir sehr gut, seine Brust ist sehr kräftig; ich werde dir eine Mark schenken, damit du es besser bezahlen kannst. Reit aber erst noch ins Wasser und mache es nass, damit ich es mir genau anschauen kann; ich möchte, dass du nicht hereingelegt wirst! Hat es keine Flussgalle, dann wird es uns schon gefallen. Danach möchte ich es noch im Galopp reiten, *ich* kann es besser testen.«
Dies hielt der Wolf für gut. Er watete ins Wasser – das war recht tief. Durch ein dichtes Gebüsch lief der Dachs neben ihm her, um den Ritt seines lieben Vetters genau beobachten zu können. Immerfort sprach er: »Reit ein bisschen tiefer hinein, er ist noch nicht ganz nass!«
Dafür dankte ihm der Biber. Er sprang ins Wasser und schwamm hinunter auf den Grund, vor dem Wolf gerettet. Der Dachs rannte in seine Höhle zurück.
Dies würde auch den Menschen gut anstehen: Wer seinem Freund hilft, wenn dieser in großer Not ist

sô der man vriunt muoz kiesen
oder aber den lîp verliesen –
swer im dâ hilfet genesen,
der mac vil wol sîn vriunt wesen.
swer sînen rât übersiht,
weizgot, der was sîn vriunt niht.

8

Ein vliege einen kalwen man
vil sêre bîzen began,
dâ si im daz houbet blôz vant.
dô sluoc er dar mit sîner hant,
dô was diu vliege hin gân.
als der slac was getân,
dô vuor diu vliege aber dar.
des nam der man vil wol war
und râmte ir vaster denne ê.
diu vliege sûmte sich niht mê,
si vlouc aber hin und entran.
als dicke beiz si den man,
daz ir ze jungest wart ein slac,
daz si des bîzens enpflac.
die vliegen wil ich gelîchen
dem armen, der den rîchen
wil niezen âne sîne schulde
und engert niht sîner hulde,
sô daz der rîche danne kleit
und ouch dem armen widerseit.
sô wirt er küener denne ê
und tuot im ie mê unde mê.
sô sprichet der rîche man:
'ist, daz mir sîn got gan,
ich heizze in dar umbe henken!'

und ohne Freunde das Leben verlieren würde, wer ihm da hilft, am Leben zu bleiben, der kann wahrhaftig sein Freund heißen.
Wer seines Freundes Rat überhört, der war weiß Gott nicht sein Freund.

8
Die Fliege und der Kahlkopf

Gar schmerzhaft stach eine Fliege einen kahlen Mann, als sie seinen Kopf unbedeckt fand. Der Mann schlug mit seiner Hand nach ihr, doch sie war schon wieder weg. Nach dem Schlag flog die Fliege abermals herbei, dies merkte der Mann sehr wohl und schlug fester nach ihr als zuvor. Die Fliege hielt sich nicht lange auf, flog wieder hin und entkam erneut. Sie stach den Mann so oft, bis er sie schließlich erwischte und sie nicht mehr stechen konnte.
Die Fliege möchte ich mit dem Armen vergleichen, der den Mächtigen grundlos ausnutzt und nicht um dessen Entgegenkommen nachsucht, so dass dieser schließlich Klage führt und der Feind des Armen wird. Der wird daraufhin noch verwegener als zuvor und plagt ihn mehr und mehr. Endlich wird der Mächtige sagen: »Mit Gottes Hilfe lasse ich ihn deswegen aufhängen!« Dann wird der Arme

sô muoz der arme wenken
und muoz als diu vliege varn.
des enkan er ouch niht wol bewarn:
man lâget im hie unde dâ,
unz er ze jungest etewâ
gevangen wirt und tôt geliget,
und daz der rîche an im gesiget.
swer als diu vliege wirbet,
sô der als diu vliege stirbet,
den wil ich als die vliegen klagen,
diu an dem glatze wart erslagen.
daz merken, die dâ zucken
und sich ofte müezen tucken.

9

Ist der hase alsô getân,
daz er lewen wil bestân –
daz enheize ich niht vrümekeit:
ez ist ein gouchliche arebeit.
er ist mit dem tîvel behaft,
ob er bestêt solch überkraft,
dâ er niemer mac gesigen
und âne zwîvel tôt geligen.
swer sîne tage alsô gelebet,
daz er wider die êre strebet,
der muoz ouch wider got wesen:
swenne des sêle sol genesen,
dâ kumet diu sêle kûmer zuo,
denne der hase vor dem lewen tuo.

schwanken, und es wird ihm wie der Fliege ergehen. Er kann nun auch keinen Schutz mehr finden. Man wird ihm an allen Orten auflauern, bis er schließlich irgendwo gefangen wird und stirbt, und der Mächtige ihn besiegt hat.
Wer sich wie die Fliege verhält und wie die Fliege stirbt, den will ich wie die Fliege beklagen, die auf der Glatze erschlagen wurde. Das mögen sich die zu Herzen nehmen, die raubend umherziehen und sich oft schnell verstecken müssen.

9

Der Hase und der Löwe

Einen Hasen, der gegen Löwen kämpfen will: Das nenne ich nicht Tapferkeit, es ist eine Narretei. Wer gegen solche Übermacht, bei der er niemals siegen kann und ohne Zweifel getötet werden wird, besteht, der ist vom Teufel besessen.
Wer sein Leben im Widerstand gegen die Ehre verbringt, der ist auch ein Gegner Gottes. Wenn dessen Seele errettet werden soll, so wird dies schwieriger sein als der Kampf des Hasen mit dem Löwen.

10

Uf einem grüenen rîse
sanc ein vogel sîne wîse
eines morgens vil vruo.
im was sô ernest dar zuo,
daz er sîn selbes vergaz
und alsô singende saz,
unz ein sparwære dar swanc,
dô er aller wünniclicheste sanc,
und nam in in sîne vüeze.
dâ wart im sîn stimme unsüeze,
und sanc, als die dâ singent,
die mit dem tôde ringent.
   alsô vröuwent sich der werlde kint,
die sô vaste mit der werlde sint,
daz si got verlâzent under wegen
und wellent deheiner vorhte pflegen
und tuont, swaz in gevellet,
unz si der tôt ersnellet
und si würget alsô drâte,
daz in helfe kumet ze spâte.
sus nimet ir vröude und ir spil
ein bœser ende und ein zil
denne des vogeles, der dâ sanc,
unz er den tôt dâmit erranc.
diu nôt, die im sîn sanc erwarp,
der was ein ende, dô er starp.
sô ist der werldekinde nôt,
diu âne riuwe ligent tôt,
âne ende und alsô manicvalt,
daz si immer belîbent ungezalt.

10
Der Vogel und der Sperber

Auf einem grünen Aste sang eines Morgens früh ein Vogel sein Lied. Er war so eifrig bei der Sache, dass er sich selbst vergaß, und so saß er da und sang, bis sich ein Sperber herabschwang und ihn zwischen seine Klauen nahm, gerade als er am allerwonniglichsten trällerte. Da wurde seine Stimme heiser, und er sang wie jene, die mit dem Tode ringen.

In derselben Weise freuen sich die Weltkinder, die so fest mit dieser Welt verbunden sind, dass sie Gott vergessen, furchtlos leben und tun, was ihnen gefällt, bis sie der Tod ereilt und so schnell würgt, dass ihnen jede Hilfe zu spät kommt. So nehmen ihre Freude und ihr Vergnügen ein schlimmeres Ende als der Vogel, der da sang und dadurch zu Tode kam. Denn das Leiden, das ihm sein Singen einbrachte, war mit seinem Tode zu Ende. Die Leiden der Weltkinder aber, die ohne Reue sterben, werden endlos und so vielgestaltig sein, dass man sie gar nicht aufzählen kann.

11

Ich hœre sagen vür wâr:
der einen hasen zehen jâr
an einem bande gehabe,
gezihe er im daz bant abe,
er werde dannoch wilde.
daz ist ein gelîchez bilde:
swie lange ein man die êre hât,
swenne er si ûz der huote lât,
si wirt noch wilder denne der hase,
der da loufet an dem grase.

11
Der Hase

Ich habe folgende Wahrheit erzählen hören: Ein Hase, der zehn Jahre an der Leine gehalten wird, wird trotzdem wieder wild, wenn man ihm die Leine abnimmt.

[6] Dies ist ein Gleichnis und bedeutet: Ein Mensch mag noch so lange in Ehren leben, wenn er die Ehre aus den Augen verliert, wird sie ihm noch fremder als die Leine dem Hasen, [10] der da im Gras herumspringt.

Allegorische Erzählungen (Tierparabeln)

12

Ein jeger vuor in einen walt,
dâ wâren die affen ungezalt,
dâ wolder jagen inne.
dô sach er ein effine.
den hunden er vaste dar schrei.
diu effine het ir kint zwei:
der was si einem vil holt,
an dem andern hæte si verdolt,
daz ez hinder ir beliben wære,
daz was ir gar unmære.
si truoc daz liebe kint hin,
dô het daz leide den sin,
daz ez si umbe den hals gevienc
und ir sô vaste ane hienc,
daz siz ouch hin muose tragen.
dô begunde der jeger alsô jagen,
daz si niht mohte entrinnen.
des wart si wol innen
und warf daz lieber kint von ir.
daz was ir wille und ir gir,
daz si von dem leiden wære entladen;
daz machete ir vil grôzen schaden:
ez hienc ir an unz an die vart,
daz si dâ mit gevangen wart.
nu hœret unde merket mich,
waz dem jeger sî gelich,
der die effine brâhte in nôt:
daz ist der vil gewisse tôt,
der uns allen ist beschaffen;
der jaget vil manigen affen.
nu merket diu kint beide,
daz liebe und daz leide:
daz liebe kint ist werltlich guot,
des man sich müelîche abe getuot;

12

Die Affenmutter und ihre Kinder

Ein Jäger ging in einen Wald, den zahllose Affen bevölkerten, um darin zu jagen. Da erblickte er eine Affenmutter. Laut rief er den Hunden zu, ihr nachzurennen.

Die Affenmutter hatte zwei Kinder: Das eine liebte sie sehr, das andere hätte sie leichten Herzens zurückgelassen, es war ihr völlig gleichgültig. Das geliebte Kind nahm sie mit sich, doch das ungeliebte klammerte sich um ihren Hals und hängte sich so fest an sie, dass sie es auch mit sich tragen musste.

Der Jäger jagte so, dass sie nicht entkommen konnte. Dies merkte sie und warf das geliebte Kind von sich. Ihr innigster Wunsch wäre es allerdings gewesen, das ungeliebte abzuschütteln. Dieses schadete ihr sehr, denn es hängte sich an sie, bis sie schließlich mit ihm gefangen wurde.

Nun hört und merkt auf, was dem Jäger gleicht, der die Affenmutter in diese Zwangslage brachte: Es ist der unentrinnbare Tod, der uns allen beschieden ist; der jagt gar viele Narren.

Gebt nun acht, was die beiden Kinder bedeuten, das geliebte und das ungeliebte: Das geliebte Kind steht für irdisches Gut, von dem man sich so schwer

daz hât vil maniger unz an den tac,
daz ers niht mêr gehaben mac.
die sünde sint daz leide kint;
swie leit si doch dem menschen sint,
si halsent sich doch vaste an in.
sô erz guot muoz werfen hin
und ez niht vürbaz bringen kan,
sô hangent im die sünde an,
unz in der tîvel dar mit vâhet.
hæte er si ê versmâhet
und hæte sich ir abe getân,
sô würde er maniger nôt erlân.
die affen sîn junc ode alt,
ir aller muot ist sô gestalt,
daz si vremde vröude borgent
und selten rehte sorgent
umbe deheine künftige nôt –
daz ist vil maniges affen tôt.

13

Ez was hie vor ein weideman,
der nam sich guote hunde an,
die wol ze jagene tohten.
si kunden unde mohten
den hirz vil wol gevâhen!
swie vaste er kunde gâhen,
den si sich an genâmen,
si kunden sîn sô râmen,
daz er niender mohte vinden
weder den hirz noch die hinden,
dô er sich möhte entsagen mit.
swie kleine er machete sîne trit,
sin enwolden niht vermissen –
in jageten die gewissen,

trennt; das besitzen viele so lange, bis sie es nicht mehr halten können. Das ungeliebte Kind steht für die Sünden; wie wenig der Mensch sie auch mag, sie klammern sich doch fest an ihn. Wenn er das Gut hingeben muss und es nicht länger sein Eigen nennen kann, dann bleiben doch die Sünden an ihm hängen, bis ihn der Teufel damit fängt. Hätte er sie früher verschmäht und sich von ihnen losgesagt, dann bliebe ihm viel Unglück erspart.
Die Affen mögen jung oder alt sein, alle ihre Gedanken sind darauf gerichtet, fremde Freude zu erhaschen, und niemals sorgen sie sich richtig um die Nöte der Zukunft – dies bedeutet aller Affen Tod.

13
Der Jäger

Einst lebte ein Jäger, der besaß edle Hunde, die ausgezeichnet zur Jagd taugten. Sie konnten einen Hirsch wohl fangen! Einen, den sie verfolgten, der mochte noch so schnell fliehen, sie konnten ihm derart schnell nachhetzen, dass er nirgendwo einen Hirsch oder eine Hindin finden konnte, die er zu seiner Verteidigung hätte herbeiholen können. Wie klug er seine Tritte auch lenkte, sie verfehlten ihn

unz er den lîp unde daz leben
umbe sînen tôt muose geben.
eines tages jageten si einen,
daz si ê nie deheinen
sô verre vliehen liezen.
des enmohte er niht geniezen,
si macheten im solch gedrenge,
daz im ein walt wart ze enge.
dô wolde er vliehen balde
zuo einem andern walde.
dâ enzwischen was ein michel velt,
dô vlôch er baz denne enzelt,
daz er den lîp niht verlür.
dô was ein dorf, dô muose er vür.
daz wart im ze sûre!
in gesâhen die gebûre,
die schrirn in an mit schalle.
dô quâmen ir hovewart alle –
daz was des hirzes unheil!
der hovewarte was ein teil
beide winde und hovewarte kint
oder halb rüden unde halb wint
oder halb rüden oder halb hovewart.
sust wâren si von der halben art,
beide stark, küene und snel.
des muose der hirz sîn vel
vil engestlîche hintragen.
der selben zwitarn jagen
wart ein wîle sô grôz,
daz sîn den hirz von in verdrôz,
wande si in von den hessehunden triben,
daz die verre dort hinden bliben.
iedoch quam er mit gewalt
dâ bî in einen dicken walt
und entran den hovewarten,
die in sam die lêbarten

nicht – sie jagten ihn mit Kennerschaft, bis er Leib und Leben hingeben musste für den Tod.

Eines Tages jagten sie einen – keinen hatten sie je zuvor so weit fliehen lassen. Doch er hatte nichts davon, denn sie bedrängten ihn so sehr, dass ihm der Wald zu eng wurde. Da wollte er rasch in einen anderen Wald fliehen.

Zwischen beiden Wäldern war ein breites Feld, darüber floh er weit schneller als im Passgang, um sein Leben zu retten.

Ein Dorf lag da, an dem er vorbei musste. Dies wurde ihm zum Verhängnis! Die Bauern erblickten ihn und schrien ihn lärmend an. Da kamen alle ihre Hovawarts herbei – das war des Hirsches Tod!

Einige der Hovawarts waren Kinder von Windhunden und Hovawarts, andere waren halb Schäfer-, halb Windhunde, wieder andere halb Schäferhunde, halb Hovawarts. Sie waren Mischlinge, kräftig, verwegen und kühn. So musste der Hirsch seine Haut in großer Angst hinwegtragen.

Diese Bastarde jagten den Hirsch einige Zeit so stark, dass sie ihm ziemlich auf die Nerven gingen, und sie trieben ihn von den Hetzhunden weg, die weit hinten zurückblieben. Unter großer Anstrengung erreichte er so einen dichten Wald und entkam den Hovawarts, die ihn schon wie die Leoparden

von sprunge wâren ane komen;
den het in nu der walt genomen.
es was iedoch sîn ungenist:
dar quâmen in vil kurzer vrist
die edelen unverzageten,
die in von der ruowe jageten,
und wurfen in ze jungest nider.
die hovewarte kêrten wider.
  dô wart ein michel schallen
von den gebûren allen,
ieteslicher lobete sînen hunt.
'der mîn ist bezzer denne ein pfunt',
sprach einer, 'sam mir mîn lîp!
beide ich und mîn wîp
hân unser brôt wol bewant.'
dô sprach ein ander zehant,
der sîne wære der beste,
den er in der werlde weste.
des jâhen si alle gemeine;
daz loben was niht kleine,
daz si jâhen ir hunden.
wie die tôren loben kunden
vor den der hirz vil wol genas!
und welch ein narren lop daz was,
daz si mit schalle
sô vaste lobeten alle,
und der vil gar verdageten,
die den hirz von ruowe jageten
und im nicht abe giengen
unz si in ze jungest viengen –
der lop, der læge billîche obe!
  waz dem gejagede und dem lobe
vil wol gelîche müge sîn,
daz merket durch den willen mîn!
daz sint, die êre vâhent
und ir immer nâch gâhent,

angesprungen hatten. Dies konnten sie jetzt wegen des Waldes nicht mehr. Dennoch bedeutete das sein Verderben, denn bald darauf kamen [55] die unverzagten Reinrassigen daher, die ihn vom Lager aufgescheucht hatten, und brachten ihn schließlich zu Fall. Die Hovawarts kehrten zurück.
Da vollführten die Bauern einen großen Lärm, [61] jeder rühmte seinen Hund.
»Meiner ist mehr als ein Vermögen wert«, sagte einer, »bei meinem Leben! Ich und meine Frau [65] haben unser Brot gut angelegt.«
Sofort entgegnete ein anderer, seiner sei der beste auf der Welt. Alle zusammen sagten sie das; [70] das Lob, das sie ihren Hunden zollten, war nicht gering. Welches Lob diese Dummköpfe doch austeilen konnten, vor denen der Hirsch so gut davongekommen war! Und was für ein Narrenlob war das doch, [75] dass sie alle ihre Hunde so lautstark rühmten und über jene gar kein Wort verloren, die den Hirsch aufgebracht hatten und ihm nicht von den Fersen gewichen waren, [80] bis sie ihn schließlich gefangen hatten – richtig wäre gewesen, wenn deren Ruhm an erster Stelle gestanden hätte!
Merkt euch, wofür diese Jagdhunde und deren Lob ein Gleichnis sind! [85] Es bezeichnet jene, die Ehre erreicht haben und stetig nach ihr streben; die durch

die von den tugenden edel sint:
der êren vater und ir kint.
swer die êre kan begân,
der mac si wol ze kinde hân,
wan si von sînen tugenden kumt.
sô im die êre danne vrumt
und i*m* in der werlde lop gebirt,
daz er wert von ir schulden wirt,
sô mac er ir ze vater jehen.
die dinc sint beide an den geschehen,
der got und êre minnet.
swaz er immer gewinnet,
daz zert er umbe ir beider gunst;
der hât den lîp und die kunst
gemachet ûf ir beider vart.
sîn tugent und sîn edeliu art,
die machent in sô gîtic
ze jagene und alsô strîtic,
swie vil man im êren giht,
der wil in doch genüegen niht.
er tuot sam der edel hunt:
sô der machet ungesunt
zweinzic hirz oder mê,
sô jaget er gerner denne ê.
alsô tuot der biderbe man,
dem lobes niht genüegen kan.
swelch ritter tage unde guot
sô ritterlîche vertuot,
loufet im an der êren spor
ein zwitarn eine wîle vor
und kêret schiere von der vart
und ist aber danne ein hovewart.
swer den lobete vür in,
daz wære ein vil tumplicher sin.
swer alle zît mit êren lebet
und alle zît nâch êren strebet,

ihre Tugenden edel sind: der Ehren Väter und ihre Kinder.

Wer in Ehren lebt, [90] der kann die Ehre ganz gut für sein Kind halten, denn sie stammt von seinen Tugenden ab. Wenn sie ihm dann Nutzen bringt und ihm das Lob der Menschen einträgt, so dass er durch sie noch angesehener wird, [95] dann mag er sich ihren Vater nennen. Beides fügt sich dem, der Gott und die Ehre liebt. Was er auch erhält, gibt er hin, um ihrer beider Gunst zu erlangen; [100] er hat seine ganze Lebensweise auf diese beiden hin ausgerichtet. Seine Tugenden und seine edle Art machen ihn so begierig und versessen auf die Jagd nach der Ehre, [105] dass er nie genug von ihr erreichen kann.

Er verhält sich wie der reinrassige Hund: Hat dieser zwanzig oder mehr Hirsche zu Tode gehetzt, [110] dann macht ihm die Jagd erst richtig Spaß. In derselben Weise verhält sich der angesehene Mann, dem das Lob, das man ihm spendet, nie ausreicht.

Wenn einem Ritter, der sein Leben ritterlich verbringt und seinen Besitz standesgemäß verwaltet, [115] auf der Fährte der Ehre eine Zeit lang ein Bastard voranläuft und dann schnell wieder zurückkehrt, dann ist dies bestimmt ein Hovawart. Wer den mehr lobte als ihn, [120] der wäre ein Narr.

Ich rühme den vor allen anderen, der allzeit in Ehren lebt und allzeit nach Ehren strebt. [124] Leicht mag

den lob ich vor in allen.
in mac einer überschallen
vil lîhte ze einer kurzen vrist,
der halp ritter und halp gebûr ist –
und ist ein wuocherære gewesen,
und wil mit wuocher wol genesen;
swie gâch *im* zuo der êre sî,
er ist unlange dâ bî.
im wirt von danne alsô gâch,
dâ hœret ein kurzez lop nâch.
swer beide lange unde vil
den selben zwitarn loben wil
niht mê wan durch den einen schal,
daz lop wirt schiere sô smal,
ezn vullet niemen sîne ôren.
ich erloube wol den tôren,
daz si die zwitarn loben;
hât man daz schiere vür ein toben,
daz zimet dem lobære wol
und ienem, dem daz lop sol.
daz selbe lop ist niender guot
wan dâ heime bî der gluot.
dô leit der tôren lop wol obe,
gelîche der gebûren lobe,
die ir hovewarten jâhen,
die si unverre loufen sâhen,
es wæren die besten hunde,
die iemen vinden kunde.
  ich gan des wol den wîsen,
daz si die stæte prîsen.
der stæten lop sol stæte sîn,
in stæter tugende liehter schîn,
des liuhtet von den êren viuwer.
man sol in geben ze stiuwer
ganzes lop von offenlicher kunst
und aller rehten liute gunst.

diesem einmal einer, der halb Ritter und halb Bauer ist, eine kurze Zeit im öffentlichen Ansehen überlegen sein – aber es ist ein Aufschneider gewesen, und er wird mit Aufschneiderei sein Leben verbringen; wie sehr er auch zur Ehre hinstrebt, er wird sie nicht erreichen. Er hat es so eilig, wieder wegzukommen, dass diesem Unternehmen kein Lob gebührt. Das Lob von einem, der einen solchen Bastard ausgiebig und nur wegen dieses einmaligen Aufsehens rühmt, wird schnell so dünn werden, dass es niemandem die Ohren füllt.

Dummköpfen erlaube ich gerne, die Bastarde zu loben; erkennt man schnell, dass es barer Unsinn ist, so geschieht dies dem Lobenden und jenem, dem das Lob gilt, ganz recht. Dieses Lob taugt allenfalls zu Hause am Herd. Da steht das Narrenlob wohl an erster Stelle, wie das Lob der Bauern, die über ihre Hovawarts erzählten, die sie gar nicht weit weglaufen sahen, es seien die besten Hunde, die es überhaupt gäbe.

Die Weisen sollten die Ausdauer rühmen. Das Lob derer, die ausdauernd sind, soll ausdauernd sein und erstrahlen in dem Glanz beständiger Tugend, der vom Feuer der Ehre ausgeht. Für sie sollte man ein uneingeschränktes und offenes Lob sowie die Gunst aller rechtschaffenen Menschen beisteuern.

Märchen

14

Hie vor dô quâmen zwelf man
in einen vinsteren tan,
si wurden irre dar inne.
daz quam in ze ungewinne.
si gâhten vür sich übermaht
und wurden verre in der naht
eines viures gewar;
balde huoben si sich dar.
dâ vunden si ein hûs stân,
dar inne ein wîp wolgetân.
dô si in das hûs quâmen,
einen türsen si vernâmen
verre in dem walde.
der lief dar vil balde
mit eislichem schalle,
daz si verzageten alle.
'ôwê mir', sprach daz wîp,
'mîn man nimet iu den lîp!
stîget dort hin ûf daz gaden,
ich gan iu übel iuwers schaden.
ich nerte iuch gerne, wesse ich wie.'
ûf die hœhe si si lie.
dô der türse in daz hûs lief,
daz wîp er vaste ane rief,
wâ die menschen wæren.
sine wolde si niht vermæren,
si sprach: 'hie enist niemen.'
er sprach: 'und ist hie iemen,
des wirde ich schiere gewar.'
er suochte hin unde dar,
dô sach er si dort oben stân.
'ich muoz iuwer einen hân',
sprach er: 'dâ *en*ist niht wider!

14
Der Riese

Zwölf Männer gingen einst in einen finsteren Wald und verirrten sich darin. Das brachte ihnen Unglück.
[5] Sie eilten nach Kräften voran und erblickten tief in der Nacht ein Feuer; schnell machten sie sich dorthin auf. Da fanden sie ein Haus [10] und eine schöne Frau darin.
Als sie in das Haus gekommen waren, hörten sie weit draußen im Wald einen Riesen. Der rannte mit schrecklichem Getöse daher, [16] so dass sie alle verzagten.
»Weh mir«, sprach die Frau, »mein Mann nimmt euch das Leben! Klettert dort in den Verschlag hinauf, [20] ich möchte nicht, dass euch etwas zustößt. Ich würde euch gerne retten, wüsste ich nur wie.« Sie ließ sie hinaufsteigen.
Als der Riese in das Haus rannte, schrie er die Frau an, [25] wo denn die Menschen wären.
Sie wollte sie nicht verraten und antwortete: »Hier ist niemand!«
Er sprach: »Und wenn hier doch jemand ist, merke ich das schnell.«
[30] Er suchte hier und dort, da sah er sie dort oben stehen.
»Einen von euch muss ich haben«, sprach er, »dage-

den werfet mir balde her nider,
oder ez ist iuwer aller tôt!'
dô tâtens, als er in gebôt.
den swachesten under in,
den wurfen si dem türsen hin.
den het der ungetriuwe vrâz
in vil kurzer vrist gâz.
zorniclîche sprach er:
'gebet mir aber einen her!'
den wurfen si im aber dar.
den selben âz er ouch gar,
daz im sîn niht über wart.
'ir müezet alle an die vart',
sprach der ungehiure.
er briet si bî dem viure
und hiez im aber einen geben.
  alsô nam er in daz leben
und leibete ir deheinen,
unz er bequam an einen,
den hiez er ouch dar abe gân.
'daz wirt nimmer getân!'
sprach er dort oben iesâ.
'sô hole ich dich aber dâ',
sprach der türse, 'ich wil dich verzern.'
'des wil ich mich entriuwen wern',
sprach der man vil drâte.
'sich, daz ist nu ze spâte!'
sprach der gîtesære,
'dô du selbe zwelfter wære,
dô soldestu dich hân gewert,
sô möhtestu dich hân genert.
dîn wer ist nu dâ hin.'
dô gie er dar und âz ouch in.
  dem türsen tuot gelîche
ein übel herre rîche,
der ein geslehte vertrîben wil:

gen hilft nichts! Werft mir den schnell herunter, oder ihr müsst alle sterben!«

Da taten sie, was er ihnen befahl. Den Schwächsten unter ihnen warfen sie dem Riesen hin. Den hatte der treulose Fresssack schnell verschlungen.

Wütend sprach er: »Gebt mir noch einen her!«

Sie warfen ihm auch den hinunter. Den fraß er ebenso auf, so dass nichts von ihm übrig blieb.

»Ihr kommt alle dran«, sprach der Unhold. Er briet sie am Feuer und ließ sich einen nach dem andern geben.

So nahm er ihnen das Leben und verschonte keinen, bis er zum letzten kam; auch ihm befahl er, herabzusteigen.

»Niemals!« sprach der droben auf der Stelle.

»Dann hole ich dich halt da herunter«, sagte der Riese, »ich will dich fressen.«

»Ich werde mich aber wehren«, sprach der Mann hastig.

»Sieh, das ist nun zu spät!« antwortete der gierige Kerl, »als du noch mit den elf anderen zusammen warst, da hättest du dich wehren sollen, da hättest du dich noch retten können. Jetzt kannst du dich nicht mehr verteidigen.«

Wie der Riese verhält sich ein schlechter mächtiger Herr, der eine Familie aus seinem Lande vertreiben

sô hebet er daz nîtspil
an dem swachesten manne.
verzagent die andern danne
und lâzent in vertrîben,
daz si mugen belîben
in sînen hulden dester baz,
sô kêrt er aber sînen haz
vil schiere ûf einen
und leibet ir deheinen,
unz er si gar vertrîbet,
daz ir deheiner belîbet,
daz si alle daz selbe erkiesent.
sô si danne einen verliesent,
sô si sich ie wirs mugen erwern.
swer sich welle ernern,
der wer sich bezîte,
daz er des niht enbîte,
daz in diu überkraft bestê.
ez ist im guot, wert er sich ê –
als in der türse überwunden hâte,
sô werte er sich ze spâte.

will: Er beginnt mit den Feindseligkeiten beim Schwächsten. Verzagen dann die anderen und lassen zu, dass er vertrieben wird, nur damit sie umso sicherer in seiner Gnade bleiben, dann richtet er seinen Hass unverzüglich auf den nächsten. Er verschont keinen, bis er sie alle vertrieben hat und keiner mehr übrig bleibt, es ihnen allen gleich ergeht. Je mehr sie verlieren, je schlechter können sie sich wehren.

Wer sich retten will, wehre sich beizeiten und warte nicht, bis der Stärkere ihn bekämpft.

Für den Mann wäre es gut gewesen, wenn er sich früher gewehrt hätte – als ihn der Riese überwunden hatte, wehrte er sich zu spät.

Moralische Erzählungen
(Mären)

15

Hœret, waz einem manne geschach,
an dem sîn êlich wîp zebrach
beide ir triuwe und ir reht.
der het einen gevüegen kneht.
der wart des an ir innen,
daz si begunde minnen
heimlîche ir pfarrære.
daz was dem knehte swære.
er halz den meister umbe daz:
er vorhte, er würde im gehaz,
ob er im des verjæhe,
ê er die wârheit sæhe.
  Der wirt vuor ze acker und ze holz.
daz wîp, hövisch unde stolz,
sô si in den hof sach rûmen,
sône wolde siz niht sûmen,
si koufte met unde wîn.
swaz guoter spîse mohte sîn,
der briet si vil unde sôt.
sô si dem pfaffen danne enbôt,
daz der wirt was entwichen,
sô quam er dar geslichen,
als ein minnediep von rehte sol.
sô si danne gâzen harte wol,
sô begundens an ein bette gân
und begunden dâ kurzwîle hân.
alsô vertriben si manigen tac.
  ie nahtes, sô der wirt lac
bî dem wîbe unde slief,
sô pflac si, daz si in ane rief,
unz er sîn slâfen muose lân.
si hiez in balde ûfstân
und hiez in hin ze holze varn.

15
Der kluge Knecht

Hört, wie es einem Mann erging, dessen Ehefrau die Treue brach und damit das Eherecht verletzte. Er hatte einen klugen Knecht, [5] der merkte, dass sie heimlich ein Verhältnis mit ihrem Pfarrer hatte. Den Knecht bedrückte dies, doch er verbarg es seinem Meister, [10] weil er fürchtete, dieser würde wütend auf ihn, wenn er es ihm erzählte, ohne es beweisen zu können.

Der Herr fuhr auf den Acker und in den Wald. Sobald die hoffärtige und stolze Frau sah, dass er den Hof verließ, [16] beeilte sie sich, Met und Wein zu kaufen. Sie briet und kochte allerlei gute Speisen. [20] Wenn sie daraufhin dem Pfaffen ausrichten ließ, dass der Herr das Haus verlassen hatte, dann kam der herbeigeschlichen, wie das ein Minnedieb so tut. Und wenn sie dann gut gegessen hatten, [25] stiegen sie ins Bett und hatten ihren Spaß. Auf solche Weise verbrachten sie viele Tage.

Jede Nacht, wenn der Herr bei seiner Frau lag und schlief, [30] pflegte sie ihn so lange zu rufen, bis er nicht mehr schlafen konnte. Sie befahl ihm, schnell aufzustehen und in den Wald zu fahren.

si sprach: ‘wil du die vart sparn,
unz uns diu naht gerûmet,
sô hâst du dich versûmet.
die tage sint zemâzen lanc –
daz nim in dînen gedanc
und var enwec balde.
ez ist verre hin ze walde,
ouch sint diu rinder harte laz;
du solt dich vrüewen deste baz!’
‘deiswâr’, gedâhte der kneht,
‘ez wære billich unde reht,
wesse mîn meister iuwern muot,
waz ir untriuwen uns tuot.
deiswâr, mac ich ez gevüegen,
ich wil iuch schiere rüegen
sô rehte mit der wârheit,
daz ez iu wirt ein herzeleit.’
dô si zuo dem viuwer quâmen
und ir gewant an sich genâmen,
dô swuor der kneht dâ vür:
er quæme tâlanc vür die tür,
ern wære vil wol enbizzen ê;
im tæte der hunger sô wê,
daz er enbîzen solde,
ê er iender varn wolde.
daz was der vrouwen ungemach.
iedoch dô si den ernest ersach
dô brâhte si einen kæse und brôt.
si sprach: ‘nu iz den grimmigen tôt!
dune tuost ez durch den hunger niht;
maht du daz werc gesûmen iht,
des bist du ze allen zîten bereit
durch dîne grôze schalcheit.’
si âzen, als si wolden,
und vuoren, als si solden.
dô si verre quâmen an die vart:

Sie sprach: »Zögerst du zu fahren, [35] bis die Nacht vorüber ist, dann kommst du zu spät. Die Tage sind nur noch kurz – denke daran und fahr rasch fort. [40] Zum Wald hin ist es weit, und die Ochsen sind sehr langsam; umso früher musst du los!«

»Bei Gott«, dachte der Knecht, »es wäre recht und billig, [45] wenn mein Meister Eure Gedanken kennen würde und wüsste, wie falsch Ihr uns gegenüber seid. Bei Gott, wenn es mir gelingt, dann werde ich bald die Wahrheit ans Licht bringen und Euch so unzweideutig entlarven, [50] dass es Euch sehr schmerzlich zu Herzen gehen wird.«

Als sie zum Herd gekommen waren und ihre Sachen angezogen hatten, da tat der Knecht einen Schwur: Er ginge den ganzen Tag über nicht vor die Tür, [55] bevor er nicht ausreichend gegessen hätte; der Hunger quälte ihn so sehr, dass er essen müsste, bevor er irgendwohin fahren könnte.

Dies passte der Herrin gar nicht. [60] Als sie jedoch sah, dass es ernst war, brachte sie einen Käse und Brot herbei.

Sie sprach: »Nun friss dich zu Tode! [63] Du isst nicht aus Hunger; weil du bösartig bist, hast du allezeit nichts anderes im Kopf, als dich vor der Arbeit zu drücken.«

Sie aßen nach Wunsch und fuhren dann auftragsgemäß ab.

'meister, nemet disen gart',
sprach der kneht wider in,
'und vart ein wîle hin!
ich muoz hin wider gân,
ich hân dâ heime verlân
mîne viustelinge und mînen huot.'
des wart der meister ungemuot,
dô sprach er: 'nu louf balde!'
und vuor er hin ze walde.
daz was dem knehte harte liep.
er verstal sich tougen als ein diep
hin in daz hûs an einem gemach,
dâ man in niht hôrte noch ensach.
Sîn vrouwe, diu was vil gemeit,
si greif an ir gewonheit
und bereite vil guote spîse.
dô wânde diu unwîse,
ez wære harte wol verholn
und al der werlte vor verstoln.
dâ *si* sich selben mit betrouc.
ein schœne swîn, daz dannoch souc,
daz vulte si und briet ez wol.
ein kannel guotes metes vol,
die vulte si, dâ si in veile vant.
dar zuo buoch si zehant
ein vochenzen, wîz als ein snê,
und sande aber alsam ê
heimlîche nâch dem pfaffen.
doch nemohte si niht geschaffen,
daz si die spîse bereite.
unze si sô lange gebeite,
dô si ze tische wâren gesezzen,
ê si begunden ezzen,
daz der wirt hin wider heim quam.
dô man sîn kunft vernam,
dô wânde der pfarrære,

Als sie ein Stück weit gefahren waren, sprach der Knecht zum Herrn: »Meister, nehmt diese Rute [72] und fahrt ein wenig voraus! Ich muss zurück, ich habe meine Fäustlinge und meine Mütze zu Hause gelassen.«

[76] Darüber ärgerte sich der Meister und antwortete: »Nun mach schon!« Er fuhr zum Wald hin.

Dem Knecht war dies gerade recht. [80] Heimlich, wie ein Dieb, stahl er sich im Haus in ein Zimmer, in dem man ihn weder hörte noch sah.

Seine Herrin war bester Stimmung, wie gewöhnlich [85] bereitete sie eine gute Mahlzeit vor. Die Närrin glaubte, alles geschehe im Verborgenen, und keiner würde es merken. Das war Selbstbetrug.

[90] Sie füllte ein prächtiges Spanferkelchen und briet es gut durch. Sie kaufte eine Kanne voll mit gutem Met, dazu buk sie [95] einen Kuchen, so weiß wie Schnee. Dann schickte sie wie früher heimlich nach dem Pfaffen.

Doch sie konnte die Mahlzeit nicht zu Ende bereiten. [100] Weil sie so lange hatte warten müssen, bis sie sich beide zu Tisch setzen konnten, war der Herr nach Hause gekommen, bevor sie angefangen hatten zu essen.

Als man hörte, dass dieser ankam, [105] glaubte der Pfarrer, es sei der Knecht. Deshalb erschraken sie zu-

daz ez der kneht wære.
dâ von erkômen si niht
durch die niuwen geschiht,
daz der kneht dâ heime beleip
und daz der meister selbe treip
sîniu rinder von dem walde.
er lief zuo der tür balde
und stiez dar an mit grimme.
dô schuof des wirtes stimme
und ouch der zornicliche stôz,
daz si bî ein ander verdrôz,
beide den pfaffen und daz wîp.
'vrouwe, hilf, daz ich den lîp
behalte!' sprach der pfaffe,
'ich wirde ein rehter affe,
begrîfet mich der wirt hie.
ich gewan sô grôze angest nie!
ich hœre wol, im ist zorn,
ich wæne, ich hân den lîp *verlorn*!'
dô gewan si manigen gedanc
und hiez in under eine banc
in einen winkel ligen gân.
daz si dâ gâz solden hân,
daz barc si allez von dem wege.
daz nam der kneht in sîne pflege,
daz er wol sach, war siz barc;
er was der vrouwen ze karc.
dô den wirt niemen in liez,
mit grimme er aber ane stiez
und begunde daz wîp schelten.
noch balder denne zelten
lief si dô zuo der tür,
si sprach: 'ob ich den lîp verlür,
ichn mohte niht ê her komen;
ich het ein werc in die hant genomen,

nächst nicht durch die neue Lage, dass nämlich der Knecht zu Hause geblieben war und der Meister seine Ochsen selbst vom Wald zurückgetrieben hatt.

Dieser eilte zur Tür und stieß grimmig dagegen. Des Herrn Stimme und das wütende Gepolter verdarben dem Pfaffen und der Frau das Stelldichein.

»Frau, hilf, dass ich am Leben bleibe!« winselte der Pfaffe, »ich blamiere mich vor der ganzen Welt, wenn mich der Herr hier erwischt. Nie hatte ich solche Angst! Ich höre sehr gut, wie wütend er ist, ich fürchte um mein Leben!«

Da ging ihr manches durch den Kopf, schließlich sagte sie ihm, er solle sich unter die Eckbank legen. Was sie hatten essen wollen, schaffte sie alles beiseite.

Der Knecht beobachtete dies und sah genau, wo sie es versteckte; er war schlauer als die Frau.

Als niemand den Herrn hereinließ, stieß dieser nochmals grimmig gegen die Tür und schimpfte seine Frau aus.

Schneller als ein Pferd im Passgang rannte sie zur Tür und sagte: »Bei meinem Leben, ich konnte nicht früher kommen; ich war mit einer Arbeit be-

daz enmoht ich dar ûz gewerfen niht.
sage an, wirret dir iht,
daz du sô vruo komen bist?
waz meinet, daz dir zorn ist?'
unz diu rede wart vernomen,
dô was der kneht umbe *komen*
und began ze dem tore ingân,
dâ er si ensamt sach stân.
dô sprach der meister wider in:
'welich tîvel het dich hiute hin,
daz du niht quæme hin wider?
du leist daz werc vaste nider!'
dô mahte er ein mære
und sagete, daz er wære
vil wundern unmüezic sît.
dô lie der meister den strît.
er was biderbe, der kneht;
dâ von was des meisters reht,
daz er einen kleinen zorn
vil schiere hete verkorn.
'vart enwec!' sprach daz wîp,
'und enspart rinder noch den lîp
und bringet holzes genuoc,
daz ir hin ze sumere den pfluoc
niht ensûmet durch die holzvart!
ir habet iuch übele bewart,
daz *ir* iuch alsô sûmen solt;
unz *ir* zwei vuoder noch geholt,
sô ist ez, weizgot, vinster naht.
dâ von gâhet über maht!
ir tuot uns anders grôzen schaden.'
si half den wagen selbe entladen
und sprach: 'lât iu wesen gâch,
ir habet iuch versûmet nâch!'
dô sprach der kneht dem meister zuo:
'ez ist benamen noch zevruo,

schäftigt, die ich nicht einfach beiseite legen konnte. Sag, fehlt dir was, dass du so früh zurückgekommen bist? Was soll denn dein Zorn?«

[145] Während dieser Rede war der Knecht ums Haus gegangen und kam nun zum Tor herein, wo er sie beieinander stehen sah.

Da sprach der Meister zu ihm: [150] »Welcher Teufel hat dich denn heute geritten, dass du nicht zurückgekommen bist? Du hörst ein bisschen schnell auf zu arbeiten!«

Da erfand dieser eine Geschichte und sagte, er wäre [155] inzwischen ganz schön fleißig gewesen. Der Meister hörte daraufhin auf zu streiten, denn der Knecht war tüchtig; und deshalb tat der Meister gut daran, den ohnehin schwachen Zorn [160] schnell zu vergessen.

»Fahrt wieder los!« trieb die Frau an, »schont weder die Ochsen noch euch selbst und bringt genügend Holz herbei, damit ihr wegen der Holzfuhren nicht das Pflügen des Sommerfeldes versäumt! [166] Es war nicht gut von euch, so zu trödeln; bis ihr noch zwei Fuder geholt habt, ist es, weiß Gott, stockdunkel. [170] Also Beeilung! Sonst schadet ihr uns sehr.«

Sie half mit, den Wagen abzuladen, und sagte: »Beeilt euch, ihr habt lange genug getrödelt!«

[175] Da sagte der Knecht zum Meister: »Es ist wahrhaftig noch Zeit genug, dass ich zwei Fuder hole.

daz ich zwei vuoder gehol.
herre meister, tuot sô wol
und lât uns ein wênic ezzen!
mich *hât* der hunger sô besezzen,
daz ich den lîp niht kan bewarn,
sol ich sô hin ze holze varn,
daz ich des ezzens enbir.
ezzet ein wênic mit mir!
swes ir dar nâch an mich gert,
des sît ir gar von mir gewert.
und ist, daz des niht geschiht,
sô geniezet ir mîn nimmer niht.'
der meister sprach: 'daz sî getân,
wir suln entriuwen ezzen gân!
swie lützel ich gezzen mac,
ich æze ê allen disen tac,
ê ich dich von hunger verlür.'
dô giengen si in dâ ze der tür,
daz gie dem wîbe an den lîp.
ez müet ein ieclich wîp,
diu einen zuoman hât,
ob man in bî ir begât.
unz si die hende heten gedwagen,
dô het si ûf den tisch getragen
brôt, kæse und ein tuoch.
si tet in tougen manigen vluoch,
doch sprach si: 'ezzet vaste!'
über zwô und drîzic raste
wæren si ir lieber beide
denne an ihr ougenweide.
der wirt sprach zuo dem knehte:
'dîn vrouwe, diu tuot rehte
hiute allen den tac, sam si dich
noch harter vürhte denne mich.
ich weiz wol, hæte ich mir nu
ze ezzen gevodert alsam du,

Herr und Meister, seid so gut und lasst uns noch ein
bisschen essen! [180] Der Hunger hat mich so über-
mannt, dass ich sterben muss, wenn ich ohne zu essen
in den Wald fahren soll. [184] Esst doch ein wenig mit
mir! Ich tue danach alles für Euch, was Ihr von mir
wollt. Geht es nicht so, dann seid Ihr mich los.«

Der Meister antwortete: »Gut, [190] wir gehen essen!
Ich kriege zwar kaum noch etwas runter, doch lieber
esse ich den ganzen Tag lang, bevor ich dich verlie-
re, weil du verhungerst.«

Sie traten durch die Tür, [195] das traf die Frau hart.
Es stört jede Frau, wenn man ihren Liebhaber bei ihr
findet. Bis sie die Hände gewaschen hatten, [200] hat-
te sie ein Tuch über den Tisch geworfen und Brot
und Käse aufgetragen.

Insgeheim stieß sie viele Flüche aus, doch sprach sie:
»Esst nur tüchtig!« Lieber hätte sie die beiden zwei-
unddreißig Meilen weggehabt [206] als vor ihren
Augen.

Der Herr sprach zu dem Knecht: »Deine Herrin ver-
hält sich heute schon den ganzen Tag lang so, als ob
sie vor dir [210] noch mehr Angst hätte als vor mir.
Mir ist ganz klar: Hätte ich wie du nach Essen ver-

si wære mir nimmer sô gereht.'
'entriuwen, meister', sprach der kneht,
'ich hân nu lange den sin:
mit swem ich her gewesen bin,
daz man mîn nie niht engalt –
wan ze einer zît, dô was der walt
mit loube wol behangen.
dô quam ein wolf gegangen
hin under mînes meisters swîn.
diu schulde, diu was niht elliu mîn,
wan ich sîn leider niht ensach,
sô lange, unz mir ein leit geschach,
daz er begreif ein wênigez swîn.
daz was rehte als daz värkelîn,
daz dort ûfe lît gebrâten;
ichn kan des niht errâten,
wederz ir grœzer wære.'
'sich bezzernt dîniu mære',
sprach der meister wider in.
er gie vrœlîche hin
und nam daz swîn, dâ erz gesach.
der kneht aber dô sprach:
'dô der wolf zuo den swînen quam
und ich ir schrîen vernam,
dô quam ich dar geloufen sâ.
dô lâgen breite steine dâ,
der selben wart mir einer,
der was grœzer noch kleiner
wan als diu vochenze, diu dort stât.
ich enweiz, wer si gemezzen hât;
ich gesach nie niht sô gelich.'
'unser herre got gesegene dich!'
sô sprach der meister zehant,
'dîniu mære, diu sint wol bewant.'
er nam die vochenze her abe.
dô sprach der kündige knabe:

langt, sie wäre meinem Wunsch nicht nachgekommen.«
»Wahrhaftig, Meister«, erwiderte der Knecht, [215] »schon lange denke ich Folgendes: Bei wem ich bisher auch gedient habe, keiner kam je durch mich zu Schaden – nur einmal, als der Wald schön belaubt war. [220] Da fiel ein Wolf die Schweine meines Meisters an. Zwar traf die Schuld nicht nur mich, aber ich habe ihn leider erst gesehen, als das Unglück geschehen war [225] und er ein kleines Schweinchen gerissen hatte. Das sah genauso aus wie das gebratene Ferkelchen dort oben; ich könnte gar nicht sagen, welches von beiden größer wäre.«
[230] »Deine Geschichten werden ja immer besser«, sagte der Meister zu ihm. Frohgelaunt ging er zu dem Schwein und nahm es sich, als er es erblickt hatte.
Erneut begann der Knecht: [235] »Als der Wolf zu den Schweinen gekommen war und ich ihr lautes Quieken hörte, rannte ich sofort hin. Dort lagen große Steine, davon ergriff ich einen, [240] der war genauso groß wie der Kuchen dort. Ich weiß gar nicht, wer sie ausgemessen hat; sie sind sich wirklich ungeheuer ähnlich.«
»Unser Herrgott segne dich!« [245] entgegnete darauf der Meister, »deine Geschichten sind ausgezeichnet.« Er holte den Kuchen herunter.
Der schlaue Bursche erzählte weiter: [249] »Als ich

'dô ich den stein genam,
ê der wolf von mir quam,
dô warf ich in an daz houbet,
daz er wart sô betoubet,
daz er vil kûme entran
und eine wunden gewan,
diu bluote, als ich swern wil,
vil volliclîche alse vil,
ê daz er quæme dannen –
als des metes in der kannen,
die ir dort hinden sehet stên.'
dô begunde der meister dar gên
und nam die kannel her vür.
er sprach: 'entriuwen, ich spür
die sælde an dînen mæren wol,
daz ich si gerne hœren sol;
si sint beide guot und reht.'
'entriuwen, meister', sprach der kneht,
'dô ich den wolf alsô traf
und im engienc sîn bestez saf,
dô mohte er lützel vliehen.
dô begunde ich im nâchziehen.
dô slouf er in eine veste,
dâ wâren ronen und este
sô vil zesamene geslagen,
daz ich in mêre niht mohte gejagen.
dar under leite er sich nider
und sach vil rehte her wider,
als jener pfaffe iezuo siht
– der triuwet ouch genesen niht –,
der dort stecket under der banc.'
der meister mit zorne ûf spranc,
er sprach: 'ich bin zewâre
aller dîner mære
vil gar an ein ende komen
und hân vil rehte vernomen,

den Stein ergriffen hatte, warf ich ihn dem Wolf an den Kopf, bevor er fliehen konnte. Er wurde so benommen, dass er kaum wegrennen konnte, [254] und er empfing eine Wunde, bevor er entkam, die blutete – bei meinem Eid! – mehr als genug, so viel, wie Met in der Kanne ist, die Ihr dort hinten stehen seht.«

[260] Der Meister ging dahin und holte die Kanne hervor. Er sagte: »Wahrhaftig, ich merke schon, deine Geschichten bringen Glück, ich möchte sie gerne weiter hören, [265] sie sind schön und gut.«

»Ihr könnt mir glauben, Meister«, antwortete der Knecht, »als ich den Wolf so gut getroffen hatte, dass ihm sein bester Saft ausfloss, konnte er nicht mehr fliehen. [270] Ich verfolgte ihn. Er schlüpfte in einen Verhau, da lagen so viele Baumstümpfe und Äste übereinander, dass ich ihn nicht mehr fassen konnte. [275] Er legte sich darunter und sah ganz genauso herüber wie jener Pfaffe jetzt, der dort unter der Bank steckt und auch glaubt, dass es um ihn geschehen ist.«

[280] Da sprang der Meister zornig auf und rief: »Jetzt habe ich endlich deine Geschichte ganz begriffen

wes mich dîn vrouwe ûzjaget
ze allen zîten ez taget.'*
der pfaffe wart gebunden
sô sêre in kurzen stunden,
unz er dem wirte gehiez
– daz er vil kûme wâr geliez –
sînes guotes alsô vil,
daz im wære ein kindes spil,
hæte er daz wîp nie gesehen.
er muose des ze sælden jehen,
daz er schaden an dem guote nam,
daz er mit dem lîbe dannen quam.
daz wîp, diu wart ouch geslagen,
daz si den lîp mohte klagen
von schulden über manigen tac.
swie wol si sît des wirtes pflac,
er wart ir dar nâch niemer mê
sô rehte holt, als er was ê.
der kneht was dem meister liep,
daz er im zeicte sînen diep
sô gevuoge âne bœsiu mære.
ez wære ein michel swære,
hæte er imz anders geseit.
der vriuntlîche kündikeit
mit rehter vuoge kan begân,
der hât dar an niht missetân.
kündikeit hât grôzen sin.
er erwirbet valschen gewin,
der si mit valsche zeiget,
der hât sîn lop geveiget.
der dâ vriuntlîche wirbet mite,
daz ist ein hövischlîcher site.
man mac mit kündikeit begân,
daz vil hövischlîche ist getân.
daz merket bî dem knehte!
hæte er gesprochen rehte:

und weiß, warum mich deine Herrin immer aus dem Haus jagt, wenn es Tag wird.«
Unverzüglich wurde der Pfaffe gefesselt, und zwar so schmerzhaft, bis er dem Herrn – was er kaum wahrmachen konnte – so viel von seinem Besitz versprach, dass es ihm weitaus lieber gewesen wäre, er hätte die Frau nie gesehen. Er hatte noch Glück, dass er nur an seinem Besitz Schaden nahm und mit dem Leben davonkam.
Die Frau wurde so heftig verprügelt, dass sie allen Grund hatte, noch tagelang zu jammern. Sie konnte sich seitdem um ihren Herrn kümmern, soviel sie wollte, er hatte sie nie mehr so gern wie früher. Den Knecht schätzte der Herr, weil er ihm den Dieb so klug und, ohne dass üble Nachrede entstehen konnte, überführt hatte.
Es hätte ziemliche Komplikationen gegeben, wenn er es ihm in anderer Form gesagt hätte. Wer seinen Verstand einfühlsam und recht geschickt einsetzt, der verhält sich richtig. Klugheit ist etwas sehr Sinnvolles. Sie falsch einzusetzen, hat keinen Wert, und man verspielt dabei sein Renommee. Wer jedoch einfühlsam damit umgeht, verhält sich fein gebildet und gesittet. Mit Klugheit kann man feine Bildung und Sitte erreichen, wie sie am Hof üblich ist.
Dies sollt ihr von dem Knecht lernen! Hätte er

'der pfaffe minnet iuwer wîp,
als tuot si sêre sînen lîp',
daz hæte der meister niht verswigen
und hæte sis zehant gezigen;
und hæte si ouch lîhte geslagen.
sô begunde ouch sis dem pfaffen sagen;
sô schüefen lîhte ir sinne,
daz der wirt ir zweier minne
nimmer rehte ervüere
und ze jungest wol geswüere,
der kneht hæte in betrogen
und hæte die vrouwen ane gelogen
durch sînen bœsen haz,
und würde im umbe daz gehaz.
daz was allez hingeleit
mit einer gevüegen kündikeit.
des enhazze ich kündikeit niht,
dâ si mit vuoge noch geschiht.

16

Ein ritter quam an eine vart
sô verre, daz er gast wart
eines wirtes, der in wol enpfienc.
ich sage iu, wie daz ergienc:
er het in niemêr gesehen
und hôrte im grôzer wirde jehen,
des bôt er imz deste baz.
der gast was kalt unde naz,
dâ von was er des wirtes vrô.
ouch was der wirt des gastes sô,
daz liez er in wol schouwen:
sîne tohter und sîne vrouwen
hiez er in küssen zehant.

gerade heraus gesagt: »Der Pfaffe liebt Eure Frau und sie ihn auch heftig«, dann hätte der Meister nicht den Mund gehalten und es ihr auf der Stelle vorgeworfen; und leicht hätte er sie auch verprügelt. Daraufhin hätte sie es dem Pfaffen erzählt, und ihr listiger Verstand hätte es wohl leicht fertig gebracht, dass der Herr ihr Verhältnis nie recht kennengelernt und am Ende noch geschworen hätte, der Knecht hätte ihn belogen und die Frau angeschwärzt, weil er sie hasste. Dann wäre er wütend auf ihn geworden. Dies war nun alles durch vernünftig gebrauchte Klugheit vermieden.

Ich verachte die Klugheit nicht, wo sie schicklich angewandt wird.

16
Der nackte Ritter

Ein Ritter reiste in die Ferne und wurde bei einem Burgherrn sehr freundlich als Gast aufgenommen. Ich erzähle euch, was da geschah:

Der Herr hatte den Ritter noch nie zuvor gesehen, doch hatte er von seinem guten Ruf gehört, und deshalb bewirtete er ihn umso höflicher. Der Gast fror und war durchnässt, und daher war er froh, einen solchen Wirt gefunden zu haben. Auch dieser freute sich über seinen Gast, das ließ er ihn auf eine hübsche Art spüren: Er hieß seine Töchter und seine Frau, ihn zum Empfang zu küssen. Der Koch wurde

der koch wart sêre gemant
umbe guote spîse ze der naht.
nu wart ein schœne viuwer gemaht,
dâ sâzen si in der stuben bî.
   er het schœner tohter drî,
die satzten den gast under sich
und wurden alsô vrœlich
ze liebe dem gaste.
und bran daz viuwer vaste.
   dô ez guot wîle alsô bran,
seht, wâ diu hitze gewan
in der stuben oberhant,
sô daz diu kelte verswant.
des wart in allen sô heiz,
daz in vor hitze der sweiz
von dem houbete nider ran.
dô tet der wirt als ein man,
der dâ heime wil gemach hân.
er hiez einen kneht dar gân
und ziehen sînen roc im abe.
'ichn wil niht, daz iemen hie habe
nahtlanc ungemach';
ze dem gaste er ouch sprach:
'lât abe ziehen iu den roc,
ir habet niender einen loc,
sine hangen alle sweizes vol!'
dô sprach der gast: 'daz tuot mir wol,
ich wil doch den roc ane hân.'
'ir sult in abe ziehen lân',
sprach der wirt, 'weizgot,
ez ist mîn bete und mîn gebot,
daz ir hie habet guoten gemach.'
der gast zuo dem wirte sprach:
'als rehte liep ich iu sî
und iuwer tohter alle drî,
sô erlât mich dirre unzuht!

eindringlich gebeten, [15] ein gutes Abendessen zuzubereiten. Nun wurde ein schönes Feuer in der Stube angezündet, an das sie sich setzten.

Der Herr hatte drei schöne Töchter, die den Gast zwischen sich setzten [20] und ihm zuliebe heiter plauderten.

Das Feuer loderte heftig. Als es eine gute Weile so gebrannt hatte, seht, da errang die Hitze in der Stube den Sieg, [26] und die Kälte zog sich zurück. Es wurde ihnen allen dermaßen heiß, dass ihnen der Schweiß von der Stirn herunterrann.

[30] Da verhielt sich der Wirt wie jemand, der es zu Hause bequem haben möchte. Er befahl einem Diener, ihm seinen Überrock auszuziehen.

[34] »Ich möchte nicht, dass wir es hier die Nacht hindurch ungemütlich haben«, sprach er zu seinem Gast; und außerdem: »Lasst Euch doch den Überrock abnehmen, alle Eure Locken hängen voller Schweiß!«

[40] Der Gast antwortete jedoch: »Das bekommt mir gut, ich möchte das Obergewand lieber anlassen.«

»Lasst es Euch ruhig ausziehen«, erwiderte der Herr des Hauses, »weiß Gott, es ist mein stärkster Wunsch, [45] dass Ihr es hier schön gemütlich habt.«

Der Gast antwortete dem Herrn: »Wenn Ihr und Eure drei Töchter mich mögt, dann erspart mir diese

ich læge gerner eine suht,
denne ich den roc abe tæte,
obe ich noch heizer hæte.'
der wirt sprach: 'nu lât den strît!
ich weiz wol, daz ir hövisch sît.
sô læge ich zwô sühte,
ê ich iuch iuwer zühte
sô sêre lieze engelten.
ir soldet mich darumbe schelten,
lieze ich iuch hie haben ungemach.'
heimlîche er zuo den knehten sprach,
daz si alle dar giengen
und im den roc geviengen
und zuhten im in überz houbet.
dâ wart der gast beroubet
durch die grôzen minne
der êren und der sinne:
er saz, dô er wart âne roc,
als ein beschelter stoc –
âne bruoch und âne hemede,
diu wâren im beidiu vremede.
als in dô die vrouwen
sô blôz begunden schouwen,
dô erkômen si vil sêre.
der gast erschrac noch mêre,
wan ez hete der selbe gast
der hövischeite last
getragen her vil manigen tac.
der wirt vor schanden ouch erschrac,
sus erschrâkens alle sêre.
der gast entrouwete es, an sîn êre
nimmer wider komen mê.
im tet diu schande sô wê,
daz er den wirt hæte erslagen,
trouwete er, daz in getragen
daz ros dannen möhte hân –

Unhöflichkeit! [50] Ich läge lieber krank darnieder, als dieses Gewand auszuziehen, selbst wenn ich noch mehr schwitzen würde.«

Der Hausherr entgegnete: »Nun hört schon auf zu widersprechen! Ich weiß ja, dass Ihr bei Hofe erzogen seid. [55] Doch ich läge lieber mit zwei Krankheiten darnieder, als Euch für Eure Erziehung so sehr büßen zu lassen. Ihr solltet mich ausschimpfen, wenn ich Euch nicht aufforderte, es sich hier bequem zu machen.«

[60] Heimlich befahl er den Dienern, zu ihm zu gehen, sein Obergewand zu ergreifen und es ihm über den Kopf zu ziehen. Doch dieser große Liebesdienst raubte dem Gast [66] Ehre und Verstand: Ohne Überrock saß er da wie ein geschälter Stock – ohne Unterhose und ohne Untergewand, [70] denn beide fehlten ihm.

Als die Damen ihn so nackt sahen, da durchfuhr sie ein heftiger Schreck. Noch mehr erschrak der Gast, [75] denn er war lange Zeit bis jetzt der Inbegriff der höfischen Kultiviertheit gewesen.

Auch der Hausherr war entsetzt über diese Schande, und so erschraken alle miteinander gewaltig.

[80] Der Gast glaubte nicht daran, jemals wieder zu Ehren kommen zu können. Die Schmach schmerzte ihn dermaßen, dass er den Burgherrn erschlagen hätte, hätte er nur annehmen können, dass ihn sein Pferd

des enhæte ez aber niht getân.
er zôch den roc wider an
und schiet sô zornlîche dan,
daz er dem wirte nimmer mê
sô holt wart, als er was ê.
dâ mane ich alle wirte bî:
swaz liebes gastes wille sî,
dâ vlîze sich ein wirt zuo,
daz er dar über niht entuo.
ob er im dienest unde guot
wider des gastes willen tuot,
daz ist vil lîhte gar verlorn;
des wære ez bezzer verborn.
swelch dienest niht ze danke kumt,
der schadet noch mêre denne er vrumt.

17

Ein ritter tugende rîche
nam ein wîp êlîche.
dô wolde si ir willen hân
und des sînen niht begân.
daz mohte er niht erlîden
und hiez siz gar vermîden.
dô si durch slege noch durch bete
deste baz noch deste rehter tete,
dô dröuwete er ir sêre –
dô dröuwete si im noch mêre.
er sluoc ir einen voustslac,
er sprach: ‘nu ist mir umbe den sac
als mære sam umbe daz sacbant!’
er brach ir abe ir gewant,
einen swæren knütel er gevie.
sînen zorn er si enpfinden lie,

schnell genug fortgetragen hätte – dem wäre aber nicht so gewesen. Er legte den Überrock wieder an und ging so wütend weg, dass ihm der Burgherr nie mehr so zugetan war wie zuvor.

Mit dieser Erzählung ermahne ich alle Gastgeber: Ein Gastgeber soll dem Wunsch eines Gastes, den er schätzt, nachkommen, aber nichts darüber hinaus veranlassen. Bietet er seinem Gast Dienste und Annehmlichkeiten gegen dessen Willen an, so könnte dies leicht ins Auge gehen; deshalb lässt man es besser.

Ein Dienst, der nicht dankbar angenommen wird, schadet mehr als er nützt.

17
Die eingemauerte Frau

Ein Ritter, reich an Tugenden, war mit einer Frau verheiratet, die stets ihren Willen durchsetzen, seinen aber nicht erfüllen wollte. Das mochte er nicht ertragen und befahl ihr, dieses Verhalten zu ändern.

Als sie sich weder durch Schläge noch durch Bitten besserte oder sich angemessen verhielt, drohte er ihr heftig – doch sie drohte ihm noch stärker.

Er schlug sie mit der Faust und sprach: »Der Sack ist mir genauso egal wie die Sackschnur!«

Er riss ihr das Kleid herunter und griff nach einem schweren Knüppel. Seinen Zorn ließ er sie spüren und

er sluoc ein lange wîle
mit kreften und mit île,
unz im der arm tet sô wê,
daz er niht slahen mohte mê
und ir ein sîte alsô zebrach,
daz man niht anders dâ ensach
wan zebrochen hût und bluot.
er sprach: ‘woldet ir noch wesen guot!’
si sprach: ‘wie wære mir des sô gâch,
weizgot, ez ist vil unnâch!
ir müezet noch langer bîten,
nu bin ich doch ze drîn sîten
noch ungerüeret und ungeslagen.’
er sprach: ‘sô wil ich gote klagen,
daz mir diu tumpheit ie geschach,
daz ich mîn zuht an iu zebrach.’
si sprach: ‘ir habet iuch selbe erslagen,
ich sterbe danne in kurzen tagen.’
si gehiez im ungevüegen schaden.
  dô hiez er mûren ein gaden,
daz wart gemachet âne tür;
ein venster kêrte er her vür.
dâ wart si inne vermûret.
er sprach: ‘sît iu sûret
diu vriuntschaft und der dienest mîn,
sô sult ir âne mich sîn.
sô muget ir deste baz genesen,
ir sult mîn vrœlîche entwesen.
sît ir mir traget sô grôzen haz,
sô ist uns beiden deste baz,
ez ist uns guot vür zornes nôt.’
  daz aller swerzeste brôt,
daz er geleisten kunde,
daz man warf vür sîne hunde,
des muose man ir dar in geben.
si muose der bœsesten spîse leben,

schlug lange Zeit kräftig und schnell auf sie ein, bis ihm der Arm so weh tat, [20] dass er nicht mehr prügeln mochte und ihre eine Seite so zertrümmert war, dass man nur noch Hautfetzen und Blut sah.

Er sagte: »Wolltet Ihr nur gut zu mir sein!«

[25] Sie erwiderte: »Warum diese Eile, ich bin, weiß Gott, noch weit davon entfernt! Ihr müsst schon noch ein bisschen warten, wurde ich doch auf drei Seiten weder berührt noch geschlagen.«

[30] Er antwortete: »So will ich vor Gott Klage führen, dass ich so töricht war, mich Euretwegen zu vergessen.«

Sie schließlich: »Ihr erschlagt Euch selbst, es sei denn, ich sterbe bald.« [35] Sie drohte ihm mächtig.

Da ließ er einen Raum ohne Türe mauern; nur ein Fenster wurde ausgespart.

Sie wurde eingemauert. [40] Er sprach: »Da es Euch so schwerfällt, freundlich zu mir zu sein und mir zu dienen, so sollt Ihr ohne mich leben. Auf diese Weise werdet Ihr Euch besser fühlen, [44] Ihr sollt fröhlich sein ohne mich. Dies ist für uns beide besser, da Ihr mich so sehr hasst; es hilft uns gegen den Zorn.«

Man durfte ihr nur das allerschwärzeste Brot reichen, das er hatte und das man sonst seinen Hunden vorwarf. [52] Sie musste vom schlechtesten Essen leben,

diu dâ ze hûse was bereit.
er tet ir noch ein grœzer leit:
er sweic vil stille, swaz si sprach.
er saz ouch, dâ si in wol sach,
sîne vröude und sîne wirtschaft.
er het der liute grôze kraft,
den liepte er leben unde lîp.
er satzte ein minniclîchez wîp
an sîne sîten alle zît.
scharlach unde samît,
daz beste, daz er veile vant,
daz was ir tegelîch gewant.
die halsete er unde kuste,
als vil in des geluste,
daz ez diu hûsvrouwe ane sach.
swaz ir dâ leides von geschach,
daz lie der wirt âne nît,
er was mit vröuden alle zît,
sîn lop was von der werlde breit.
er schuof mit sîner vrümekeit,
daz er ir mâge niht entsaz.
in tet sîn dienest michels baz,
denne in sîn vîntschaft tæte.
    dô was der wirt sô stæte,
daz diu vrouwe ein wîle verzagte.
dô si ir vriunden klagte
die vancnusse und die smâcheit
und den gebresten, den si leit,
dô sprâchen si: 'wir wizzen wol,
daz ir der übele sît sô vol,
daz er iu niht wan rehte tuot.
ir sît vil übele gemuot,
des habet ir lôn enpfangen,
ez ist iu rehte ergangen.'
swelhen vriunt si des übergie,
daz er den wirt bat umbe sie,

das im Hause zubereitet wurde. Er fügte ihr ein noch härteres Leid zu: Er schwieg zu allem, was sie sagte. Er ließ sich außerdem dort nieder, wo sie ihn, seine fröhlichen Unterhaltungen und seine Gelage gut sehen konnte.

Er hatte viele Untergebene, denen machte er das Leben angenehm. Eine liebliche Frau setzte er sich stets zur Seite. Feinste Wollsachen und Samt, das beste, das es zu kaufen gab, zog sie jeden Tag an. Er halste und küsste sie, so oft er Lust dazu hatte, und die Ehefrau musste es mit ansehen. Der Hausherr kümmerte sich nicht darum, wie sehr sie das schmerzte, er lebte immer in Freuden und alle Welt sang sein Lob.

Er war klug genug, ihre Verwandten nicht zu verschrecken. Es war für sie günstiger, ihm Dienst zu leisten, als ihn zum Feind zu haben.

Der Mann war so konsequent, dass die Frau mit der Zeit kleinlaut wurde. Als sie sich bei ihren Verwandten über die Gefangenschaft, die schmähliche Behandlung und den Mangel, den sie litt, beklagte, antworteten diese nur: »Wir wissen sehr gut, dass Ihr so voller Bosheit seid und dass er Euch deshalb richtig behandelt. Ihr seid bösartig, dies ist nun Euer Lohn, es geschieht Euch ganz recht.«

Überredete sie einen der Verwandten, sich beim Hausherrn für sie zu verwenden, so antwortete

dem antwurte er alsô:
'ich bin iuwer rede vil vrô,
ich leiste iuwer bete und iuwern rât.
welt ir mir setzen, swaz ir hât:
ob si ein übel wîp welle sîn,
daz iuwer guot sî allez mîn –
sô lâze ich si her ûz gân
und enpfilhe ir allez, daz ich hân.'
'nein ich', sprach er zehant,
'mir ist ir muot wol bekant,
ichn wil ez niht sô sêre wâgen.'
sus schuof er mit ir mâgen,
daz si die bete alle liezen.
dô liez er si geniezen:
er bôt in michel êre
und liepte sich in vil sêre
mit guote und mit lîbe.
sus schiet er von dem wîbe
ir vriunde alle gemeine,
dô wart si alters eine.
dô wart der vrouwen gesaget,
daz alle die wæren gedaget,
die ir dâ helfen solden
und ir niht mê helfen wolden.
dô si vernam den untrôst,
daz si nimmer würde erlôst,
dô vuoren die tîvel von dem wege,
die si heten in ir pflege.
dô quam der heilige geist
und brâhte ir sînen volleist.
ir groziu übel, diu verswant,
dô viel ir hôchvart zehant.
ir übel und ir bœser muot,
diu zergiengen; si wart alsô guot,
d*a*z si mit rehten triuwen
ir sünde begunden riuwen.

dieser: [90] »Ich freue mich über das, was Ihr gesagt habt, und komme Eurer Bitte und Eurem Rat gerne nach. Setzt Ihr Euer Gut dafür ein: Alles sei mein, wenn sie eine bösartige Frau bleibt – [95] andernfalls lasse ich sie heraus und übergebe ihr meinen ganzen Besitz.«

»Nein danke«, hieß es dann sofort, »ich kenne ihre Gedanken sehr gut, ich möchte nichts aufs Spiel setzen.«

[100] Auf solche Weise brachte er alle ihre Verwandten dazu, das Bitten zu unterlassen. Dafür belohnte er sie: Er erwies ihnen große Ehren und machte sich bei ihnen mit Schenkungen und persönlichem Einsatz sehr beliebt. [106] So trennte er seine Frau von allen ihren Vertrauten, bis sie ganz alleine war.

Da erzählte man der Frau, [110] dass alle zum Schweigen gebracht waren, die ihr hatten helfen sollen, und dass ihr niemand mehr beistehen wollte. Als sie die traurige Nachricht hörte, dass sie niemals mehr erlöst würde, [115] da fuhren die Teufel aus ihr, die sie besessen hatten. Der Heilige Geist kehrte ein und schenkte ihr seinen Beistand. Ihre maßlose Bosheit verschwand, [120] ihr Hochmut fiel von ihr ab. Ihre boshaften und schlechten Gedanken schwanden und sie wurde so vollkommen, dass sie ehrlich ihre Sünden bereute.

dô sande si nâch dem pfaffen
und wolde ir dinc schaffen,
swenne ir der lîp erstürbe,
daz diu sêle niht verdürbe.
zehant dô si den pfaffen ane sah,
si kniete vür in unde sprach:
'ich bin daz sündigeste wîp,
diu ie gewan wîbes lîp.
daz riuwet mich vil sêre!
durch des heiligen geistes êre:
nu gebet mir helfe unde rât,
daz ich umbe mîne missetât
gegen got alsô gewerbe,
daz diu sêle iht verderbe!'
er sprach: 'ichn râte iu anders niht:
wan sî iu umbe die sêle iht
und umbe den êwigen lîp,
sô werdet ein vil guot wîp!
iu ist dehein rât sô guot,
sô daz ir iuch der übele abe tuot,
diu iuch beide von gote scheidet
und iuch allen den erleidet,
die iu solden gunnen guotes.'
si sprach: 'des übelen muotes,
des hât mich nu bekêret got.
ich wil allez sîn gebot
behalten, swâ ich immer kan.
durch got, nu bittet mînen man,
daz er mir sîne hulde gebe
und lâze mich, die wîle ich lebe,
hie büezen mîne schulde
und suochen gotes hulde.
ich hân weder got noch in gevorht,
dâ mit hân ich die werlt verworht –
der wil ich nimmer nâhen komen.
mir het der tîvel gar benomen

Daraufhin ließ sie einen Priester rufen, um ihre irdischen Angelegenheiten zu regeln, damit, wenn sie stürbe, die Seele nicht zugrunde ginge. Kaum hatte sie den Priester gesehen, kniete sie vor ihm nieder und sprach: »Ich bin die sündigste Frau, die je auf der Welt gelebt hat. Das bekümmert mich zutiefst! Bei der Ehre des Heiligen Geistes – helft und ratet mir, wie ich trotz meiner Sünden Gott so dienen kann, dass meine Seele nicht zugrunde geht!«
Der Priester antwortete: »Ich rate Euch nur dies: wenn ihr um Euer Seelenheil und um das ewige Leben besorgt seid, dann werdet eine vollkommene Frau! Ihr braucht nur *einen* guten Rat, nämlich den, Euch von der Bosheit loszusagen, die Euch von Gott trennt und auch denen verabscheuenswert macht, die Euch sonst Gutes wünschten.«
Sie erwiderte: »Gott hat mich nun von der Bosheit geheilt. Ich will alle seine Gebote beachten, wo immer ich kann. Bittet nun im Namen Gottes meinen Mann, dass er mir wieder seine Zuneigung schenke und mich auf dieser Welt, solange ich lebe, meine Schuld büßen und Gottes Gnade suchen lasse. Ich hatte weder Gott noch ihn gefürchtet, deshalb habe ich das irdische Leben verwirkt – ich will nicht mehr zu ihm hin. Mir hatte der Teufel Furcht und

beide vorht und minne,
wîsheit und rehte sinne.
ichn weiz, wes ich gein got engalt,
daz er dem tîvel den gewalt
sô grôzen über mich verlie –
ichn weste dô, waz ich begie.
ich kan mich des nu wol verstân,
daz ich wirs denne übel hân getân –
des bin ich mir selber immer gram.
daz mir mîn man den lîp niht nam,
dâ hât er baz ze mir getân,
denne ich umbe in gedienet hân.
ich stên in iuwerm gebote:
als ir antwurten wellet gote,
alsô tuot mir iuwer triuwe schîn
und lât mich iu bevolhen sîn.'
dô gie der pfaffe zehant,
dâ er den wirt eine vant,
er sprach: 'nu tuot, des ich iuch bite,
dâ gewinnet ir gotes hulde mite:
swaz iu mîn vrouwe habe getân,
des lât si iuwer hulde hân;
si tuot niht nâch dirre vrist,
wan allez, daz iu liep ist.
welt ir des niht gelouben ir,
sô wil ichz nemen her ze mir.
si riuwent sêre ir schulde,
si suochet iuwer hulde.
daz tuot si niht umbe daz,
daz ir irz bietet deste baz,
si tuot ez durch der sêle heil.
ir habet ûf si ein michel teil
gezürnet, desn tuot niht mê!
ob iuwer muot ze gote stê
und ze dem êwigen lîbe,
daz erzeiget an iuwerm wîbe.'

Liebe, Weisheit und Verstand genommen. Ich weiß nicht, was ich vor Gott verschuldet habe, dass er dem Teufel eine so große Macht [165] über mich verlieh – ich wusste nicht, was ich tat. Jetzt weiß ich wohl, dass ich mich mehr als boshaft verhalten habe – [169] deshalb werde ich mich ewig über mich ärgern. Mein Mann hat mich besser behandelt als ich ihn, weil er mir nicht das Leben nahm. Ich stehe unter Eurem Gebot: Wenn Ihr Gott Rechenschaft gebt, [175] dann beweist mir Euer Gelübde dadurch, dass Ihr mich in Eure Fürbitte einschließt.«

Da eilte der Priester zum Hausherrn, der alleine war, und sprach: »Nun erfüllt mir eine Bitte, [180] damit gewinnt Ihr Gottes Gnade: Verzeiht meiner Herrin alles, was sie Euch angetan hat; in Zukunft tut sie nur noch, was Euch gefällt. [185] Wollt Ihr es ihr nicht selbst glauben, dann nehme ich es auf meine Kappe. Ihre Schuld bedrückt sie sehr, sie sucht Eure Zuneigung – und zwar nicht deshalb, [190] damit Ihr ihr das Leben angenehmer macht, sondern wegen ihres Seelenheils. Ihr habt ihr sehr gezürnt, tut es nicht mehr! Zeigt in der Art, wie Ihr Euch Eurer Frau gegenüber verhaltet, dass Eure Gedanken auf Gott und das ewige Leben gerichtet sind.«

dô sprach der wirt: 'nu gê wir dar,
daz ich die wârheit ervar!
ist si guoter handelunge wert,
der ist si schiere von mir gewert.'
si giengen an daz venster hin.
dô stuont diu vrouwe gegen in
ûf ir knie unde sprach:
'daz ich ie mîn reht gein iu zebrach,
daz ist mir ein leit vür elliu leit.
mir hât mîn unsælikeit
got und die werlt und iuch verlorn.
durch got, nu lât iuwern zorn –
got hilfet uns beiden deste baz.
ich hân bejaget gotes haz,
den sol ich immer lîden;
mich solde der tac vermîden,
wan daz got bezzer ist denne ich.
nu erbarmet iuch, herre, über mich
und vergebet mir, daz iu got vergebe,
und lâzet mich, die wîle ich lebe,
hie suochen gotes hulde
umbe unser beider schulde.'
diu rede geviel dem wirte wol,
sîn herze, daz wart vröuden vol,
daz lie er balde schînen.
nâch ir vriunden und nâch den sînen
sander, daz si dar gâhten
und ir vrouwen mit in brâhten.
dô si dar quâmen alle
mit vröuden und mit schalle,
er enpfienc si vrœlîche unde sprach:
'daz ich an der hûsvrouwen rach,
des hât si got bekêret.
swer si nu dar umbe êret,
der hât mich immer gewunnen.
alle, die mir guotes gunnen,

[197] Der Mann erwiderte: »Gehen wir zu ihr, um die Wahrheit zu sehen! Verdient sie eine gute Behandlung, [200] so wird sie diese von mir sofort erhalten.«

Sie gingen zum Fenster hin. Da kniete die Dame vor ihm nieder und sprach: »Ich bedaure über alle Maßen, dass ich Euch gegenüber nicht meine Stellung als Ehefrau, wie sie mir das Recht zuweist, beachtet habe. [206] Mein unseliges Benehmen hat mich um Gott, die Welt und Euch gebracht. Lasst um Gottes willen Eure Wut, dann wird Gott uns beiden umso eher helfen. [210] Ich habe den Zorn Gottes verdient, und ich werde ihn allezeit ertragen müssen; das Leben sollte mich fliehen, aber Gott ist besser als ich. Erbarmt Euch, Herr, über mich [215] und vergebt mir, damit Euch Gott vergibt, und lasst mich, um unser beider Schuld willen, den Rest meines Lebens Gottes Gnade suchen.«

Diese Rede gefiel dem Herrn gut, [220] sein Herz erfüllte sich mit Freude, und dies zeigte er bald. Er schickte nach ihren und nach seinen Verwandten, sie sollten herbeieilen und ihre Frauen mitbringen.

[225] Als sie alle fröhlich lärmend angekommen waren, empfing er sie freudig und sagte: »Die Rache an meiner Frau hat dazu geführt, dass Gott sie bekehrt hat. [230] Wer sie aus diesem Grund in Zukunft ehrt, der ist mein Freund. Wer mir Gutes wünscht, soll

die suln sich vröuwen mit mir –
ich wil mich süenen mit ir.'
si erbiten kûme, unz daz geschach,
daz man die mûre ûfbrach.
dô hiez man si her ûz gân.
des hiez si sich durch got erlân
und satzte sich der wider gar.
dô gienc der pfarræere dar
und bôt ir bî der gehôrsame,
als liep ir wære kristen name,
daz si gehôrsam wære ir man,
dâ tæte si gotes willen an.
daz wart ir von der wârheit
sô lange und alsô vil geseit,
daz si ze jungest gie her vür.
dâ bat er si, daz si verkür,
swaz er ir leides ie getete.
daz was ouch aller der bete,
die durch si wâren dar komen.
dô diu bete wart vernomen,
si sprach: 'swaz ir mir leides habet getân,
des müezet ir gerne hulde hân –
ir sît unschuldic wider mich,
diu schuldige, leider daz bin ich.
ich solde nimmer sîn genesen,
ich wære wol tôdes wert gewesen,
des lât mich gote ze buoze stân.
welt ir mich niht dar inne lân,
daz ich gestille gotes haz,
sô erloubet mir doch hie ûze daz,
daz ich got dâ mit êre
und übeliu wîp bekêre –
daz kan ich nu wol geschaffen.'
beide leien unde pfaffen,
die vielen ir ze vuoze,
daz si die selben buoze

sich mit mir freuen – ich möchte mich mit ihr versöhnen.«

Sie konnten kaum erwarten, bis man die Mauer aufbrach. Man sagte der Frau, sie möge herauskommen, doch sie verbat sich dies im Namen Gottes und widersetzte sich heftig. Da ging der Pfarrer zu ihr hin und gebot ihr bei der Gehorsamspflicht und im Hinblick auf ihre Lebensform als Christin, ihrem Mann gehorsam zu sein, damit erfülle sie den Willen Gottes.

Dies wurde so lange und so oft bekräftigt, dass sie schließlich hervorkam. Da bat sie der Mann, ihm alles Leid zu verzeihen, das er ihr angetan hatte. Alle, die um ihretwillen hergekommen waren, schlossen sich dieser Bitte an.

Nachdem sie die Bitte gehört hatte, sagte sie: »Das Leid, das ihr mir angetan habt, kann ich freudig verzeihen – ihr tragt keine Schuld mir gegenüber, die Schuldige bin leider ich. Ich hätte nicht am Leben bleiben dürfen, ich hätte wohl den Tod verdient, deshalb lasst mich vor Gott Buße tun. Wenn ihr mich schon nicht hier drinnen lassen wollt, um den Zorn Gottes zu besänftigen, dann erlaubt mir draußen wenigstens, Gott damit zu dienen, böse Frauen zu bekehren – das kann ich ja nun wohl.«

Alle fielen ihr zu Füßen und baten sie, diese Buße

behielte durch den rîchen got.
si sprach: 'sô wizzet âne spot,
ich kan von übelen wîben
ir übel wol vertrîben.
ich weiz wol, wie ir dinc stât!
swer ein übel wîp hât,
deiswâr, enpfilhet er si mir,
ich gevröuwe in wærlîche an ir.
ich mache si der übele sat,
ich setze si an mîne stat;
dâ hât mir got sô wol gevrumt.
ich weiz wol, swelhiu dar kumt,
diu wirt dâ alsô rehte guot,
daz si vil gerne rehte tuot.'
  daz begunde den rittern allen
ze wunsche wol gevallen,
si sprâchen: 'ir sît ein heilic wîp!
daz got iuwer sêle und iuwern lîp
vil lange ensamt lâze sîn!'
sumelîche sprâchen: 'mir hât diu mîn
sô vil ze leide getân,
si muoz ouch lîhte hie bestân,
daz ir mirs guot machet.'
des wart dâ vil gelachet
von rittern und von vrouwen.
die lie der wirt wol schouwen,
daz er hôhzît haben wolde.
swaz er dar zuo haben solde,
wirtschaft, vröude unde spil,
des was dâ mêr denne vil –
dâ êrte er sîne vrouwen mite.
  alle die tugentliche site,
die man an einer vrouwen lîbe
und an einem biderben wîbe
ze grôzen sælden loben sol,
des was diu hûsvrouwe vol.

um des allmächtigen Gottes willen auf sich zu nehmen.

Sie antwortete: »So wisst, ich kann den bösen Frauen ihre Bosheit schon austreiben. Ich kenne sie doch genau! Bei Gott, jeder, der eine boshafte Frau hat, vertraue sie mir an, ich werde dafür sorgen, dass er wieder Freude an ihr bekommt. Ich verleide ihr die Bosheit und bringe sie dahin, wo ich stehe; dazu hat mir Gott verholfen. Ich bin sicher, dass jede, die zu mir kommt, so vollkommen wird, dass sie freiwillig immer das Richtige tut.«

Dies gefiel all den Rittern über die Maßen, und sie sagten: »Ihr seid eine heilige Frau! Gott möge Euch Leib und Seele noch recht lange beieinander lassen!«

Einige meinten: »Die meine hat mir so viel Leid angetan, sie müsste hier behandelt werden, damit Ihr mir sie vollkommen macht.«

Darüber lachten die Ritter und die Damen nicht wenig. Ihnen zeigte der Herr nun, dass er ein Fest veranstalten wollte. Mehr als genug war von allem da, was man dazu braucht: Bewirtung, fröhliche Unterhaltung und Spiele – alles zur Ehre seiner Frau.

Die Frau besaß all jene Sittsamkeit in Fülle, die eine Dame und eine unbescholtene Frau für ihr See-

si begunde den liuten allen
sô gerlîche wol gevallen,
daz si des alle jâhen,
die si hôrten und sâhen:
'got hât ir michel êre,
diu werlt wære vil sêre
mit ir tugenden gekrœnet.'
wol gezieret und geschœnet!
diu hôhzît werte siben tage,
dannoch was maniges klage,
daz si niht langer solde wern.
dô si urloubes wolden gern,
dô stuont diu vrouwe ûf eine banc,
si sprach: 'nu saget dem wirte danc,
daz er sich hât erbarmet über mich
und daz er got und ouch sich
sô sêre an mir geêret hât,
und ich sô grôze missetât
wider in begangen hân –
und hæte im gerne mêr getân,
wan daz er mirz understuont,
als die wîsen und die biderben tuont.
swie sêre ich von im geêret bin,
sô bin ich doch schuldic wider in.
swaz er mich nu getriutet
und swaz er mir êre biutet,
deste grœzer ist mîn riuwe,
daz ich sô grôze untriuwe
wider got und wider in begie.
nu zeiget mich der werlde hie
und machet mîn buoze erkant
allenthalben in diu lant
und saget daz wærlîche:
er sî arm ode rîche,
der mir sîn übel wîp bringet,
ir swære wirt geringet.

lenheil braucht. Sie gefiel allen Menschen, die mit ihr sprachen und sie sahen, so ausnehmend gut, dass sie alle meinten: »Sie ist eine große Ehre für Gott, die Welt wäre in hohem Maße durch ihre Tugenden ausgezeichnet, herrlich geschmückt und verschönt.«

Das Fest dauerte sieben Tage, und dennoch beklagten viele, dass es nicht länger dauerte. Als man Abschied nahm, stieg die Herrin auf eine Bank und sprach: »Danket dem Herrn, dass er sich meiner erbarmt hat und durch sein Verhalten mir gegenüber Gott ebenso wie sich geehrt hat, obwohl ich gegen ihn so sehr gesündigt habe – mehr noch hätte ich gerne gesündigt, wenn er mich nicht, wie die klugen und unbescholtenen Männer es tun, daran gehindert hätte. Zwar ehrt er mich nun sehr, aber ich bleibe doch in seiner Schuld. Seine Liebe und seine Verehrung vertiefen meinen Kummer, dass ich gegen Gott und ihn so treulos war. Nun erzählt den Menschen von mir und berichtet in allen Ländern und an allen Orten von meiner Buße und verkündet: Wer er auch sei, arm oder reich, er bringe mir seine böse Frau, und ihr Leiden wird gelin-

ich benime ir ir ungüete
unde ringe ir ir gemüete,
daz si gote und im rehte wirt
und alle unvuoge verbirt.'
des wunschten si ir alle guotes,
daz got ir reinen muotes
ir sêle lieze geniezen.
vil sêre si ir daz gehiezen,
si woldenz nimmer verdagen
und woldenz allenthalben sagen.
ouch sprâchen die pfaffen:
'wir wellenz alsô schaffen:
swem sîn wîp leidet daz leben,
dem welle wirz vür sîn sünde geben,
daz er si bringe dâ her,
daz in got der sælden gewer,
daz si guot und rehte sinne
und wîsheit hie gewinne.'
ditz wart ein lantmære:
daz diu vrouwe gewesen wære
daz aller wirseste wîp,
diu ie gewan wîbes lîp,
und wære nu diu beste,
die man lebende weste;
und hæte sich des ûz getân,
daz ir got den gewalt hæte verlân,
swelch übel wîp ir quæme,
daz si der ir übel næme.
dô diu vil rehte wârheit
von dem gadem wart geseit,
dâ diu vrouwe inne gewesen was,
mit welher nœte si dâ genas,
und swelhiu noch quæme dar in,
diu hæte den selben ungewin,
dô gedâhte ein ieslich übel wîp:
'ich hæte verlorn mînen lîp,

dert. Ich nehme ihr ihre Hartherzigkeit und mache sie sanftmütig, damit sie Gott und ihm gefällig wird und alles törichte Verhalten unterlässt.«

[345] Sie wünschten ihr dazu alles Gute; Gott solle sich ihres keuschen Sinnes und ihrer Seele erfreuen. Sie versprachen ihr, ihre Worte und Taten nicht zu verschweigen [350] und sie überall zu verkünden. Die Priester fügten hinzu: »Wir werden es folgendermaßen einrichten: Jedem, dem seine Frau das Leben sauer macht, dem wollen wir als Buße für seine Sünde auferlegen, [355] er solle sie herbringen, damit ihm Gott die Gnade erweise, sie hier mit dem guten und richtigen Denken sowie der Klugheit zu beschenken.«

Die Nachricht eilte durchs Land: [360] Die Dame sei die allerübelste Frau gewesen, die es je gegeben hätte, und jetzt wäre sie die beste, die man finden könne; [365] sie hätte sich vorgenommen, weil Gott sie mit dieser Macht ausgestattet habe, jeder boshaften Frau, die zu ihr komme, die Bosheit zu nehmen.

Als man die Wahrheit über die gemauerte Klause erfahren hatte, [371] in der die Frau gewesen war, dass sie nämlich kaum überlebt hatte und dass es einer, die jetzt noch hineinkäme, genauso erginge, [375] da dachte eine jede boshafte Frau: »Ich würde sterben,

ob ich quæme in daz gaden.
der nœte wil ich mich entladen,
ich wil guot sîn unde reine.'
des gedâhtens alle gemeine,
die dâ wâren in dem lande.
beide ir sünde und ir schande,
die vermitens alsô sêre,
daz ir übel und ir unêre
vor vorhten alsô gar verswant,
daz man niender ein wîp vant
in dem lande, diu übel wære.
durch daz vil guote mære
wart diu vrouwe sô genæme,
daz er sich dûhte widerzæme,
der si niht solde schouwen.
man hiez si die heiligen vrouwen
und suohten si als ein heilictuom.
daz grôze lop und den ruom
behielt diu vrouwe unz an ir tôt.
Sîn wære an manigen steten nôt,
daz ir noch dâ einiu wære,
diu den liuten vride bære
vor übeler wîbe meisterschaft,
die mit ganzer übel sint behaft.

18

Ein man sprach ze sînem wîbe:
'wænest du, daz ich bî dir belîbe
immer allez mîn leben?
niht! ich wil dir urloup geben
noch hiute über ein jâr!
wir müezen uns scheiden, daz ist wâr,
von hiute über vierzic wochen!

sperrte man mich in diesen Raum. Dieses Elend will ich gar nicht erst auf mich nehmen, ich will gut und keusch sein.«

[380] So dachten alle im Lande. Aus Furcht vermieden sie Sünde und Schandtat, so dass ihre Bosheit und ihre Ehrlosigkeit ganz und gar verschwanden, [386] und man nirgends im Lande eine boshafte Frau mehr fand.

Durch diesen guten Ruf wurde die Frau dermaßen bekannt, [390] dass jeder es für unschicklich hielt, sie nicht zu besuchen. Sie galt als eine Heilige, und man suchte sie auf als ein Heiligtum. Diesen glänzenden Ruf [395] behielt die Frau bis zu ihrem Tode.

Man hätte noch an vielen Orten eine nötig, die den Menschen vor der Herrschaft boshafter und durch und durch schlechter Frauen Frieden verschaffte.

18
Das Ehescheidungsgespräch

Ein Mann sprach zu seiner Frau: »Glaubst du vielleicht, ich würde mein ganzes Leben lang bei dir bleiben? [4] Gewiss nicht! Noch heute in einem Jahr werde ich dir den Abschied geben! Wir müssen uns wahrhaftig von heute an in vierzig Wochen trennen!

ich hân missesprochen:
ir werdent niuwan drîzic!
ich bin des gerne vlîzic,
daz ez in zweinzigen ergê!
ez geschiht, weizgot, michels ê,
wan ich ez in sehzehen tuon wil!
dannoch wirt ir niht sô vil:
ez muoz in zwelfen geschehen!
ich wil dich selben lâzen sehen,
daz ez in zehen geschiht!
dannoch wirt ir sô vil niht:
ez muoz in ahten ergân!
ez wirt noch michels ê getân:
ez wirt in sehsen geendet!
sô wirde aber ich geschendet:
ir müezen niuwan vier sîn!
und behalte ich den lîp mîn,
ez geschiht über vierzehen naht!
ez wirt noch nâher gemaht:
ez geschiht in siben tagen!
ir wirt noch abe geslagen:
der tage werdent niuwan drî!
du bist mir sô leide bî,
daz wir uns scheiden morgen!
ich bin in grôzen sorgen,
wie ich bî dir belîbe disen tac;
des ich getuon niht enmac:
du muost iezuo von mir!
den tîvel sach ich an dir,
daz ich ie sô lange bî dir beleip,
daz ich dich von mir niht entreip.
du bist bœse unde arc,
übel geschaffen unde karc,
du bist gerumpfen unde swarz,
dîn âtem smecket als ein arz.
mir grûset, swenne ich dich sehen sol!

Das ist falsch: Es werden nur dreißig! Ich werde mich schon anstrengen, dass es in zwanzig geht! Es fügt sich, weiß Gott, viel früher, denn ich will es in sechzehn erreichen! Doch so viele werden es gar nicht: In zwölf muss es gehen! Du wirst selbst sehen, es passiert in zehn! Aber auch so viele werden es nicht: In acht muss es gehen! Noch viel früher wird's gemacht: In sechs wird es beendet! Aber auch dann wäre es eine Schande für mich: Es dürfen nur noch vier sein! Bei meinem Leben, das Ereignis findet in vierzehn Tagen statt! Ich mache es noch früher, nämlich in einer Woche! Auch davon gibt es noch einen Abschlag: Es werden nur drei Tage sein! Ich habe es so satt, bei dir zu sein, dass wir uns morgen trennen! Ich habe große Sorgen, am heutigen Tag bei dir zu bleiben; ich werde es nicht tun: Du hast mich verhext, dass ich überhaupt so lange bei dir geblieben bin und dich nicht fortgeschickt habe. Du bist böse und arglistig, hässlich und unfruchtbar, runzelig und schwarz, dein Atem stinkt wie ein Arsch, mir graust bei deinem Anblick! Hätte ich einen

hæte ich pfenninge einen sac vol,
die gæbe ich âne swære,
daz ich ein wîle von dir wære.
wære ich von den ougen dîn –
wære allez ertrîche mîn,
daz wolde ich allez dar umbe geben,
wan ich behalte anders niht mîn leben!'
dâ wider sprach aber daz wîp:
'ez müese, sam mir mîn lîp,
an ein scheiden iezuo gân,
wan daz ich mich bedâht hân:
wir suln unz morgen samet wesen.
und trouwestu sîn nimmer genesen:
wir sîn noch ensamet siben tage.
du gihest, wie übel ich dir behage,
daz wirt an dir errochen:
wir sîn noch ensamet zwô wochen.
der wochen werdent noch wol drî,
diu vierde woche ist ouch dâ bî
und diu vünfte dâ zuo.
swie ez dînem lîbe tuo:
diu sehste woche muoz her.
swie dir dîn herze dar umbe swer,
ich wil dich siben wochen hân.
die ahten wil ich dich niht lân
und dar zuo die niunden.
mit allen dînen vriunden
maht du des niht werden vrî:
ich sî dir zehen wochen bî.
die einleften lâze ich dich niht.
ob man dich tôt vor leide siht:
ich wil dîn zwelf wochen pflegen.
dir möhte ein keiser niht gewegen,
du sîst drîzehen wochen mîn.
diu vierzehende muoz dâ mit sîn
und diu vünfzehende als wol.

Sack voll Geld, den schenkte ich gerne her, wenn ich eine Zeit lang ohne dich sein könnte. Wäre ich doch aus deinen Augen – die ganze Welt würde ich dafür geben, wenn sie mir gehörte, denn ich kann anders nicht mehr leben!«

Da erwiderte jedoch die Frau: »Bei meinem Leben, es müsste schon jetzt ans Scheiden gehen, wenn ich mich nicht anders entschlossen hätte: Wir werden bis morgen zusammenbleiben. Und auch, wenn du meinst, es nicht ertragen zu können: Wir sind noch eine Woche lang beieinander. Du sagst, wie schlecht ich dir gefalle, dafür räche ich mich: Zwei Wochen verbringen wir noch gemeinsam. Es werden noch gut drei Wochen, die vierte Woche kommt hinzu, und auch die fünfte. Du magst anstellen, was du willst: Die sechste Woche muss her. Wie schwer dir auch dein Herz werden mag, ich bestehe auf der siebten Woche. Ich werde dich die achte nicht fortlassen und auch die neunte nicht. All deine Freunde und Verwandten können dich nicht befreien: Zehn Wochen bin ich bei dir. Die elfte verlasse ich dich ebenso wenig. Du magst vor Kummer sterben: Ich werde mich zwölf Wochen bei dir aufhalten. Ein Kaiser könnte dir nicht helfen: Dreizehn Wochen gehörst du mir. Die vierzehnte muss dazukommen

dîniu ougen sint mîn nie sô vol:
du müezest mich sehzehen wochen sehen.
ir muoz noch michel mê geschehen:
diu sibenzehende muoz dar
und diu ahtzehende alsô gar,
dar zuo diu niunzehende.
wirde ich der wârheit jehende,
sô gesagete ich dir rehter nie:
du bist noch zweinzic wochen hie
und zweinzic wochen dar nâch.
dir ist von mir nie sô gâch,
dune komest nimmer von mir,
der tôt scheide mich von dir.
du muost leisten mîn gebot;
ez enmac der tîvel noch got
noch al diu werlt wider tuon.
ich zebriche dich rehte als ein huon,
sprichest einez wort dâ wider.'
  dô neicte er sih dô nider
und suohte ir hulde umbe daz,
daz er genæse deste baz:
'ichn weiz, waz ich geredet hân.
vrouwe, du solt den zorn lân,
wan ich bin trunken disen tac,
daz ich mich niht versinnen mac.
ichn weiz, waz ich büezen sol.
sprach ich iht anders denne wol,
daz geschach allez von dem wîne,
des enpfâh die triuwe mîne!
sô helfe mir unser herre krist:
du wære mir ie und immer bist
rehte als mîn selbes lîp.
ichn gesach nie dehein wîp
bezzer noch baz geschaffen.
ezn möhten alle pfaffen
dîn tugende niht vol schrîben.

und ebenso die fünfzehnte. Deine Augen werden sich an mir noch nicht satt gesehen haben: Du musst mich schon sechzehn Wochen anschauen. Es wird noch mehr geben: Die siebzehnte muss her und genauso die achtzehnte, dazu die neunzehnte. Habe ich dir je die Wahrheit gesagt, so war ich niemals aufrichtiger zu dir als jetzt: Noch zwanzig Wochen bist du hier und noch zwanzig weitere. Du kannst nicht abhauen, nie kommst du von mir weg, höchstens wenn der Tod uns scheidet. Du musst tun, was ich will; weder Gott noch der Teufel noch die ganze Welt können dagegen etwas ausrichten. Ich zerquetsche dich wie ein Huhn, wenn du nur ein einziges Wort dagegen sagst.«

Da verneigte er sich und suchte ihre Gnade, damit er besser davonkäme: »Ich weiß gar nicht, was ich dahergeredet habe.

Herrin, besänftige deinen Zorn, ich bin heute sinnlos betrunken und kann mich an nichts erinnern. Ich weiß nicht, wofür ich büßen soll; habe ich etwas anderes als Gutes gesagt, so lag es am Wein, das schwöre ich dir! Unser Herr Christus steh mir bei: Du warst mir immer wie mein eigenes Leben, und das wird so bleiben. Nie habe ich eine vollkommenere noch schönere Frau gesehen. Alle Geistlichen zusammen könnten deine Tugenden nicht aufzählen. Du überstrahlst alle Frauen wie die Sonne die

du bist vor allen wîben
sam diu sunne vor den sternen.
die vrouwen solden lernen
dîn tugent alle gemeine.
ich gesach nie wîp sô reine!
dîn name swebet vor gote obe
allen wîben mit lobe,
die man iender künde vinden
under allen Adames kinden
immer êwiclîche leben.'
si sprach: 'nu sî dir vergeben,
swaz du ie getæte wider mich.'
iesâ kusten si sich.
hie nam der zorn ein ende.
er vie si bî der hende
und wîste si an ein bette hin.
dâ ergie ein suone under in,
diu grôze vröude mahte.
ir ietwederz lahte.
ê daz si schieden von dem bette,
si kusten sich ze wette
und sungen ein liet ze prîse
in einer hôhen wîse.

19

Ein man sprach ze sînem wîbe:
'an unser zweier lîbe
tuot got grôzer ungenâden schîn,
daz er uns lât sô arme sîn.
solde ich unz an mînen tôt
von armuot lîden solhe nôt,
ich wolde mich selben tœten ê.
mir tuot diu armuot sô wê,

Sterne. Alle Frauen sollten sich deine Tugenden zum Vorbild nehmen. [120] Nie habe ich eine so reine Frau geschaut! Der Ruhm deines Namens schwebt droben vor Gott über allen Frauen, die man jemals und in Ewigkeit unter den Kindern Adams finden könnte.« [126] Sie antwortete: »Nun sei dir alles vergeben, was du mir jemals angetan hast.« Augenblicklich küssten sie sich.

Da legte sich der Unmut. [130] Der Mann ergriff die Hand seiner Frau und führte sie zu Bett. Die Versöhnung, die dort vor sich ging, machte ihnen großen Spaß. Sie lachten beide. [135] Bevor sie das Bett verließen, küssten sie sich um die Wette und sangen ein Loblied in den höchsten Tönen.

19
Die drei Wünsche

Ein Mann sprach zu seiner Frau: »Uns beiden gegenüber ist Gott ohne Erbarmen, weil er uns in solcher Armut leben lässt. [5] Sollte ich bis an mein Lebensende ein solches Elend ertragen müssen, dann wollte ich mich lieber selbst umbringen. Ich leide dermaßen an dieser Armut, dass ich nicht weiß, was zu tun ist.

daz ich enweiz, wie ich gebâren sol.
ich bin zornes und leides vol,
ich kan des niht versinnen mich,
daz ich mich iender wider dich
verworht habe ode wider got.
hâstu iender gotes gebot
zebrochen, daz solt du mir sagen.
ich hilfe dir die buoze tragen,
unz ich dich dîner schulde
bringe an gotes hulde.'
si sprach: 'swaz ich begangen hân,
daz hân ich gar mit dir getân.'
er sprach: 'sôn ist mir niht bekant,
war umbe uns got habe gepfant
êren und grôzes guotes.
got ist sô rehtes muotes,
gerten wirs, als wirs solden,
er werte uns, swes wir wolden.
wir suln wachen übermaht
und biten in tac unde naht,
daz er uns gebe michel guot.
ersiht er unsern stæten muot
und die grôzen arbeit dar zuo,
daz wir spât unde vruo
mit der bete lîden müezen,
er beginnet uns lîhte büezen.'
'daz tuon ich gerne', sprach daz wîp,
'sol ichs verliesen danne den lîp,
sô tuot mir baz ein kurzer tôt,
denne daz ich ein lange nôt
von armuot müeze lîden –
die wil ich gerne mîden!'
sine sûmten sich niht mêre,
si bâten got vil sêre
umbe werltliche rîcheit
und liten michel arbeit.

[10] Ich bin von Zorn und Sorgen erfüllt, und ich kann mich gar nicht erinnern, dass ich je etwas dir oder Gott gegenüber falsch gemacht habe. Hast du etwa irgendwann Gottes Gebote [15] missachtet, dann sage es mir. Ich helfe dir, die Buße mitzutragen, bis ich dich aus deiner Sündhaftigkeit in die Gnade Gottes gebracht habe.«
Sie erwiderte: »Alles, was ich gemacht habe, [20] habe ich mit dir gemacht.«
Darauf er: »Dann weiß ich nicht, warum Gott uns Ehre und Reichtum vorenthält. [24] Gott ist doch so gerecht, dass er uns unsere Wünsche erfüllen würde, wenn wir sie angemessen äußerten. Wir werden bis zur Erschöpfung wachen und ihn Tag und Nacht bitten, dass er uns Reichtum schenke. [30] Erkennt er erst unsere Festigkeit, unsere große Anstrengung und die Leiden, die wir früh und spät durch das Gebet ertragen, dann wird er uns schon helfen.«
[35] »Gerne tue ich das«, sagte die Frau, »sollte ich darüber das Leben verlieren, dann ist mir ein rascher Tod lieber als ein langes Leiden in Not und Armut – [40] darauf kann ich wirklich verzichten!«
Sie zögerten nicht länger, Gott inbrünstig um irdischen Reichtum zu bitten, [44] und sie strengten sich

mit wachen und mit vasten
liezen si ir lîp niht rasten
mit venje und mit gebete.
swaz iemen mit gebete tete,
des liezen si niht under wegen.
des begunden si sô lange pflegen,
unz got ir tumpheit schande
und in sînen engel sande.
der quam, dâ er den man vant,
zuo dem sprach er zehant:
'du solt niht biten umbe guot!
got hât sô genædigen muot,
soldestu guot gehabet hân,
got hæte dir daz rehte getân,
als er den andern allen tuot,
die er lât haben michel guot.
ich bin der engel, der dîn pfliget.
daz dir dîn tumpheit ane gesiget,
des verliuse ich mîn arbeit;
mir ist inniclîche daz leit.'
er sprach: 'daz ich niht guot han,
dâ tuot mir got gewalt an!
ich wære als wol guotes wert
als alle, die er guotes hât gewert.
gæbe er mirs, sô solde ichz hân,
er muoz genâde an mir begân.
ich bite in iemer umbe guot,
unz daz er mînen willen tuot.'
dô sprach der himelische bote:
'sît du dem oberesten gote
niht gelouben wil noch mir,
sô wil ich guotes geben dir –
noch mêre denne ein michel teil,
daz du versuochest dîn heil.
wirstu danne ein arm man,
dâ bistu selbe schuldic an.

sehr dabei an. Sie schonten sich nicht mit Wachen und Fasten, mit Kniefall und Gebet. Sie ließen kein Gebet aus, das sie kannten.

Dies taten sie so lange, bis Gott ihre Dummheit zuschanden machte und ihnen seinen Engel schickte. Der ging zu dem Mann und sprach: »Du darfst doch nicht um Reichtum bitten! Hättest du Besitz haben sollen, dann hätte ihn dir Gott in seiner Gnade schon gegeben, wie allen andern, denen er Reichtum geschenkt hat. Ich bin dein Schutzengel, wenn die Dummheit über dich siegt, werde ich arbeitslos; dies würde ich sehr bedauern.«

Der Mann antwortete: »Gott straft mich, dass ich nichts besitze! Ich müsste eigentlich genauso reich sein, wie alle die, denen er Besitz geschenkt hat. Wenn er ihn mir gäbe, dann hätte ich ihn auch, er *muss* mir seine Gnade erweisen. Ich werde ihn so lange um Reichtum bitten, bis er meinen Wunsch erfüllt.«

Darauf entgegnete der Himmelsbote: »Weil du weder Gott dem Allmächtigen noch mir glauben willst, werde ich dir Reichtum schenken – mehr als genug, damit du dein Glück versuchen kannst. Wirst du dann ein armer Mann, bist du selbst daran schuld.

habe drîer wünsche gewalt!
swie dîne wünsche sint gestalt,
die ersten drî, die werdent wâr.
soldestu leben tûsent jâr,
du hâst mêre denne vil –
ob daz guot mit dir wesen wil.'
er sprach: 'sô bin ich rîche!'
er gie vil vrœlîche
hin heim ze sînem wîbe:
'unser zweier lîbe
hât got ir nôt verendet.
er hât uns guot gesendet,
mêr denne wir in gebeten hân.
wir mugen wol in mit vride lân
und mugen wol mit vröuden leben.
er hât drîe wünsche mir gegeben,
die werdent wâr alle drî.
nu rât, waz uns daz beste sî!
dunket dich daz wol gewant,
sô wil wünschen ich zehant
von golde einen grôzen berc
und dar umbe ein vestez werc
von einer hôhen mûre guot,
daz uns daz vihe niht entuot.
des wünsche ich zeinem mâle wol;
oder ich wünsche einen schrîn vol,
swie guoter pfenninge ich wil,
der immer sî gelîche vil;
swie vil ich dar ûz nemen kan,
und swem ich dar ûz ze nemen gan,
daz er doch sî gelîche vol.'
dô sprach daz wîp: 'ich hœre wol,
wir haben mêre denne vil.
nu tuo, des ich dich biten wil:
du solt mir einen wunsch geben
und solt dâ wider niht streben,

Du darfst drei Wünsche äußern! Wie sie auch aussehen mögen, die ersten drei gehen in Erfüllung. Du hast in tausend Jahren [85] mehr als reichlich – wenn der Reichtum bei dir bleibt.«
Der Mann sagte: »So bin ich reich!«
Fröhlich ging er nach Hause zu seiner Frau: [90] »Gott hat unser Elend beendet. Er hat uns mehr Reichtum geschickt, als wir erbeten haben. Wir können ihn jetzt in Frieden lassen [95] und in Freuden leben. Er hat mir drei Wünsche freigestellt, die alle drei in Erfüllung gehen. Mache dir jetzt Gedanken, was das Beste für uns ist! Bist du damit einverstanden, [100] dann werde ich alsbald einen großen Berg aus Gold wünschen; den soll eine hohe, starke Mauer befestigen, damit uns das Vieh nichts beschädigt. [105] Dies wünsche ich mir als erstes; oder ich wünsche mir eine Truhe voller guter Pfennige, deren Anzahl immer dieselbe bleibt, wieviel ich auch wegnehme; [109] auch wenn ich, oder jemand, dem ich es erlaube, noch so viel herausnehmen, sie soll immer gleich voll bleiben.«
Da erwiderte die Frau: »Ich höre wohl, dass wir mehr als genug haben. Nun erfülle meine Bitte: [115] Einen Wunsch sollst du mir freistellen, dagegen solltest du nichts einzuwenden haben, du hast an den beiden

du hâst genuoc an den zwein.
du weist wol, daz ich miniu bein
sô vil dar nâch gebogen hân;
ez hât got als wol getân
durch mîn gebet sam durch daz dîn –
ein wunsch ist billiche mîn.
er sprach: ‘nu habe dir einen,
ich gibe dir mêr deheinen,
und sich, daz du in bestatest sô,
daz sîn al diu werlt werde vrô.’
‘nu wolde got’, sprach si zehant,
‘hæte ich daz beste gewant
iezuo an mînem lîbe,
daz an deheinem wîbe
in der werlte wart gesehen!’
als der wunsch was geschehen,
dô het si daz gewant an.
‘wê mir, wê!’ sprach der man,
‘du vil unsæligez wîp!
du möhtest aller wîbe lîp
vil wol ze dir gekleidet hân
und hætest dannoch baz getân,
wærestu iemen holt gewesen.
dîn sêle ist iemer ungenesen,
daz du niemens vriunt gewesen bist.
daz wolde der heilige krist,
sît du triuwen bist lære,
daz ez dir in dem bûche wære,
daz du gewandes würdest sat!’
daz wart wâr an der stat:
daz gewant was in dem wîbe;
daz hæte si in dem lîbe
vil nâch gezerret enzwei.
vil ungevuoge si dô schrei,
wand ir was wirs denne wê.
si schrei ie mê unde mê.

anderen genug. Du weißt doch ganz gut, dass ich meine Beine sehr oft gekrümmt habe, um dies zu erreichen; Gott hat es durch mein Gebet ebenso gegeben wie durch deines – ein Wunsch gehört gerechterweise mir.«

Er antwortete: »Dann nimm dir halt einen, einen zweiten gebe ich dir nicht, und sieh zu, dass du ihn so verwendest, dass man seine Freude daran haben kann.«

»Wolle Gott«, sagte sie auf der Stelle, »dass ich jetzt das schönste Kleid anhätte, das jemals an einer Frau gesehen wurde!«

Kaum war der Wunsch ausgesprochen, da hatte sie schon das Kleid an. »Weh mir, weh!« rief der Mann, »du unglückselige Frau! Du hättest alle Frauen so kleiden können wie jetzt dich, und darüber hinaus hättest du noch mehr getan, wenn du jemandem gewogen gewesen wärst. Deine Seele bleibt ewig in der Verdammnis, weil du niemandes Freund gewesen bist. Da du treulos bist, so schaffe der heilige Christ das Kleid in deinen Bauch, dass du davon satt wirst!«

Dies ging sofort in Erfüllung: Das Kleid befand sich in der Frau; es hätte sie fast zerrissen.

Da schrie sie entsetzlich auf, denn ihr war hundeelend. Sie schrie lauter und lauter.

dô man gehôrte disen schal,
die burger quâmen über al
und vrâgten, waz ir wære.
dô sagete si in daz mære,
daz ir von ir manne geschach.
daz was ir vriunden ungemach,
die dröuweten im mit schalle
und sprâchen daz alle:
'lœset ir uns niht daz wîp,
wir nemen iu iezuo den lîp!'
si zuhten mezzer unde swert
und drungen vaste dar wert.
  dô er wol hôrte unde sach
beidiu des wîbes ungemach
und sîner vîende drô,
dô machte ers alle sament vrô:
'daz wolde got, unser trôst,
daz si sanfte würde erlôst,
daz si gesunt wære als ê.'
dône war ir aber niht mê:
si was der ungenâden vrî.
  und heten die wünsche alle drî
ein schentlich ende genomen,
und wâren des ze ende komen,
daz si niht guotes solden hân.
si heten beidiu missetân,
doch wart dem manne der schulde verjehen,
dem was ouch vaster misseschehen.
daz wart im wol vergolten –
er wart sô vil gescholten
und wart sô gar der werlde spot,
daz er unsern herren got
niht anders bat wan umbe den tôt.
sîn schande was ein grôziu nôt,
dô wart sîn unwerdekeit
vil volliclîch ein herzeleit.

Als die Bürger diesen Lärm hörten, kamen sie von überall herbei und fragten, was ihr fehle. Da erzählte sie ihnen, was ihr ihr Mann angetan hatte. Darüber wurden ihre Verwandten böse, alle drohten ihm laut und sagten: »Erlöst Ihr die Frau nicht, dann nehmen wir Euch auf der Stelle das Leben!« Sie zückten Messer und Schwerter und bedrängten ihn heftig.

Als er die Qualen der Frau und die Drohung seiner Feinde sah und hörte, bereitete er ihnen allen eine Freude: »Gott, unser Beschützer, erlöse sie sanft, dass sie gesund wird wie zuvor.« Da fehlte ihr nichts mehr, und sie war von ihrem Unheil befreit. So hatten alle drei Wünsche ein schmachvolles Ende genommen, und zwar so, dass der Mann und die Frau nichts besaßen. Beide hatten sich falsch verhalten, doch wurde dem Mann die Schuld angelastet, ihm war es auch viel schlimmer ergangen. Dies wurde ihm voll zurückgezahlt – man schimpfte so sehr auf ihn, und er wurde so sehr zum Gespött der Leute, dass er unsern Herrgott nur noch um seinen Tod anflehte. Seine Schande bedeutete ein großes Elend für ihn, seine Schmach ging ihm sehr

sîn laster und sîn schande
volten allen in dem lande
beide naht und tac ir ôren.
er wart vür allen tôren
mit den worten ungeschœnet
und wart sô gar gehœnet,
daz er vor leide verdarp
und durch daz leit vor leide starp.
swer noch sô vil guotes verlüre,
swie grôze klage er dar umbe küre,
ern möhtez doch volklagen niht,
als uns der tôren site vergiht.
unrehtiu gir, unrehtez bejagen
und nâch vluste unrehtez klagen,
daz ist wan der tôren ahte.
die tôren sint drîer slahte:
die niht sinne habent gewunnen –
diene wizzen noch enkunnen;
die andern wellent wizzen niht –
die sint noch vürbaz enwiht;
sô sint die driten sinne vol –
die kunnen unde wizzen wol
und tuon daz bœseste dâ bî,
swie ez i*n* allez kunt sî.
manic tôre ist des muotes:
ob er vil vriunde und vil guotes
gewinnen und behalten kan,
sô dunket er sich ein wîse man.
swaz vriunde er hât, swie rîche er ist –
und ist der vil heilige krist
sîn vriunt niht al eine,
sô hilfet ez allez kleine,
swaz er vriunde und guotes hât.
swenne er vriunde und guot lât,
ist im diu sêle danne ungenesen,
sô ist er ie ein tôre gewesen.

zu Herzen. Sein lasterhaftes und schändliches Verhalten [190] klangen jedermann im Lande Tag und Nacht in den Ohren. Man machte ihn wie alle Dummköpfe herunter und verhöhnte ihn so sehr, [195] dass er vor Kummer zugrunde ging und durch die Beleidigungen jammervoll starb.

Es mag jemand noch soviel Reichtum verlieren und darüber noch sosehr klagen, er könnte mit der Klage niemals aufhören – [200] es ist die Art der Toren. Falsche Gier, falsches Streben und falsches Klagen über einen Verlust – dies ist die Art der Dummköpfe.

Es gibt dreierlei Toren: [205] die einen, die keinen Verstand bekommen haben – sie wissen und können nichts; die zweiten, die nichts wissen wollen – die taugen erst recht nichts; die dritten haben viel Verstand – [210] sie können und wissen etwas, und obwohl sie alles wissen, machen sie nur die schlimmsten Sachen. Mancher Dummkopf meint, er wäre schlau, wenn er viele Freunde erwerben und großen Reichtum gewinnen könnte. [217] Er mag jedoch so viele Freunde haben und so reich sein wie er will – wenn der heilige Christ nicht sein einziger wirklicher Freund ist, [220] dann helfen ihm seine anderen Freunde und sein Reichtum wenig.

Besitzt jemand Freunde und Reichtum, so bleibt er doch auf ewig ein Tor, wenn seine Seele krank ist.

swer die sêle niht ernert,
der ist ein tôre, swie er vert.
ez hât niemen wîsen muot,
wan der gotes willen tuot.

20

Zwêne künige wâren ze einer zît,
die grôzen haz unde nît
ein ander truogen beide.
dem einen, dem was leide,
daz der arme iht behielt –
wan daz er grôzer sinne wielt
und micheler vrümikeit.
er hæte in dicke hin geleit,
dô was er biderbe unde wîs,
dâ von bejagte er solhen prîs,
daz in der rîche niht vertreip
und wol bî sînen êren beleip,
unz der rîche künic starp.
dô sîn sun die krône erwarp,
dô wolde er ouch den armen an.
daz widerrieten sîne man
und swuoren im vil sêre,
daz sîn vater nie dehein êre
an im kunde bejagen.
'*ir enkunnet* niemen gesagen',
sprâchen sîne râtgeben,
'war umbe ir welt mit leide leben.
er hât iu leides niht getân,
des sult ir in geniezen lân.'
der künic vil zorniclîche sprach:
'mir ist ein solch ungemach
geschehen von sînen schulden,

Wer für die Rettung seiner Seele nichts unternimmt, der bleibt ein Narr, was er auch tut. Nur der ist weise, der den Willen Gottes erfüllt.

20

Der arme und der reiche König

Einst lebten zwei Könige, die sich sehr hassten und neidisch aufeinander waren. Den reicheren ärgerte es, dass der arme nichts besaß – außer viel Verstand und große Rechtschaffenheit. Schon oft hätte der reiche ihn gerne vernichtet, doch dieser war tüchtig und klug, wodurch er solchen Ruhm erlangt hatte, dass jener ihn nicht mehr vertreiben konnte; der arme blieb in großem Ansehen, bis der reiche starb.

Als dessen Sohn die Krone erhalten hatte, wollte auch er gegen den armen König ziehen. Seine Vasallen rieten davon ab und machten ihm eindringlich klar, dass sein Vater niemals ehrenvoll aus einer Auseinandersetzung mit diesem hervorgegangen war.

»Ihr könnt niemandem erklären«, hielten ihm seine Räte vor, »warum Ihr seinetwegen beleidigt seid. Er hat Euch nichts Böses zugefügt, deshalb solltet Ihr ihn in Ruhe lassen.«

Sehr aufgebracht antwortete der König: »Durch ihn ist mir ein solches Unglück widerfahren, dass ich mich an ihm rächen muss, es sei denn, dass er mir

ern kome sîn ze mînen hulden,
ich riche ez an im iemer;
der râche erwinde ich niemer,
unz ich im sîn êre benime.
mir ist getroumet von ime
unsanfte und alsô swære,
daz er mir offenbære
nâch mînen êren büezen muoz;
ode im wirt des nimmer buoz;
ern müeze haben allen tac
den strît, den ich geleisten mac.'
daz begunde den wîsen allen
vil sêre missevallen,
daz er grôze ungedult
begie umbe ein sô kleine schult.
  er nam ir râtes niht wâr
und sande sînen boten dâr.
der quam, da er den *künic* vant.
ein wazzer schiet ir zweier lant,
sô grôz, daz *ez* grôziu schif truoc.
dô der bote dort gewuoc,
waz dar bî im enboten was,
und man den brief dar zuo gelas,
und der brief des selben jach,
der künic ze dem boten sprach:
'nu sage dem herren dîn daz:
treit er mir deheinen haz,
daz wil ich gerne stillen.
er hât mit mînem willen
dehein sîn laster nie gesehen;
ist ez unwizzende geschehen,
daz büeze ich vlîziclîche.
ich bin vil wol sô rîche
beide ritter und guotes
und lîbes und muotes,
daz ich im buoze niht versage.

huldigt. [30] Von dieser Rache lasse ich nicht ab, bis ich ihn seiner Ehre beraubt habe. Ich habe so schwer und bedrückend von ihm geträumt, dass er mir öffentlich [35] und gemäß meiner Ehre Abbitte leisten muss; andernfalls wird es ihm nicht erspart bleiben, dass ich nach besten Kräften Tag für Tag gegen ihn kämpfe.« [39] Dies, dass er aus nichtigem Anlass heraus so heftig reagierte, missfiel den Weisen sehr.

Er achtete nicht auf ihren Rat und sandte seinen Boten aus. [45] Dieser kam zu dem armen König. Ein Fluss, so groß, dass er schiffbar war, trennte die Länder.

Als der Bote dort vorgebracht hatte, was ihm aufgetragen war, [50] und als man den Brief gelesen hatte, der dasselbe aussagte, da sprach der König zu dem Boten: »Nun melde deinem Herrn Folgendes: Wenn er mich hasst, [55] so würde ich dies gerne ändern. Willentlich habe ich ihn nicht gekränkt; geschah es unbeabsichtigt, will ich es gerne wiedergutmachen. [60] Ich bin so reich an Rittern und Besitz, an Kraft und Verstand, dass ich ihm gerne Genugtuung ver-

von hiute über vierzic tage
heiz in her an ditz wazzer komen.
swenne sîn klage wirt vernomen,
si sî krump ode sleht,
ich wil im büezen über reht.'
der bote dâ mit urloup nam.
dô er ze sînem herren quam,
und er vernam disen tac:
'swaz ritter ich nu gehaben mac,
die müezen', sprach er, 'alle dar.
wirde ich danne dâ gewar,
daz er mir iende*r* widerstât,
ich nime im allez, daz er hât.'
dô si des tages beide erbiten,
ze dem wazzer si duo riten,
daz ir zweier künicrîche schiet.
der ermer künic dô geriet,
daz ietweder zwelf ritter nam
und gevarnde in einem schiffe quam
ûf einen wert wolgetân,
den sach man in dem wazzer stân.
dar begunden si beide gâhen.
dô si an ein ander sâhen,
der ermer sprach: 'lât mich verstân,
durch got, waz hân ich iu getân!'
dar wider sprach der rîche:
'iu ist bescheidenlîche
mîn brief und ouch mîn bote komen,
die habet ir beide wol vernomen.
geloubet ir de*n* niht beiden,
sô wil ichz iu bescheiden
und wil der wârheite jehen.
mir ist ein leit von iu geschehen,
des ich billîche enbære:
mir ist ein troum sô swære
von iu getroumet benamen,

schaffe. [64] Richte ihm aus, er möge von heute ab in vierzig Tagen hierher zu diesem Fluss kommen. Wenn er seine Klage vorgetragen hat, sie sei falsch oder richtig, dann werde ich ihm gemäß der Rechtslage Genugtuung verschaffen.«

Mit diesem Auftrag nahm der Bote Abschied [70] und ging zu seinem Herrn. Als dieser den Gerichtstermin vernommen hatte, sprach er: »Alle meine Ritter, die ich aufbieten kann, müssen dorthin. Werde ich dann gewahr, [75] dass er mir Widerstand leistet, nehme ich ihm alles weg, was er besitzt.«

Nachdem sie beide auf den festgesetzten Tag gewartet hatten, ritten sie zu dem Fluss, der ihre beiden Königreiche trennte. [80] Der ärmere König schlug vor, jeder solle zwölf Ritter zu sich nehmen und zu Schiff auf eine schöne Insel fahren, die im Wasser lag.

[85] Beide eilten sie dorthin. Als sie einander erblickten, sagte der ärmere König: »Gebt mir um Gottes willen zu verstehen, was ich Euch angetan habe!«

Der reiche erwiderte: [90] »Ihr wisst durch meinen Brief, den Ihr gelesen, und meinen Boten, den Ihr gehört habt, Bescheid. Wenn Ihr beiden nicht glaubt, dann will ich es Euch klarmachen und noch einmal deutlich sagen. [96] Ihr habt mir ein Unrecht zugefügt, das ich nicht verdient habe. Wahrhaftig, ich habe so schwer von Euch geträumt, [100] dass ich

daz ich michs wolde iemer schamen,
irn büezet mir den ungemach,
der mir des nahtes geschach.'
dô het der ermer daz bedâht,
daz er vil ritter hæte brâht,
die besten über allez sîn lant,
und diu besten ros, diu *man* vant.
diu ros hetens überschriten
und wâren ûf daz stat geriten;
der stuont daz velt allez vol.
dâ sach man in dem wazzer wol
der ritter schat begarwe
und ouch der rosse varwe.
des nam der ermer künic wâr
und zeigte im mit der hant dâr
in daz wazzer an den schat;
er sprach: 'ich hân des guote stat,
daz iu hie reht von mir geschiht.
mich ensûmet ouch der wille niht,
sît ir sô grôzes leides jehet.
swaz ir der ritter iender sehet
in dem wazzer über al,
hin ûf unde her zetal,
die sint mir alle undertân,
daz sint die besten, die ich hân.
die vüeret gevangen von hinnen,
und lât si danne gewinnen
iuwer hulde, sô si næhest megen.
dâ mit wil ich hin legen
daz leit, daz iu von mir geschach.'
der rîcher künic dô sprach:
'wer möhte die berüeren
oder iender gevüeren,
sît si alle niuwan schate sint?
ich wæne, ir habet mich vür kint,
daz ir mîn spotet alsô.'

mich immer schämen müsste, wenn Ihr mir für diese nächtliche Unannehmlichkeit keine Genugtuung gewähren würdet.«

Der ärmere König hatte daran gedacht, viele Ritter, die besten seines Landes, [106] und die besten Pferde, die man finden konnte, herzubringen. Die Ritter hatten die Pferde bestiegen und waren an das Ufer geritten; die Ebene war voll von ihnen.

[110] Im Wasser konnte man nun die Schatten der Ritter und der Pferde sehen. Der ärmere König nahm dies wahr und zeigte mit der Hand [115] auf die Schatten im Wasser. Er sprach: »Ich sehe eine gute Gelegenheit, Euch hier von mir Recht widerfahren zu lassen. Ich zögere gewiss nicht, da Ihr ein so großes Leid beklagt. [120] Alle Ritter, die Ihr hier überall flussaufwärts und -abwärts seht, sind mir untertan, und es sind die besten, die ich besitze. [125] Die dürft Ihr als Gefangene mit Euch führen, lasst sie Euch huldigen, sobald sie mögen. Damit will ich das Leid wiedergutmachen, das ich Euch angetan habe.«

[130] Der reichere König antwortete: »Wer könnte die anfassen oder wegführen, wo sie doch alle nur Schatten sind? Ihr haltet mich wohl für ein Kind, [135] dass Ihr mich derart verspottet.«

der arme künic sprach dô:
'nu habet ir mir doch veriehen,
daz ez in troume sî geschehen,
daz leit, daz ir von mir kleit.
sît ir mir selbe habet geseit,
daz iuch ein schate hât gemuot,
ob daz ein schate wider tuot,
diu buoze ist eben unde sleht,
die sult ir nemen, daz ist reht.
geschiht iu iemer mê
in deheinem troume als ê,
sô komet aber her ze mir,
die selben buoze vinden wir
alle zît hie bereit.
welt ir grôze rîcheit
mit iuwern troumen bejagen,
sô sult irs alten wîben sagen,
die sagent iu wærlîche,
daz ir sælic unde rîche
werdet unde dar zuo alt;
der vrum ist danne drîvalt.'
sus wart sîn spoten sô grôz,
daz sîn den rîchen verdrôz.
der vuor zorniclîche dannen
und sagete sînen mannen
vil rehte, daz diu rede was.
daz er von spote dô genas,
dâ muose ein wunder an geschehen.
si muosen alle samt jehen:
der iemer gedenken solde,
wie man im büezen wolde,
der kunde niht bezzers vinden.
dô muose der künic erwinden.
daz wazzer was sô werhaft,
hæte er dannoch grœzer kraft,
ez hæte der ander wol erwert.

Der arme König entgegnete: »Ihr habt mir doch gesagt, Ihr hättet das Leid, weswegen Ihr mich anklagt, geträumt. Da Ihr mir selbst gesagt habt, dass es ein Schatten war, der Euch bekümmert hat, so ist ein Schatten als Genugtuung angemessen und gerecht; Ihr solltet sie annehmen, so will es das Recht. Kommt ruhig wieder zu mir, wenn Ihr nochmals einen solchen Traum habt, wir werden hier jederzeit dieselbe Möglichkeit zu büßen vorfinden. Wollt Ihr mit Euren Träumen groß und mächtig werden, dann erzählt sie alten Weibern, die werden Euch weissagen, dass Ihr glücklich und mächtig werdet und ein hohes Alter erreicht; der Nutzen wäre dann gleich dreifach.«

Er spottete so sehr, dass es den reichen König verdross, noch länger bei ihm zu bleiben. Dieser ritt wütend weg und berichtete seinen Vasallen alles, was verhandelt worden war. Dass er da ohne Spott davonkam, war ein Wunder. Sie waren alle einer Meinung: Wer sich auch immer Gedanken darüber gemacht hätte, wie man ihm hätte Genugtuung verschaffen können, wäre nicht in der Lage gewesen, sich etwas Besseres auszudenken.

Da war der König gezwungen aufzugeben. Selbst wenn er ein noch größeres Heer mit sich geführt hätte, der andere König hätte sich gut verteidigen können, denn der Fluss war die beste Wehr.

swer âne wîsheit nu vert,
tuot der die widerkêre
âne vrum und âne êre,
dâ ist niht wunders bî gewesen.
swer sînes willen wil genesen
und âne guote witze lebet,
swâ der nâch vremden êren strebet,
die herte sint ze werben,
des gewerft sol wol verderben.
man verliuset der unwægen spil
von den schulden harte vil,
daz si alle tumbe sinne hânt,
die daz unwægeste ane gânt.

21

In einer stat saz ein man,
des sünde enmac ich noch enkan
ouch ensol niht alle künden.
er het an allen sünden
sô rehte volliclîche teil,
daz ez diu liute dûhte ein heil,
daz in diu erde niht verslant.
zwei dinc macheten in bekant:
sô sündic und sô rîche
was dehein sîn gelîche.
er was dâ rihtære,
sîn leben was wîten mære.
er begunde eines markettages jehen,
er wolde rîten unde sehen
sînen liepsten wîngarten.
des begunde der tîvel warten
des selben morgens vil vruo.
er quam im an dem wege zuo,

[172] Wenn jemand ohne vernünftige Überlegung etwas unternimmt und dann ehrlos und ohne etwas erreicht zu haben zurückkehrt, [175] so braucht einen das nicht zu wundern.
Wer seinen Willen durchsetzen möchte und nach Ehrungen, die ihm nicht zustehen und die schwer zu erreichen sind, verlangt, und wer keinen Verstand hat, [180] dessen Unternehmungen sind von vornherein zum Scheitern verurteilt. Unwägbare Risiken enden häufig in einer Katastrophe, weil die, die das stärkste Risiko auf sich nehmen, meistens sehr töricht sind.

21
Der Richter und der Teufel

In einer Stadt wohnte ein Mann, dessen Sünden mag, kann und will ich auch gar nicht alle erzählen. An allen Sünden hatte er [5] so vollen Anteil, dass die Leute meinten, er hätte Glück, dass ihn die Erde nicht verschlänge. Zwei Eigenschaften brachten ihn in Verruf: Keiner war so sündig, und keiner übte eine solche Macht aus wie er. [11] Er war Richter dort, seine Lebensweise war weithin berüchtigt.
Einst, an einem Markttag, verkündete er, er wolle ausreiten, [15] um nach seinem liebsten Weinberg zu sehen. Darauf wartete an diesem Morgen der Teufel in aller Frühe. Dieser trat vor ihn auf den Weg, als er von dem Weinberg zurückritt.

dô er von dem wîngarten reit.
der tîvel truoc vil rîcher kleit,
diu wâren harte wol gesniten.
dô quam der rihtære geriten.
wan er in vür einen man sah,
des gruozte er in unde sprach,
wanne er wære unde wer:
'daz ist ein dinc, des ich ger,
daz ir mir daz rehte saget.'
'ez ist iu alse guot verdaget',
sprach der tîvel zehant.
'ez muoz mir werden bekant',
sprach der rihtære mit zorne,
'oder ir sît der verlorne.
ich hân gewaltes hie sô vil,
swaz ich iu leides tuon wil,
daz mac mir niemen erwern.'
er begunde zornlîche swern:
sagete er im niht daz mære,
von wanne unde wer er wære,
er næme im lîp unde guot.
'ê ir mir sô grôzen schaden tuot,
ich sage iu ê vil rehte
mînen namen und mîn geslehte',
sprach der vervluohte zehant,
'ich bin der tîvel genant.'
dô sprach der rihtære,
was sînes gewerbes wære.
'daz wil ich dich wizzen lân:
ich sol in die stat gân.
ez ist hiute diu zît,
swaz man mir ernestlîche gît,
daz ich daz allez nemen sol.'
der rihtære sprach: 'nu tuo sô wol
und gunne mir, daz ich sehe,
swaz dir ze nemen geschehe,

[20] Der Teufel trug viele prächtige Gewänder, die sehr schön geschnitten waren. Der Richter kam dahergeritten, und weil er ihn für einen Menschen hielt, grüßte er ihn und fragte, [25] woher er käme und wer er sei: »In diesen Dingen müsst Ihr mir präzise Auskunft geben.«

»Warum sollte ich Euch das sagen?« antwortete der Teufel darauf.

[30] »Ich muss es wissen«, entgegnete der Richter zornig, »oder Ihr seid verloren. Ich bin in dieser Gegend sehr mächtig, und niemand kann mich daran hindern, Euch so hart zu bestrafen, wie ich will.« [36] Er schwor zornig: Wenn er ihm nicht berichte, woher er käme und wer er sei, dann nähme er ihm Gut und Leben.

[40] »Bevor Ihr mich derart ins Unglück stürzt, sage ich Euch lieber meinen Namen und meine Herkunft«, antwortete der Verfluchte, »man nennt mich den Teufel.«

[45] Da fragte der Richter, was er denn vorhabe.

»Das will ich dich wissen lassen: Ich werde in die Stadt gehen. Heute ist nämlich der Tag, an dem ich alles nehmen darf, was man mir in vollem Ernst schenkt.«

[52] Darauf der Richter: »Nun sei so gut und erlaube mir zu sehen, was dir in die Hände fällt, [55] solange dieser Markt dauert.«

die wîle und dirre market wer.'
'des entuon ich niht', sprach er.
der rihter sprach: 'sô gebiute ich dir,
daz du niht enkomest von mir
und mich hiute sehen lâst
allez, daz du hie begâst.
daz gebiute ich dir bî gote
und bî dem selben gebote,
dâ mit ir alle wurdet gevalt;
und gebiute dirz bî gotes gewalt
und bî gotes zorne dâ bî,
und swie vil der gebote sî,
diu immer müezen vür sich gên,
den ir niht muget widerstên,
weder du noch die genôze dîn –
dâ bî müeze ez dir geboten sîn!
ich gebiute dirz bî gotes gerihte,
daz du nemest ze mîner gesihte,
swaz man dir hiute gebe!'
'ôwê, daz ich iender lebe!'
sprach der tîvel zehant,
'du hâst mich in sô starkiu bant
beidiu gevangen und gebunden,
daz ich ze manigen stunden
sô grôze nôt nie gewan.
swaz ich dar nâch gedenken kan,
sô enweiz ich niender den list,
wâ vür ez dir guot ist.
sît ez dir âne vrume sî,
sô lâ mich dirre dinge vrî.'
der rihtære sprach: 'des entuon ich niht!
swaz mir dar umbe geschiht,
daz muoz mir allez geschehen –
ich wil dîn nemen hiute sehen.'
der tîvel sprach: 'ez muoz ergân!
daz du michs niht wil erlân,

»Das lasse ich nicht zu«, erwiderte der Teufel.
Der Richter: »So gebiete ich dir, heute bei mir zu bleiben und mir alles zu zeigen, [60] was du hier unternimmst. Dies gebiete ich dir im Namen Gottes und kraft jenes Gebotes, durch das ihr alle gestürzt wurdet; und ich gebiete es dir bei der Macht Gottes [65] und außerdem beim Zorn Gottes und bei allen Geboten, die es überhaupt gibt oder jemals geben wird, und denen ihr, du und deine Gesellen, keinen Widerstand leisten könnt – [70] bei all dem soll es dir geboten sein! Ich gebiete dir beim Gerichtstag Gottes, mir alles zur Begutachtung vorzulegen, was man dir heute schenkt!«
»O weh, bei meinem Leben!« [75] rief da der Teufel, »du hast mich in so starke Bande gefesselt und gebunden, dass ich noch nie so in Bedrängnis war. [80] Wie sehr ich allerdings auch darüber nachdenke, ich komme nicht dahinter, wozu dies gut für dich ist. Befreie mich wieder, wo es dir doch ohnehin nichts nützt.«
[85] Der Richter entgegnete: »Das lasse ich bleiben! Es ist mir egal, was mir deswegen zustößt – ich will sehen, was du heute nimmst.«
[89] Da sprach der Teufel: »Es sei! Es bedrückt mich sehr, dass du es mir nicht ersparen möchtest. Wärst

daz ist mir swære unde leit.
bekantestu die wîsheit,
du liezest dîn twingen mich sîn.
beidiu dîn genôze unde die mîn,
die tragent ein ander grôzen haz
und enwerdent dar an nimmer laz.
des sol*des*tu mich lâzen varn,
woldestu dîn reht bewarn.'
dô sprach der rihtære:
'ezn sî dir nie sô swære,
daz ich mit dir gên wil.
ez werde wênic ode vil,
swaz dir hiute wirt gegeben
mit willen, âne widerstreben,
daz wil ich dich sehen nemen,
ob ez mir solde missezemen –
ich erlâze dichs benamen niht.
sprichest aber dar wider iht,
daz wære alsô guot verborn.'
'nu lâ belîben dînen zorn!'
sprach der vervluohte geist,
'dâ du vil lützel umbe weist,
des bindestu noch hiute ein seil.'
dô wart er vrô unde geil.
daz er dâ wunder solde sehen,
dâ was im leide an geschehen.
in die stat giengens iesâ;
dâ was des tages market dâ,
und was dâ liute genuoc.
dem rihtære man dâ truoc
vil manic trinken an die hant.
dône was da niemen bekant,
wer sîn geselle wære.
dem bôt der rihtære,
der tîvel woldes aber niht.
dô ergie ein sô getân geschiht,

du klug, du würdest mich nicht bedrängen. Meinesgleichen und deinesgleichen hassen einander sehr, und zwar unerbittlich. Deshalb solltest du mich, wenn du vorsichtig wärst, gehen lassen.«

Der Richter erwiderte: »Über meine Absicht, mit dir zu gehen, solltest du dich nicht beschweren. Ich möchte zusehen, was du von dem, was dir heute freiwillig und ohne Widerstand gegeben wird, an dich nimmst, es sei wenig oder viel, um festzustellen, ob es mir missfällt – dies erlasse ich dir nicht. Alles ist umsonst, was du auch dagegen vorbringst.«

»Nun beruhige dich doch!« antwortete der verfluchte Geist, »du drehst dir selbst einen Strick aus dem, worüber du im Augenblick noch so wenig weißt.«

Da war der Richter froh und glücklich. Die merkwürdigen Dinge, die er nun sehen sollte, sollten sein Unglück werden.

Sie gingen in die Stadt; es war Markttag, und viele Menschen hielten sich in ihr auf. Dem Richter brachte man viel zu trinken herbei. Doch niemand kannte seinen Gesellen. Diesem bot der Richter auch an, aber der Teufel wollte es nicht.

Da geschah Folgendes: Ein Schwein machte einer

daz einem wîbe geschach
von einem swîne ein ungemach;
daz treip si balde vür ir tür.
'nu ginc dem tîvel hin vür',
sô sprach daz zornige wîp,
'der neme dir hiute dînen lîp!'
der rihter sprach: 'geselle mîn,
nu nim vil balde daz swîn!
ich hœre wol, daz man dirz giht.'
'ezn ist ir ernest leider niht',
sprach der tîvel wider in,
'ich vüerte ez williclîche hin,
gæbe si mirz mit der wârheit;
næme ich irz, ez wære ir leit.'
dô giengens an den market baz.
dâne weiz ich aber, waz
einem andern wîbe geschach,
daz si ze einem rinde sprach:
'dem tîvel sîstu gegeben,
der neme dir hiute dîn leben!'
dô sprach der rihtære:
'nu hœrestu wol daz mære,
daz dir daz rint gegeben ist!'
'ez irret ein vil karger list',
sprach der tîvel aber dô,
'si wære ein jâr dar umbe unvrô,
würde si des innen,
daz ich ez vüerte von hinnen.
ichn ruoche, waz dâ geredet sî,
dâne was der ernest niender bî –
ichn hân niht an dem rinde.'
dô sprach ein wîp ze ir kinde:
'dune wil niht tuon durch mich,
der übel tîvel neme dich!'
'nu nim daz kint!' sprach der man.
'ichn hân dâ rehtes niht an',

Frau Ärger; sie trieb es eilig vor die Tür. »Geh doch zum Teufel!« schrie die Frau zornig, »der soll dich noch heute umbringen!«

Da sprach der Richter: »Mein Freund, nimm schnell das Schwein! Ich höre, dass du es haben sollst.«

»Leider meint sie es nicht ernst«, erwiderte ihm der Teufel, »ich nähme es gerne mit mir, wenn sie es mir wirklich geben wollte; aber es würde sie unglücklich machen, wenn ich es ihr wegnehmen würde.«

Danach gingen sie auf dem Markt weiter. Nun weiß ich gar nicht, was da einer anderen Frau zugestoßen war, dass sie zu einem Rind sagte: »Ich gebe dich dem Teufel, der soll dich noch heute umbringen!«

Da sagte der Richter: »Hörst du, wie man dir das Rind gibt!«

»Ein schwacher Verstand irrt leicht«, antwortete der Teufel, »merkt sie, dass ich es ihr wirklich wegnehme, sie wäre dann ein Jahr lang traurig darüber. Ich kümmere mich nicht um die Worte, denn sie waren nicht ernst gemeint – von dem Rind habe ich nichts.«

Da sprach eine Frau zu ihrem Kind: »Wenn du nicht gehorchst, dann soll dich der böse Teufel holen!«

»Nun nimm doch das Kind!« sagte der Richter.

»Ich habe kein Recht darauf«, erwiderte der Teufel

sô sprach der tîvel sâ zestunt,
'si næme niht zwei tûsent pfunt,
daz si mirz alsô gunde,
daz ich michs underwunde –
ich næme ez gerne, möhte ich.'
dô giengens alsô vür sich,
unz enmitten an den market.
der was alsô gestarket,
daz si dâ wâren alle gar,
die des tages wolden dar.
dâ begunden si stille stên.
dô begunde ein witwe zuo gên,
diu was beidiu siech und alt,
ir unkraft was manicvalt,
des was grôz ir ungehabe.
si gie vil kûme an einem stabe.
dô si den rihtære ane sah,
si begunde weinen unde sprach:
'wie was dir sô, rihtære,
daz du sô rîche wære
und ich sô arm bin gewesen,
und du niht trûwetest genesen,
dune habest mir âne schulde
und âne gotes hulde
mîn einigez küelîn genomen,
dâ ez allez von solde komen,
des ich armiu solde leben?
mirn ist diu kraft niht gegeben,
daz mir der lîp sô vil tüge,
daz ich darnâch gîgen müge,
dâ man mirz gebe durch got.
des enhâstu niht wan dînen spot!
nu bite ich got durch sînen tôt
und durch die grimmiclichen nôt,
die er an sîner menscheit
durch uns arme alle erleit,

unverzüglich, »nicht für zweitausend Pfund [165] würde sie mir erlauben, es mitzunehmen – ich nähme es wahrhaftig gerne, wenn ich könnte.«
So gingen sie vor sich hin bis in die Mitte des Marktes. [170] Der war jetzt ganz voll, weil alle da waren, die an diesem Tage hinkommen wollten. Dort hielten sie an. Da kam eine Witwe herbei, [175] die war krank und alt, und sie war so geschwächt, dass es ein großes Unglück war. Sie konnte kaum noch an einem Stock gehen. Als diese den Richter erblickte, [180] fing sie an zu weinen und klagte: »Was dachtest du dir dabei, Richter, der du so reich bist und ich so arm, dass du gemeint hast, mir, grundlos und ohne dass Gott dies gewollt hätte, unbedingt mein einziges Kühlein wegnehmen zu müssen, [188] das der alleinige Lebensunterhalt für mich arme Frau war? [190] Mein Körper ist kraftlos und taugt nicht mehr dazu, dort zu fiedeln, wo man mir um Gotteslohn ein Almosen gäbe. Darüber spottest du nur! [195] Nun bitte ich Gott bei seinem Tod und bei den qualvollen Leiden, die er als Mensch für uns arme Sünder er-

daz er gewer mich armez wîp,
daz dîne sêle und dînen lîp
der tîvel müeze vüeren hin!'
dô sprach der tîvel wider in:
'der rede ist ernest, nu nim wâr!'
er greif in vaste in daz hâr
und begunde ze berge gâhen,
daz ez alle die ane sâhen,
die an dem market wâren.
im mohte diu vart wol swâren,
er muose kumberlîcher varn
danne daz huon mit dem arn.
dem tîvel wart von dannen gâch,
die liute sâhen im alle nâch.
ichn weiz, waz dâ nâch geschach,
dâ man in aller verrest sach.
  dâ endet sich daz mære.
alsô was der rihtære
mit sige worden sigelôs:
er wânde vinden und verlôs.
ez ist ein unwîser rât,
der mit dem tîvel umbe gât;
swer gerne mit im umbe vert,
dem wirt ein bœser lôn beschert.
er kan sô manigen grimmen list,
daz er vil guote ze vürhten ist.

trug, mir armen Frau die Bitte zu erfüllen, dass der Teufel dich und deine Seele mit sich nehme!«

Da sprach der Teufel zum Richter: »Diese Rede ist ernst gemeint, nun pass auf!« Er packte ihn fest an den Haaren und fuhr eilig in die Lüfte, so dass es alle sehen konnten, die sich auf dem Markt aufhielten.

Dem Richter mochte die Reise wohl beschwerlich werden, es erging ihm elender als dem Huhn mit dem Adler. Der Teufel eilte hinweg, die Leute blickten ihm alle nach. Ich weiß nicht mehr, was später geschah, als man ihn nur noch ganz in der Ferne sah.

Die Erzählung endet hier. Auf solche Weise hatte der Richter einen Pyrrhussieg errungen: Er glaubte zu finden und verlor.

Es ist unklug, sich mit dem Teufel einzulassen; wer sich freiwillig mit ihm einlässt, wird schlimmen Lohn empfangen. Der Teufel kennt so viele schreckliche Listen, dass man ihn sehr fürchten sollte.

Reden

22

Hie vor, dô man diu huote schalt
und des sumelich wirt sêre engalt,
daz er lie sîne hûsvrouwen
die geste gerne schouwen,
dô si ir triuwe übersach
und ir reht und ir ê zebrach –
daz hiez hôchgemuotiu minne.
hete sumelich wirt die sinne,
daz erz mit huote understuont,
als noch die wîsen gerne tuont,
den begunde man dô schelten
und liez in des engelten,
daz er was ein merkære.
daz er toup und blint wære,
des wünschete man im lange
mit rede und mit gesange.
dô si alsô tôren suohten,
die des an die vrouwen geruohten,
daz si ir triuwe verkurn
und gotes hulde verlurn,
dô quam manic gast an die stat,
dâ in ein wirt ze hûse bat
und in ze der vrouwen sitzen hiez
und in kurzwîle haben liez.
der wirt gie wider unde vuor
vür sîn tor und vür sîn tüer
und schuof dâ, swaz er wolde,
und swaz er schaffen solde.
die wîle er schuof umbe den gast,
daz im dâ nihtes gebrast,
die wîle warp er umbe daz wîp
und leidete ir des wirtes lîp.

22
Die unbewachte Gattin

Einst, als man auf die *huote* schimpfte und jeder Gastgeber dafür büßen musste, wenn er den Gästen erlaubte, seine Gattin anzuschauen, [5] weil diese nämlich dann ihre Treue gering achtete und das Eherecht brach – da sprach man von *hoher minne*. Hatte ein Herr die Absicht, die *huote* auszuüben, [10] wie es die vernünftigen Menschen immer getan haben, dann schimpfte man ihn aus und ließ ihn dafür büßen, dass er ein *merker* war. Man verfertigte Reden und Lieder, in denen man ihm wünschte, er solle taub und blind werden.

[17] Als man solche Narren suchte, die von ihren Frauen verlangten, die Treue zu missachten [20] und damit Gottes Gnade zu verwirken, da kam gar mancher als Gast an Orte, wo ihn ein Herr bat einzutreten und sich neben seine Frau zu setzen, um Kurzweil mit ihr zu haben.

[25] Der Hausherr verließ dann sein Haus, trat vor Tür und Tor und ging der Arbeit nach, die er verrichten musste.

Während er für den Gast sorgte, [30] dass ihm nichts fehlte, warb dieser um die Frau und vergraulte ihr

dô was ir zweier gerinc
iedoch ein ungelîchez dinc:
der wirt vleiz sich vil sêre,
daz er gemach und êre
sînem gaste dâ gevüegte,
sô belouc er unde rüegte
den wirt sô sêre wider sîn wîp,
daz si noch gerne sînen lîp
vil schiere tôten hæte gesehen,
denne im iht baz wære geschehen.
sus huop er an unde sprach:
'vrouwe, mir ist daz ungemach,
daz ir unz her an dise zît
der vröuden vil gesûmet sît,
der ir wol wert wæret.
ir habet mich vil beswæret,
daz iuwer tugent dâ von zergânt,
daz si der minne niht enhânt,
diu billich sweimen solde
in vröuden, swâ si wolde.
ir habet leider einen man,
der der minne süeze niht enkan
gemachen sô manicvalt,
daz sich ieslich tugent mit gewalt
ze der vröude alsô gesinde,
daz man si stæte vinde
in der hœhe des muotes.
sô suoze und sô guotes,
des enwart nie niht – noch nimmer tuot –
sô liep, sô edel, sô guot,
sô diu hôhe tougen minne.
dâ ist sô grôze kraft inne,
daz si durch die sinne strîchet
und diu tugent alle rîchet.
si edelet die gebære,
si vertrîbet alle swære,

ihren Mann. Ihr beider Tun unterschied sich also sehr: Der Herr bemühte sich eifrig, seinem Gast Bequemlichkeit und Aufmerksamkeit zuteil werden zu lassen, während dieser über ihn Lügen verbreitete und ihn so sehr vor der Frau anschwärzte, dass sie ihn lieber tot als lebend gesehen hätte.

So legte er los: »Herrin, ich bedaure sehr, dass Ihr bis jetzt so viele Freuden versäumt habt, für die Ihr wohl geschaffen seid. Es macht mich traurig, dass Eure Tugenden brachliegen, weil ihnen die *minne* fehlt, die sich eigentlich freudvoll dahin schwingen sollte, wohin sie möchte. Zu meinem Bedauern habt Ihr einen Mann, der der *minne* Süße nicht so entfalten kann, dass sich eine jede Tugend so unabänderlich zur Freude gesellt, dass man sie beständig in Höchststimmung findet.

So süß und so gut, so angenehm, so edel, so schön ist nichts – und nie wird es so etwas geben – wie die heimliche *hohe minne*. Ihre Kraft ist so groß, dass sie durch die Sinne streicht und alle Tugenden beherrscht. Sie veredelt das Wesen, sie vertreibt

si kan den gedanken êre geben,
si tiuret den lîp unde daz leben,
si ist der sælden vorlouf,
si gît an vröuden guoten kouf,
si lât gedenken, swes man wil –
und gît wol vierstunt alse vil;
si kan den man zieren
und daz herze furrieren
mit niuwen vröuden alle zît.
welt ir der rîcheit, die si gît,
einen ganzen hort gewinnen,
sô ruochet mich, vrouwe, minnen.
ich wil durch iuch wunder begân,
des ir immer vrum müezet hân.
ich mac niht als ich solde
gereden und als ich wolde;
ich sage iu, wâ von daz geschiht:
ich enhân der stæte leider niht.
des saget mir schier iuwern muot
und minnet mich! ez wirt sô guot,
daz ir die zît, swenne ez ergât,
vür alle hôhzît immer hât.
irn muget sus niht lange leben,
iu ist mit iuwerm manne vergeben!
ich mache iu hôchgemuotiu jâr,
ich mache iu lieht unde klâr
iuwer herze als einer gimmen glast.
ich mache iuch alles leide gast.
swenne ich in der minne hœhe
iuwer tugent gar gevlœhe,
dâ zeige ich iu der sælden vunt
und mache iu solche süeze kunt,
diu alle süeze übersüezet,
diu daz herze sô sêre grüezet,
daz ez alle sorgen vliuhet
und sich in die hœhe ziuhet,

alle Sorgen, sie verleiht den Gedanken Würde, [70] sie macht Leib und Leben attraktiver, sie ist die Pforte zur Seligkeit, sie schenkt hohen Gewinn an Freude, sie führt die Phantasie, wohin man möchte – und sie gibt von allem wohl viermal so viel; [75] sie schmückt den Mann und erfüllt das Herz allzeit mit neuen Freuden.

Wollt Ihr den Hort des Reichtums, den sie schenkt, gewinnen, [80] dann, Herrin, gewährt mir Eure *minne*. Um Euretwillen werde ich Wundertaten vollbringen, die Eurem Ruf nützen werden.

Ich vermag nicht zu sprechen, wie ich müsste und wollte; [85] ich sage Euch, weshalb: Mir fehlt Eure Zusage. Entdeckt mir doch rasch Eure Gedanken und gewährt mir Eure *minne*! Es wird so schön werden, dass Ihr diese Zeit der Erfüllung [90] stets über alle Feste stellen werdet.

Ihr könnt so nicht länger leben, Ihr seid mit Eurem Mann bestraft! Ich schenke Euch Jahre voll höchsten Glücks, ich mache Euer Herz licht und rein wie den Strahl einer Gemme. [96] Ich halte alles Leid von Euch fern. Wenn ich Eure Tugenden auf den Gipfel der *minne* mitgerissen habe, dann zeige ich Euch eine neue Seligkeit [100] und lerne Euch solche Wonnen kennen, die alle Wonnen überzuckern und die das Herz so sehr ausfüllen, dass es alle Sorgen flieht und sich in jene Höhe aufschwingt, auf [105] der die *minne*

die diu minne bûwet und ir kint,
dâ si immer unerstîgen sint.'
daz effen und daz triegen,
daz klaffen und daz liegen,
daz næme ein bœse wîp vür guot
und sagete danne ir bœsen muot
ir ungetriuwen râtgeben,
die ouch nach schanden kunnen leben;
die kunnen ir daz wol râten,
daz si selbe gerne tâten.
swelch vrouwe hât einen valschen lîp,
diu wil bî ir hân ein valschez wîp,
ob sis immer behalden kan –
diu ist der vrouwen Salman,
diu kreftiget si und stætet,
si vüeget ir und rætet
unrehte vröude, swâ si mac.
si saget ir naht unde tac,
wie hövisch ir muot wære,
wie si tanzen nie verbære,
si kunde wol vröude machen!
si saget ir von den sachen,
dâ si ir vrouwen mit betœret.
swaz ze guoten dingen hœret,
des wirt ir munt nimmer lût –
des ist si gar ein vrouwen trût.
dâ wider kan ich wol den rât,
der solhen dingen widerstât!
swelch ritter hât ein valschez wîp,
diu beidiu ir êre und ir lîp
unreinet und unêret,
der sî von mir gelêret:
alliu wîp, diu bî ir sint,
si sîn alt oder kint,
daz er die slâhe alle tage
und in daz wærlîchen sage,

mit ihren Kindern lebt, die anders nicht erreichbar sind.«

Dieses äffische und betrügerische Benehmen, dieses Geschwätz und dieses Lügen, das hielte eine bösartige Frau für gut, [110] sie würde ihre schlechten Absichten ihren treulosen Ratgebern mitteilen, die wie sie unehrenhaft leben; die können ihr gut zu dem raten, was sie selbst gerne täten.

[115] Eine Dame, die voller Falsch ist, möchte bei sich, wenn es irgend geht, genauso eine als Zofe haben – diese ist der Dame Salomo, sie bekräftigt und bestätigt ihre Gedanken, [120] sie verschafft ihr falsche Freude und rät ihr dazu, wo sie nur kann. Tag und Nacht erzählt sie ihr, wie höfisch ihre Gedanken wären und dass sie tanzen solle; sie verstünde doch, Freude zu schenken! Sie erzählt ihr von Dingen, [125] die ihre Herrin betören. Gute Dinge kommen nicht aus ihrem Mund – sie ist eine typische Zofe.

Dagegen weiß ich ein Mittel, [130] das so etwas verhindert! Ein Ritter, der eine Frau voller Falschheit hat, die Leib und Ehre befleckt und schändet, der höre meine Lehre:

[135] Alle Frauen, die sich bei ihr aufhalten, alte und junge, soll er jeden Tag prügeln, und er soll ihnen

si sîn im âne triuwe
und mach*et*en im solche riuwe,
daz im lieber wære der tôt
denne diu grôze tegeliche nôt.
sô sprechent si spâte unde vruo
ir vrouwen weinende zuo:
‘wir enmugen niht bî iu genesen,
irn wellet danne rehte wesen.
unser herre ist uns durch iuch gehaz!
nu gelernet ouch an uns daz:
swie schiere er uns erslagen hât,
daz er danne über iuch selben gât.
sô geschiht iu, als uns ist geschehen.
ir muget wol hœren unde sehen,
er ist mit dem tîvel behaft!
nu vürhtet sîne meisterschaft
und volget unserm râte,
ode ir vürhtet in ze spâte.’

sô man die selben wârheit
ze allen zîten vor ir seit,
und si wol hœret alle tage,
vil grôze unvröude unde klage
und deheine vröude hœret,
daz zevüeret und zestœret
ir ungetriuwen übermuot –
swie ungerne si ez tuot.
a *ein lewe hât vorhte dar zuo,*
b *swie ez im doch niht wê tuo,*
daz man im bliuwet vor den bern.
ez muoz ouch eine vrouwen swern,
daz man ir bliuwet vor ir wîp –
daz leidet ir leben unde lîp.

swelch man sîn wîp des erlât,
daz si der vor ir niht enhât,
die ir râten ode die si lêren
wider ir triuwe ode wider ir êren,

deutlich erklären, sie verhielten sich ihm gegenüber treulos [140] und machten ihm solche Sorgen, dass er lieber sterben würde als täglich dieses große Leid zu ertragen. Dann werden sie von früh bis spät ihrer Herrin klagen: [145] »Wir können nicht länger bei Euch bleiben, wenn Ihr kein rechtschaffenes Leben führen wollt. Unser Herr hasst uns Euretwegen! Lernt daran, wie es uns ergangen ist: Sobald er uns totgeschlagen hat, [150] wird er über Euch herfallen. Dann ergeht es Euch so wie uns. Hört und seht doch, er ist vom Teufel besessen! Fürchtet seine Herrschaft [155] und folgt unserem Ratschlag, oder Eure Furcht kommt zu spät.«

Wenn man ihr dies immer wieder vorträgt und bezeugt, [159] und sie zu jeder Zeit von großer Trauer und Klage hört, aber von keiner Freude, dann wird ihr treuloser Hochmut gebrochen und vernichtet – wie schwer ihr dies auch fallen wird.

Ein Löwe fürchtet seinen Herrn, obwohl es ihm nicht weh tut, [165] dass man die Bären vor ihm schlägt. Es wird auch eine Dame bekümmern, dass man ihre Frauen vor ihr schlägt – dies macht ihr Leib und Leben verhasst.

Ein Mann, der seiner Frau verwehrt, [170] sich mit Leuten zu umgeben, die ihr raten, gegen Treue und Ehre zu verstoßen, der sollte auch verhindern, dass

der sol ouch daz gerne understân,
daz die werbære zuo ir gân,
die der hövischære boten sint
und dem tîvel mêrent sîniu kint.
dar nimmer weder wîp noch man
mit botschefte komen kan,
dar kumt ein unholde
mit silber oder mit golde.
diu sol ein vürköuferinne sîn,
guotiu heftel und guotiu vingerlîn,
diu treit si veile an ir hant;
si treit rîsen unde krâmgewant
und twehel unde tischlachen.
dâ mit kan si machen,
daz man si ze der vrouwen lât.
sô si dâ, swaz si veiles hât,
die liute lâzet schouwen,
sô wirt si mit der vrouwen
vil tougenlîche redehaft
und wirbet solhe botschaft,
der der wirt vil gerne enbære.
weste er diu rehten mære,
er würde dar umbe zornvar.
sô gît si ir einen brief dar.
den liset daz vil tumbe wîp
sô dicke, unz daz si ir selber lîp
einem andern man erworben hât.
    ez ist ein grôziu meintât,
dar nâch die tîvelinne jagent,
die solhen kouf den vrouwen tragent.
ez sint verrâtærinne,
die der triuwelôsen minne
vil vüegent durch die miete.
der die selben sô beschriete,
daz si niht lüste ze leben,
daz læge vil wol und eben.

die Werber zu ihr kommen, [175] die der Höflinge Boten sind und des Teufels Kinder mehren.

Was jemand mit einer schönen Botschaft nicht ausrichten kann, das erreicht eine Hexe [180] mit Gold und Silber. Sie tritt als Verkäuferin auf, herrliche Agraffen und prächtige Ringe hält sie in ihrer Hand zum Verkauf feil; sie trägt Schleier und Kleiderstoffe, [185] Tücher und Tischdecken bei sich. So erhält sie Einlass bei der Herrin. Während sie nun dort das Gesinde anschauen lässt, was sie anzubieten hat, [190] fängt sie mit der Herrin ein vertrauliches Gespräch an und richtet eine Botschaft aus, auf die der Hausherr ganz gut verzichten könnte. Wüsste dieser, was da eigentlich vor sich geht, [195] dann würde er wütend.

Sie überreicht ihr auf solche Weise also einen Brief. Diesen liest die törichte Frau so oft, bis sie sich selbst einem andern Mann überantwortet hat.

[200] Es ist eine böse Untat, auf die diese Hexen aus sind, die den Damen solche Waren bringen. Sie sind Verräterinnen, die um Lohn der treulosen *minne* viel zukommen lassen. [206] Jeder, der sie durch öffentliches Ausschreien so anklagte, dass ihnen die Lust am Leben verginge, der verhielte sich gut und angemessen.

swelch vrouwe daz niht hât vür guot,
ob si ir man hât wol behuot,
diu enist niht der besten eine.
ein vil rehtiu und ein vil reine,
diu nimet die huote vür vol.
ir tuot daz in ihr herzen wol,
daz si beziuget mit ir man,
daz si niemen niht gezîhen kan.
swelch wîp wil valsch vermîden,
diu mac wol huote lîden.
swelch vrouwe ir êren hüeten wil,
die endûhte der huote niht ze vil,
die ir al die liute bæren,
die in der werlde wæren.

23

Swelch gast daz hât vür hövischeit,
ob einem wirte ein herzeleit
von sînem hövischen lîbe
geschæhe an sînem wîbe,
dâ wider wære ouch daz vil sleht,
tæte der wirt dem gaste sîn reht
und erzeigete im diu mære,
wes sîn hövischeit wert wære.
swenne er dâ ze tische sæze
und gerne trunke und æze,
sô wære daz vil gevüege,
daz man vür in trüege
edele bluomen, loup unde gras,
daz ie der hövischære vröude was,
und einen vogel, der wol sunge,
und einen brunnen, der wol sprunge
under einer schœnen linden:

Eine Dame, die es für unpassend hält, dass ihr Mann sie unter die *huote* stellt, die ist nicht gerade eine von den Besten. Eine rechtschaffene und keusche Frau erkennt die *huote* voll an. Sie freut sich in ihrem Herzen, damit ihrem Mann bezeugen zu können, dass ihr niemand etwas anzuhängen vermag.
Eine Frau, die die Falschheit meiden möchte, kann die *huote* gut ertragen. Eine Frau, die ihren guten Ruf wahren möchte, die hielte eine *huote* nicht für übertrieben, die ihr die ganze Menschheit zuteil werden ließe.

23
Der Höfling

Hält es ein Gast für hoffähig, dass durch sein elegantes Auftreten einen Herrn ein tiefer Schmerz wegen seiner Gattin trifft, so wäre dagegen zu empfehlen, dass dieser durch das Gastrecht deutlich machte, was das elegante Auftreten wirklich wert wäre. Wenn der Gast am Tisch sitzt und gerne trinken und essen würde, wäre es angebracht, ihm edle Blumen, Laub und Gras aufzutragen, die stets der Höflinge Freude waren; dazu einen Vogel, der herrlich singen, einen Quell, der hübsch sprudeln könnte unter einer schönen Linde. So könnte er wohl sehen,

sô möhte er wol bevinden,
wie grôze vröude ez allez gît,
dâ von er singet alle zît.
ern næme niht einen grûz,
daz er kumpost ode kabûz
an sînem sange nante
und solich ungevuoge erkante –
und næme ez danne in den munt,
daz wære noch bœser tûsentstunt;
man solz an bluomen kêren.
  alsô solde ein wirt êren
einen hövischen gast mit spîse;
sô würde er sô wîse,
daz er weste diu mære,
waz er würbe ode wer er wære.
quæme der gast in der vrist,
sô der bluomen zît niht enist,
sô solde der wirt sprechen:
'ir welt iuwer hövischeit brechen,
daz ir nu suochet deheinen wirt,
die wîle man der bluomen enbirt.
ir sult niht wan der bluomen leben,
die mac iu niemen nu gegeben,
des sult ir nu verborgen sîn
sam diu wol singenden vogelîn,
und sult komen in der zît
diu loup und grüene gras gît.
ez ist ein grôziu unmâze,
daz ir rîtet sam die vrâze
in deheinen hof, dâ küe stânt,
und diu swîne ir kerren niht lânt.'
  man sol den hövischære vinden
bî dem walde und bî der linden:
dâ solde ein hövischære stæte sîn,
und hieze ein kleinez vogelîn
sîner vrouwen sagen diu mære,

welche große Freude dies alles schenkt, wovon er allezeit singt. Er würde kein bisschen von all dem nehmen können, was er Sauerkraut oder Kohl in seinem Lied genannt und als unschicklich verworfen hatte. Sollte er es gar in den Mund nehmen müssen, das wäre noch tausendmal schlimmer. Man soll sich an die Blumen halten.

Auf diese Weise sollte ein Herr seinen höfischen Gast ehrenvoll bewirten; dieser würde dann wohl einsehen, was er anrichtet und wer er eigentlich ist. Käme der Gast aber zu einer Zeit, in der es keine Blumen gibt, so sollte der Herr erklären: »Ihr beachtet die Hofsitte nicht, dass Ihr zu einer Zeit einen Herrn aufsucht, in der keine Blumen blühen. Ihr lebt doch nur von den Blumen, aber die kann Euch jetzt niemand geben, deshalb müsst Ihr Euch nun verbergen wie die kleinen Singvögelein, und dürft erst in einer Jahreszeit wiederkommen, die Laub und grünes Gras schenkt. Es ist außerordentlich ungehörig, dass Ihr wie die Fresssäcke auf irgendeinen Hof reitet, in dem Kühe stehen und die Schweine nicht aufhören zu grunzen.«

Der Höfling gehört an den Waldesrand und unter die Linde. Dort sollte er sich stets aufhalten und ein kleines Vögelein beauftragen, seiner Dame aus-

daz ir niemen holder wære.
er solde sîner vrouwen
bî dem walde und bî der ouwen
in dem vogelsange bîten.
er solde niht neisen rîten
in ieslichen küestal.
ein sû und ein nahtegal,
die singent ungelichen sanc.
ein hövischære ist gar ze kranc,
der sîn selbes sô vergizzet,
daz er einen rinderînen brâte izzet.
ein hövischære solde selbander
an einem jungen galander
ein wochen haben wirtschaft.
hât sîne minne sô ganze kraft,
im machet einer lerchen vuoz
eines grôzen hungers buoz.
swelch wirt sô biderbe wære,
daz er einem hövischære
sîner hövischeit kunde lônen,
des begunde der hövischære schônen
und ensuochte in niht an tôren stat.
er würde der bluomen sat,
swenne ers im zeinem mâle hæte gegeben.
swie lange si beide solden leben,
daz er si dâ niht mêre suohte
und sînes wîbes niht enruohte.
swelch minnære alsô minnet,
daz im von minne brinnet
sîn herze in sînem lîbe
nâch eines andern mannes wîbe,
der hât der hitze gar ze vil.
swer im dar zuo geben wil
guoten pfeffer und guoten wîn,
sô muoz im deste heizer sîn.
swer im wil lengen sîn leben,

zurichten, dass keiner ihr geneigter wäre. [55] Er sollte seine Dame am Waldesrand und auf der grünen Wiese im Vogelsang erwarten. Er sollte nicht als Plage in jeden Kuhstall reiten. [60] Eine Sau und eine Nachtigall singen ein ungleiches Lied.

Ein Höfling, der sich selbst dermaßen vergisst und einen Rinderbraten verzehrt, ist ziemlich heruntergekommen. [65] Ein Höfling sollte zu zweit eine Woche lang an einer jungen Lerche schmausen können. Ist seine *minne* stark genug, dann reicht wohl auch ein Lerchenfüßchen aus, [70] seinen Hunger zu stillen.

Ein Höfling wird einen Herrn, der rechtschaffen ist und ihm sein höfisches Verhalten heimzahlt, meiden und nicht mehr in der Hoffnung, einen Dummkopf zu treffen, aufsuchen. [76] Er würde der Blumen überdrüssig, wenn der Herr sie ihm serviert hätte. Solange der Herr und die Dame lebten, würde er sie nicht mehr aufsuchen [80] und die Frau begehren.

Ein Liebhaber hat zu viel Hitze, den es dermaßen zum Minnedienst drängt, dass ihm das Herz aus *minne* nach der Frau eines anderen Mannes entflammt. [86] Wer ihm zusätzlich scharfen Pfeffer und süßen Wein verabreicht, macht ihn noch hitziger.

der sol im kaltez wazzer geben,
daz kan der hitze widerstân.
diu selbe hitze ist sô getân:
si kumt von dem helleviure
und von des übelen tîvels stiure.
dâ sol ein wirt merken bî,
waz einem hövischære guot sî:
sît im ze heize doch geschiht,
sô mêre im sîne hitze niht!
diu spîse, dâ mit er mac genesen,
diu sol in kalter wîse wesen,
diu die hitze sô wol entrenne,
daz si in niht gar verbrenne.

Wem an seinem Leben liegt, der sollte ihm kaltes Wasser geben, das kommt gegen die Hitze an.

Die Hitze, von der die Rede ist, ist folgendermaßen beschaffen: Sie stammt vom Höllenfeuer und ist eine Gabe des bösen Teufels. Im Hinblick darauf sollte ein Herr beachten, was für einen Höfling gut ist: Weil ihm zu heiß ist, vermehre seine Hitze nicht! Das Essen, das er braucht, muss kalt sein, um die Hitze zu vertreiben, damit sie ihn nicht ganz verbrennt.

Anhang

Zum mittelhochdeutschen Text

Die Handschriften

Mittelalterliche Dichtungen, so auch die des Strickers, sind im Allgemeinen nicht im Original, sondern nur in späteren handschriftlichen Aufzeichnungen überliefert; das macht sie für uns vielfach zu ›unfesten Texten‹. Ihr Verhältnis zu den Originalen ist nur noch mühsam und kaum mit letzter Sicherheit zu rekonstruieren – die philologische Pionierarbeit für die Strickeriana hat Konrad Zwierzina zu Anfang unseres Jahrhunderts (s. Carl von Kraus, *Mittelhochdeutsches Übungsbuch*, Heidelberg 1926, S. 279–287 und unten S. 269, Anm. 15) geleistet. Er hat das für die Folgezeit verbindliche, sogenannte ›echte‹ Stricker-Korpus aus all jenen Texten herausgeschält, die man dem Dichter im Mittelalter (unkritisch) zuschrieb – eine Arbeit, die heute gewiss revisionsbedürftig ist, weil man gegenüber den Eigenheiten mittelalterlicher Aufzeichnungen toleranter und wohl auch verständnisvoller geworden ist. Auf Zwierzina gehen die meisten der jetzigen Signaturen zurück. Für einen verlässlichen Abdruck der Texte, der sich eng an die Handschriften hält, ist heute im Wesentlichen auf die 5-bändige Ausgabe von Moelleken und seinen MitarbeiterInnen (1973–77) zurückzugreifen. In Bd. 1 hat Moelleken die einzelnen Textzeugen ausführlich beschrieben und die einschlägige Forschungsliteratur verzeichnet (Ergänzungen in Bd. 5; s. auch VL Sp. 427–432; Mihm 1967, S. 35–40, 47–61, 64–70, 96–104 und Hartge/Heinzle 2000 sowie die Einleitungen zu Fischer/Janota ^{5}2000, ^{4}1997 und Schwab ^{3}1983). Bei der Zuordnung der Texte ist man auf die mittelalterlichen Schreiber angewiesen, da sich der Stricker selbst in seinen Kurzerzählungen nicht nennt (s. Franz-Josef Holznagel, »Autorschaft und Überlieferung am Beispiel der kleineren Reimpaartexte des Strickers«, in: Elizabeth Andersen / Jens Haustein / Anne Simon / Peter Strohschneider (Hrsg.), *Autor und Autorschaft im Mittelalter, Kolloquium Meißen 1995*, Tübingen 1998, S. 163–184).

Der wichtigste und reichhaltigste Überlieferungsträger ist die in einem bairischen Idiom, wahrscheinlich von fünf Schreibern verfasste Handschrift A (Österreichische Nationalbibliothek Wien: Codex Vindobonensis 2705, um 1260/90; Hagby 2001, S. 299–337), die im Allgemeinen – und so auch im vorliegenden Band – als Leithandschrift gewählt wird und dem Original wohl ziemlich nahe kommt. »Ein großer Teil der Texte im Stricker-Teil der Handschrift behandeln religiöse Themen«; dies legt es nahe, »die Auftraggeber unter kirchlichen Amtsträgern oder bei den Bettelorden zu suchen« (Dworschak 2003, S. 15). Eleganter und sprachlich flüssiger formuliert bisweilen die ostmitteldeutsch schreibende Handschrift H (um 1320/30; Universitätsbibliothek Heidelberg: Cod. Pal. germ. 341; Rosenhagen 1909; diglit. ub. uni-heidelberg. de/diglit/cpg341), der K (um 1320/30; Cologny, Fondation Martin Bodmer, Cod. Bodmer 72; www. e-codices. unifr. ch/de) im Wesentlichen folgt. Überlegungen, ob die Differenz beider Kodizes auf Autorvarianten zurückgeht, sind wenig plausibel, setzte dies doch eine planvolle Modernisierung bzw. Umstilisierung des gesamten Textmaterials durch den Autor voraus.

Die weiteren, in den anschließenden Kommentaren genannten Handschriften datieren wie folgt: B (1393), C (Anf. 16. Jh.), E (Mitte 14. Jh.), F (15. Jh.), I (1456), K (1320/30), L (um 1430), M (Mitte 14. Jh.), N (14. Jh.), Q (1459), V (1423), W (1380/90), b (1320), f (14. Jh.), n (14. Jh.), q (1422), s^1 (14. Jh.), s^2 (15. Jh.), cc (2. Hälfte 14. Jh.), ha (letztes Viertel 13. Jh.; s. Hartge/Heinzle 2000).

In der Regel sind für die Texte die ihnen von der germanistischen Forschung verliehenen Titel gewählt. Die wenigen stärkeren Abweichungen (Nr. 22 und 23) sind an Ort und Stelle begründet. Die zeitgenössischen Titel finden sich in den jeweiligen Kommentaren; die Leithandschrift A enthält keine Überschriften. Überschriften steuern als ›Paratexte‹, d. h. Texte außerhalb der erzählten Geschichte, die Rezeption und sind deshalb besonders dort problematisch, wo sie, wie sicherlich auch in den überlieferten Stricker-Texten, nicht vom Autor selbst stammen.

Die Edition

Mit Blick auf das Zielpublikum, dem nicht nur ausgebildete SprachwissenschaftlerInnen angehören sollten, wurde für die vorliegende Ausgabe um der besseren Lesbarkeit willen eine ›Vereinheitlichung‹ der sprachlichen Textgestaltung angestrebt. Sie folgt im Wesentlichen den Anregungen von Hanns Fischer [5]2000, weil diese der überregional ausgerichteten mittelhochdeutschen Grammatik (s. MG), wie man sie aus den ›normalisierten‹ Textausgaben Hartmanns, Wolframs oder Gottfrieds kennt, am nächsten kommen. Hauptziel war es, die Leithandschrift A von ihren bairischen Eigenheiten und ihrer gegenüber den Originalen wahrscheinlich relativ späten Sprachstufe zu entlasten und in sensibler Rekonstruktion ›normalisierte‹ Texte zu entwickeln, die sich dann freilich, was auch nicht ihr Ziel ist, nur noch schwer für graphische und phonetische Studien eignen. Folgende Standardisierungen wurden – im vollen Bewusstsein ihrer Problematik und Anfechtbarkeit – vorgenommen:

- Groß-, Klein- und Zusammenschreibung werden normalisiert, dabei werden u. a. in der Regel Namen und Text-Anfänge groß geschrieben und Präfixe mit dem Wortstamm vereint; Komposita werden als *ein* Wort kenntlich gemacht;
- offensichtliche Verschreibungen sind stillschweigend gebessert, fehlende oder falsch eingesetzte Wörter durch Kursive kenntlich gemacht;
- die Interpunktion – die mittelalterlichen Schreiber setzten nur Vers-Endpunkte – ist modernisiert, die Abschnittsgliederung berücksichtigt die handschriftlichen Initialen;
- je nach Lautwert werden <e> als geschlossenes /e/ oder offeneres /ä/, /æ/, <ai> als offenes /ai/ oder geschlossenes /ei/, <v> als /f/-Laut <v> oder <f>, als /u/-Laut <u> geschrieben;
- nach ihren Lautwerten werden <u> und <v> (*unde* statt hs. *vnde*), <i> und <j> (*jagen* statt hs. *iagen*; gelegentlich steht hs. <g> für <j>), <s> und <z> (*daz* statt hs. *das*) normalisiert;
- bei <w> wird das /u/-Phonem, wenn erforderlich, als <u> ergänzt (*wurden* statt hs. *wrden*); <i> vor <w> wird als <iu> geschrieben (*triuwe* statt hs. *triwe*);
- die hs. Affrikate <ph> wird <pf> wiedergegeben (*pfarre* statt hs. *pharre*);
- das /k/-Phonem wird als <c> oder <k> wiedergegeben (*clâr, kleine, pflac*), die entsprechende bairische /ch/-Variante wird den nördlicheren Sprachvarietäten angepasst (*kleine* statt hs. *chleine*);
- Langvokale sind durch Apices gekennzeichnet (*clâr*); ob das Suffix *-lich(e)/lîche(e)* lang oder kurz realisiert werden sollte, wird in Zweifelsfällen nach grammatischen und metrischen Aspekten entschieden;
- Umlaute sind durch entsprechende Zeichen kenntlich gemacht;
- hs. Kürzel sind aufgelöst, *ūn* dabei, je nach metrischer Opportunität, als *und* oder *unde*;

- die Neuhochdeutsche Diphthongierung ist zurückgenommen;
- die Mittelhochdeutsche Auslautverhärtung wird in der Regel konsequent durchgeführt;
- Diphthonge werden, sofern hs. einer ihrer beiden Komponenten fehlt, als volle Zeichen ausgeführt, wobei <uo> oder <üe> nach den Notwendigkeiten von Reim und Grammatik gewählt wird (*gvüege* statt *gevuge*, aber *guot* statt *gut*);
- <ie> wird, sofern es auf einen älteren /ü/-Laut zurückgeht, als <iu> geschrieben (*diu* statt *die*);
- nach langem Vokal wird eine folgende Doppelkonsonanz vereinfacht; Mehrfachkonsonanz richtet sich nach dem Gebrauch des *Lexers*. Die Schreibvarianten *rîter/riter/ritter* sind zwar zu *ritter* vereinheitlicht, Abweichungen jedoch jeweils unter der Rubrik »Zur Textgestalt« notiert;
- durch Apokope und Synkope ausgefallenes /e/ wird in der Regel zurückgeholt, nicht jedoch bei Enklise von *-er*, *-es* und *-ez*, wenn 4-silbige Takte entstanden wären, und im Präteritum nach einem langen Stammvokal (*vrâgte* vs. *sagete*); die Synkope von /i/ ist nur in den Suffixen *-ic* und *-isch* zurückgenommen;
- <d> und <t> nach <n> oder <l> ist – mit Ausnahme der weithin üblichen *solde(n)* und *wolde(n)* – nicht zu <d> vereinheitlicht, auch nicht bei rückgängig gemachter Apokope (*behalte* statt hs. *behalt*);
- überschießendes /e/ ist getilgt, auch bei den Imperativen der starken Verben;
- statt *sie*, *siu*, *sî*, *si* steht regelmäßig *si*;
- *danne/dannoch* ›damals‹ (hs. auch *denne/dennoch*) wird von *denne* ›denn‹ (hs. auch *danne*) unterschieden;
- von *komen* werden die weniger dialektgebundenen Flexionsformen gewählt (s. MG § M79);
- bevorzugt sind: *ez* gegenüber *iz*, *-ære* gegenüber *-er* (sofern dies metrisch akzeptabel erscheint), *-est* gegenüber *-ist*, *-ic/-isch/-ikeit* gegenüber den entsprechenden Formen mit <e>, *deiswâr* gegenüber *dêswâr*, *-lîche/-liche* gegenüber *-lîchen/-lichen* (s. MG § M33), *-(e)te* gegenüber *-et* im Präteritum der schwachen Verben; *ge-* gegenüber *gi-*.

Zur Übersetzung

Die Übersetzung möchte im Hinblick auf das Zielpublikum zwar gut, aber nicht um jeden Preis flüssig lesbar sein, und sie versucht deshalb zwischen der ›wörtlichen‹ und der ›freien‹ Variante eine akzeptable Balance zu halten. Die Verse sind in Prosa aufgelöst, auch optisch. Der Erzählfluss sollte für den interessierten Laien nicht gewaltsam durch eine allzu penible ›Wörtlichkeit‹ zerstört werden. Dem Kenner bleibt der Reiz, der Freiheit des Übersetzers nachzuspüren, dem, der es werden möchte, die Anstrengung, sich selbst zur Wörtlichkeit zu erziehen und dadurch seine Lesefähigkeit mittelhochdeutscher Texte zu erhöhen; beiden: die große Frage Schleiermachers, wie weit der Übersetzer sein Publikum dem Schriftsteller entgegenzubewegen habe.

Um mein Ziel zu erreichen, habe ich substantivische Konstruktionen, die so typisch für die mittelalterliche Dichtung sind, häufig verbalisiert, habe die zahlreichen *dô* und *dâ* reduziert oder durch *und* ersetzt, habe das oft wiederholte *sprach* variiert und habe fortlaufend erzählt. Andererseits sollte der alte Text nicht zu sehr geschönt werden, deshalb wurde mit Variationen zurückhaltend verfahren, und die nicht seltene unverbundene Reihung von kurzen Sätzen wurde nicht zugunsten einer eleganteren Stilistik aufgegeben. Die mittelalterlichen Anredeformen, deren Besonderheiten, also etwa *ir* statt *Sie*, beibehalten wurden, sind manchmal nicht mit jener Konsequenz gebraucht, die wir heute für wünschenswert halten (s. Ehrismann 1995, S. 55–60). Hier habe ich, wie schon im kritischen Text, nicht vereinheitlicht. Matthias Lexers *Mittelhochdeutsches Wörterbuch* (1869–78; s. *Lexer*) ist mit einiger Distanz benutzt, so groß die Verpflichtung ihm gegenüber selbstverständlich auch bleibt.

In der Erkenntnis, dass *ein* Wort das Gemeinte oft nicht treffe, wählen manche Übersetzer eine weitläufige Umschreibung. Dies habe ich vermieden, nicht nur, weil es oft hölzern und trocken wirkt, sondern auch, weil es im Grunde nicht weiterführt und ein offener Sinn manchmal unnötig eingeschränkt wird.

Einige Begriffe sind sehr kontextspezifisch gebraucht und z. T. nur im Rahmen der mittelalterlichen höfischen Kultur (s. Joachim Bumke, *Höfische Kultur. Literatur und Gesellschaft im hohen Mittelalter*, München 1999; Ehrismann 1995; ders., »Höfisches Leben«, in: EM 6, Sp. 1154–1165) zu definieren, die eine hohe Kultur der Erotik und der Ehre war: etwa *minne, êre, hôher muot, ritter* und *vrouwe. Minne* als ›höfische Liebe‹, wie sie der Stricker im Rahmen seiner Hofkritik entlarvt, wäre durch ›Liebe‹ nicht zu treffen, das zu sehr auf die private Beziehung eingeschränkt bliebe und die Referenz zur Öffentlichkeit nicht mehr deutlich machte, die die Minne in die höfische Interaktion einbettet (s. Haferland 1988; Ehrismann 1995, S. 136–147: Artikel Hubert Heinen). *Êre*, ein Begriff, der auf das auf Besitz und Leistung beruhende Ansehen in der Feudalgesellschaft referiert, wurde dagegen als ›Ehre‹ übertragen, obwohl deren Wende zur Verinnerlichung noch nicht mitgedacht werden sollte (s. Ehrismann 1995, S. 65–70; Kwame Anthony Appiah, *Eine Frage der Ehre oder Wie es zu moralischen Revolutionen kommt*, München 2011). Der *hôhe muot*, jene durch *êre* und *minne* erreichbare Hochstimmung des Ritters, wird durch ›hoher Sinn‹ umschrieben (s. ebd., S. 148–151: Artikel Ernst Dick). *Ritter* und *vrouwe*, ›Ritter‹ und ›Dame‹, sind die Träger der höfischen Gesellschaft, deren Ethik (nach dem Vorbild der antiken Stoa) auf *zuht, mâze* und andere hohe Tugenden ausgerichtet ist und die das *wünnecliche leben*, die *vröude*, dem Alltagsleben entgegensetzt; *vrouwe* wird jedoch oft nur als gehobene Anredeform verwendet (›Herrin‹, aber sicherlich auch schon ›Frau‹; s. Rocher 1999, S. 106–111; Ehrismann 1995: *ritter*, S. 169–181, Artikel George Gillespie; *vrouwe*, S. 228–238; *zuht, tugent*, S. 248–253, Artikel Ernst Dick; *mâze*, S. 128–136, Artikel Waltraud Fritsch-Rößler; *vröude, hôher muot*, S. 245–248, Artikel Ernst Dick).

Abkürzungen

AT	Antti Aarne / Stith Thompson, *The Types of the Folk-Tale. A Classification and Bibliography*, Helsinki 1961 (FF Communications, 1186).
DG	Gerd Dicke / Klaus Grubmüller, *Die Fabeln des Mittelalters und der frühen Neuzeit. Ein Katalog der deutschen Versionen und ihrer lateinischen Entsprechungen*, München 1987 (Münstersche Mittelalter-Schriften, 60)
EM	*Enzyklopädie des Märchens. Handwörterbuch zur historischen und vergleichenden Erzählforschung*, Berlin / New York 1977 ff.
F.	Fischer/Janota ^{5}2000
GAG	Göppinger Arbeiten zur Germanistik
GN	Grubmüller 1996
Hs.	Handschrift
hs.	handschriftlich
Lexer	Matthias Lexer, *Mittelhochdeutsches Handwörterbuch*, 3 Bde., Leipzig 1872–78 (Neudr. Stuttgart 1970)
LM	*Lexikon des Mittelalters*, 9 Bde., München 2002
M.	Moelleken / Agler / Lewis 1973–77
MG	Hermann Paul, *Mittelhochdeutsche Grammatik*, neu bearb. von Thomas Klein, Hans-Joachim Solms, Klaus-Peter Wegera, Ingeborg Schröbler und Heinz-Peter Prell, Tübingen ^{25}2007
MLL	*Metzler Lexikon Literatur: Begriffe und Definitionen*, begr. von Günther und Irmgard Schweikle, hrsg. von Dieter Burgdorf, Christoph Fasbender und Burkhard Moenninghoff, Stuttgart ^{3}2007
RL	*Reallexikon der deutschen Literaturwissenschaft. Neubearbeitung des Reallexikons der deutschen Literaturgeschichte*, hrsg. von Jan-Dirk Müller, 3 Bde., Berlin / New York 1997–2003
Schw.	Schwab ^{3}1983
VL	*Die deutsche Literatur des Mittelalters. Verfasserlexikon*, Bd. 9, Berlin / New York 1995 (Artikel *Der Stricker, III. Kleinere Dichtungen* von Hans-Joachim Ziegeler)

Bibliografie

In der folgenden Bibliografie werden nur die verkürzt zitierten Titel aufgeführt; weitere, nur einmal genannte Titel sind an Ort und Stelle verzeichnet. Eine umfangreiche Bibliografie zur Stricker-Forschung findet sich im *Verfasserlexikon* (VL) und in González / Millet 2006, S. 188–221.

Textausgaben, Übersetzungen

Reinhard Dithmar (Hrsg.), *Martin Luthers Fabeln und Sprichwörter*, Darmstadt ^{2}1995

Hanns Fischer, *Pfaffen, Bauern und Vaganten. Schwankerzählungen des deutschen Mittelalters*, ausgewählt und übersetzt, München 1973

– / Johannes Janota (Hrsg.), *Der Stricker. Verserzählungen I*, Tübingen ^{5}2000 (Altdeutsche Textbibliothek, 53)

– *Der Stricker. Verserzählungen II*, Tübingen ^{4}1997 (Altdeutsche Textbibliothek, 68)

Klaus Grubmüller, *Novellistik des Mittelalters. Märendichtung*, hrsg., übersetzt und kommentiert, Frankfurt a. M. 1996 (Bibliothek des Mittelalters, 23)

Hans Ulrich Gumprecht, *Marie de France. Äsop*, eingeleitet, kommentiert und übersetzt, München 1973

Reimar Hartge / Joachim Heinzle, »Handschriftenfunde zur Literatur des Mittelalters, 142: Ein Stricker-Fragment (›Der Richter und der Teufel‹)«, in: *Zeitschrift für deutsches Altertum und deutsche Literatur* 129 (2000), S. 176–179

Johannes Irmscher, *Antike Fabeln*, aus dem Griechischen und Lateinischen übersetzt, Berlin/Weimar 1978

Wolfgang Wilfried Moelleken / Gayle Agler Beck / Robert E. Lewis (Hrsg.), *Die Kleindichtung des Strickers*, 5 Bde., Göppingen 1973–1978 (GAG, 107)

Lutz Röhrich (Hrsg.), *Erzählungen des späten Mittelalters und ihr Weiterleben in Literatur und Volksdichtung bis zur Gegenwart*, 2 Bde., Bern/München 1962–1967

Gustav Rosenhagen (Hrsg.), *Kleinere mittelhochdeutsche Erzählungen, Fabeln und Lehrgedichte, III: Die Heidelberger Handschrift*

Cod. Pal. Germ. 341, Berlin 1909 (Nachdruck Dublin/Zürich 1970)

Ute Schwab (Hrsg.), *Der Stricker. Tierbispel*, Tübingen [3]1983 (Altdeutsche Textbibliothek, 54)

Wolfgang Spiewok, *Altdeutsches Dekamerone*, übertragen, Berlin 1982

Forschungsliteratur

Sabine Böhm, *Der Stricker – Ein Dichterprofil anhand seines Gesamtwerkes*, Frankfurt a. M. 1995 (Europäische Hochschulschriften, I/1530)

Helmut Dworschak, *Milch und Acker. Körperliche und sexuelle Aspekte der religiösen Erfahrung am Beispiel der Bussdidaxe des Strickers*, Bern / Berlin / Frankfurt a. M. 2003 (Deutsche Literatur von den Anfängen bis 1700, 40)

Michael Egerding, »Probleme mit dem Normativen in Texten des Strickers. Vorüberlegungen zu einem neuen Strickerbild«, in: *Amsterdamer Beiträge zur Älteren Germanistik* 50 (1998), S. 131–147

Otfrid Ehrismann, »*der tîvel brâhte mich ze dir* – Vom Eheleben in Erzählungen des Strickers«, in: Xenja von Ertzdorff / Marianne Wynn, *Liebe – Ehe – Ehebruch in der Literatur des Mittelalters*, Gießen 1984, S. 25–40 (Beiträge zur deutschen Philologie, 58)

– (unter Mitarbeit zahlreicher Fachgelehrter), *Ehre und Mut, Aventiure und Minne. Höfische Wortgeschichten aus dem Mittelalter*, München 1995 [Stammt ein Artikel nicht vom Herausgeber, wird der Autor im Anschluss an die Seitenzahl genannt.]

– *Fabeln, Mären, Schwänke und Legenden im Mittelalter*, Darmstadt 2011 (Einführungen Germanistik)

Lothar Fietz / Joerg O. Fichte / Hans-Werner Ludwig (Hrsg.), *Semiotik, Rhetorik und Soziologie des Lachens. Vergleichende Studien zum Funktionswandel des Lachens vom Mittelalter zur Gegenwart*, Tübingen 1996

Hanns Fischer, *Studien zur deutschen Märendichtung*, 2. Aufl. besorgt von Johannes Janota, Tübingen 1983

Emilio González / Victor Millet (Hrsg.), *Die Kleinepik des Strickers. Texte, Gattungstraditionen und Interpretationsprobleme*, Berlin 2006 (Philologische Studien und Quellen, 199)

Klaus Grubmüller, *Meister Esopus. Untersuchungen zu Geschichte und Funktion der Fabel im Mittelalter*, München 1977 (Münchener Texte und Untersuchungen zur deutschen Literatur des Mittelalters, 56)

– »Das Groteske im Märe als Element seiner Geschichte. Skizzen zu einer historischen Gattungspoetik«, in: Haug/Wachinger (1993), S. 37–54

– »Der Tor und der Tod. Anmerkungen zur Gewalt in der Märendichtung«, in: Kurt Gärtner / Ingrid Kasten / Frank Shaw (Hrsg.), *Spannungen und Konflikte menschlichen Zusammenlebens in der deutschen Literatur des Mittelalters. Bristoler Colloquium 1993*, Tübingen 1996, S. 340–347

– »Gattungskonstitution im Mittelalter«, in: Nigel F. Palmer / Hans-Jochen Schiewer (Hrsg.), *Mittelalterliche Literatur und Kunst im Spannungsfeld von Hof und Kloster*, Tübingen 1999, S. 193–210

– *Die Ordnung, der Witz und das Chaos. Eine Geschichte der europäischen Novellistik im Mittelalter: Fabliau – Märe – Novelle*, Tübingen 2006

Romy Günthart, »Mären als Exempla. Zum Kontext der sogenannten ›Strickermären‹«, in: *Amsterdamer Beiträge zur Älteren Germanistik* 37 (1993), S. 112–129

Harald Haferland, *Höfische Interaktion. Interpretationen zur höfischen Epik und Didaktik um 1200*, München 1988

Maryvonne Hagby, *man hat uns fur die warheit … geseit. Die Strickersche Kurzerzählung im Kontext mittellateinischer ›narrationes‹ des 12. und 13. Jahrhunderts*, Münster / New York 2001 (Studien und Texte zum Mittelalter und zur frühen Neuzeit, 2)

Horst Haub, *Partnerschaftlichkeit im Hochmittelalter: Strickers Konzept für Ehe und Gesellschaft – Die Ehestandsmären. Wissenschaftliche Studie*, Norderstedt 2008

Walter Haug, »Schlechte Geschichten – böse Geschichten – gute Geschichten oder: Wie steht es um die Erzählkunst in den sog. Mären des Strickers?«, in: González/Millet 2006, S. 9–27

– / Burghart Wachinger (Hrsg.), *Kleinere Erzählformen des 15. und 16. Jahrhunderts*, Tübingen 1993 (Fortuna vitrea, 8)

Franz-Josef Holznagel, *Bîspel*, in: *Kleine literarische Formen in Einzeldarstellungen*, Stuttgart 2002, S. 54–70 (Reclams Universal-Bibliothek, 18187)

Franz-Josef Holznagel, »Verserzählung – Rede – Bîspel. Zur Typologie kleinerer Reimpaardichtungen des 13. Jahrhunderts«, in:

Christa Bertelsmeier-Kierst / Christopher Young (Hrsg.), *Eine Epoche im Umbruch. Volkssprachliche Literalität 1200–1300. Cambridger Symposium 2001*, Tübingen 2003, S. 291–306

Ivan Illich, *Im Weinberg des Textes. Als das Schriftbild der Moderne entstand*, München 2010

Monika Jonas, *Der spätmittelalterliche Versschwank. Studien zu einer Vorform trivialer Literatur*, Innsbruck 1987

Christiane Klapisch-Zuber (Hrsg.), *Mittelalter*, Frankfurt a. M. 2006 (Georges Duby / Michelle Perrot [Hrsg.], *Geschichte der Frauen*, 2)

Walter Köppe, »Ideologiekritische Aspekte im Werk des Stricker«, in: *Acta Germanica* 10 (1977), S. 139–211

Bernd Kosak, *Die Reimpaarfabel im Spätmittelalter*, Göppingen 1977 (GAG, 223)

Hansjürgen Linke, »Wertewandel im Widerschein kleinepischer Versdichtung des späten Mittelalters«, in: *Zeitschrift für deutsches Altertum und deutsche Literatur* 135 (2006), S. 450–473

Arend Mihm, *Überlieferung und Verbreitung der Märendichtung im Spätmittelalter*, Heidelberg 1967

Hedda Ragotzky, *Gattungserneuerung und Laienunterweisung in Texten des Strickers*, Tübingen 1981 (Studien und Texte zur Sozialgeschichte der Literatur, 1)

– »Die ›Klugheit der Praxis‹ und ihr Nutzen. Zum Verhältnis von erzählter Geschichte und lehrhafter Fazitbildung in Mären des Strickers«, in: *Beiträge zur Geschichte der deutschen Sprache und Literatur* 123 (2001), S. 49–64

Daniel Rocher, »Le discours contradictoire du Stricker sur les femmes et l'amour«, in: Danielle Buschinger (Hrsg.), *Le récit bref au Moyen Âge*, Paris 1980, S. 227–247

– »Hof und christliche Moral. Inhaltliche Konstanten im Œuvre des Stricker«, in: Nigel F. Palmer / Hans-Jochen Schiewer (Hrsg.), *Mittelalterliche Literatur und Kunst im Spannungsfeld von Hof und Kloster*, Tübingen 1999, S. 99–112

Karl-Heinz Schirmer, *Stil- und Motivuntersuchungen zur mittelhochdeutschen Versnovelle*, Tübingen 1969

– (Hrsg.), *Das Märe. Die mittelhochdeutsche Versnovelle des späten Mittelalters*, Darmstadt 1983 (Wege der Forschung, 558)

Gundolf Schütze, *Gesellschaftskritische Tendenzen in deutschen Tierfabeln des 13. bis 15. Jahrhunderts*, Frankfurt a. M. 1973 (Europäische Hochschulschriften, III/24)

Ute Schwab, »Bemerkungen bei der Ausgabe der bisher unveröffentlichten Gedichte des Strickers«, in: *Beiträge zur Geschichte der deutschen Sprache und Literatur* 81 (Tübingen 1959), S. 61–98

Erich Straßner, *Schwank*, Stuttgart [2]1978 (Sammlung Metzler, 77)

Ingrid Strasser, *Vornovellistisches Erzählen. Mittelhochdeutsche Mären bis zur Mitte des 14. Jahrhunderts und altfranzösische Fabliaux*, Wien 1989 (Philologica Germanica, 10)

– »*Und sungen ein liet ze prîse in einer hôhen wîse.* Zur Frage der höfischen Elemente in den Ehestandsmären des Stricker«, in: *Amsterdamer Beiträge zur Älteren Germanistik* 15 (1980), S. 77–107

Ralph Tanner, *Sex, Sünde, Seelenheil. Die Figur des Pfaffen in der Märenliteratur und ihr historischer Hintergrund (1200–1600)*, Würzburg 2005

Dieter Vogt, *Ritterbild und Ritterlehre in der lehrhaften Kleindichtung des Stricker und im sog. Seifried Helbling*, Frankfurt a. M. 1985 (Europäische Hochschulschriften, I/845)

Stephen L. Wailes, *Studien zur Kleindichtung des Stricker*, Berlin 1981 (Philologische Studien und Quellen, 104)

Manfred Wierschin, »Einfache Formen beim Stricker? Zu Strickers Tierbispel und seinen kurzen Verserzählungen«, in: *Werk – Typ – Situation. Studien zu poetologischen Bedingungen in der älteren deutschen Literatur. Hugo Kuhn zum 60. Geburtstag*, Stuttgart 1969, S. 118–136

Hans-Joachim Ziegeler, *Erzählen im Spätmittelalter. Mären im Kontext von Minnereden, Bispeln und Romanen*, München/Zürich 1985 (Münchener Texte und Untersuchungen zur deutschen Literatur des Mittelalters, 87)

Anmerkungen und Kommentare

Fabeln

Zur Gattung

Die hier unter der Überschrift *Fabeln* versammelten Texte sind z. T. nur schwer unter die Gattung Fabel zu zwingen und werden gelegentlich Untergattungen der Fabel oder eigenen Gattungen zugeordnet; dies ist an Ort und Stelle bei den jeweiligen Texten bemerkt. Eine Sammlung wie die vorliegende sollte aber nach wenigen Überschriften strukturieren.

Eine überzeitliche und allgemeingültige Gattungsdefinition der ›Fabel‹ ist nicht möglich. Die engere Gattungsdefinition geht von den inhaltlich auffälligsten Merkmalen aus: »Das der Fabel eigentümliche Personal sind Tiere, Pflanzen, Körperteile, Dinge der verschiedensten Art, also stets Nicht-Menschliches, das aber *vermenschlicht* ist und dementsprechend handelt und spricht.« (Kosak 1977, S. 31) Eine virtuelle Welt bildet als Beispielgeschichte für eine Lehre die Verhaltensweisen einer realen ab. In der Fabel als einer »durch typisches Personal gekennzeichnete[n], meist einepisodische[n], lehrhafte[n] Erzählung in Vers oder Prosa« ist der »modellhaft demonstrative Charakter« konstitutiv; »der dargestellte Einzelfall ist als anschauliches Beispiel für eine daraus ableitbare Regel der Moral oder Lebensklugheit zu verstehen.« (MLL, S. 226) Die Handlung der Fabel hat also »*exemplarischen Charakter*, d. h. sie stellt beispielhaft in der verfremdeten Gestalt des nicht-menschlichen Personals menschliche Handlungsweisen und gesellschaftliche Verhältnisse dar. Die Fabel kann *exemplarisch* gedeutet werden. Hier werden lediglich die Tiercharaktere in menschliche Eigenschaften ›übersetzt‹ […]. Daneben kann die Fabel aber auch *parabolisch* (als Analogon mit mehreren Vergleichspunkten) und *allegorisch* (durchgehend detailidentifizierend) gedeutet werden. Kennzeichnend sind die fließenden Übergänge zwischen diesen Deutungsweisen.« (Kosak 1977, S. 149) Die Lehre (*moralisatio* ›Moralisation‹) ist in der Regel der im Präteritum erzählten Geschichte (*narratio*) präsentisch als Nachwort (*epimythion*) angefügt. Die Anthropomorphisierung der fabelhaften Gegenstände/Tiere beschränkt sich meist auf wenige konstante Eigenschaften.

In Antike und Mittelalter galt die Fabel nicht als selbstständige Gattung, die Antike ordnete sie den Begriffen *mythos, apologos* oder *logos* unter, das Mittelalter, wie etwa auch die Überschriften zu den Strickerschen Fabeln zeigen, den Begriffen *mære* oder *bîspel* (zu *bî* ›bei‹ und *spel* ›Erzählung‹, nhd. ›Beispiel‹; lat. Entsprechung *exemplum*) und – im vorliegenden Band nicht dokumentiert – *gelîchnisse*. Noch Luther sprach in der Vorrede zu seiner *Äsop*-Verdeutschung von »Fabeln oder Merlin« (s. Dithmar ²1995, S. 157), verwendete also die Begriffe parallel, aber den des Märe schon im Diminutiv, um die kleine Form zu betonen. Das ›Gleichnis‹ ist sehr stark theologisch definiert: Es greift einen typischen Vorgang der Wirklichkeit auf, der den menschlichen Verhältnissen analog gedeutet wird. Die mittelhochdeutsche Fabel ist wie fast alle zeitgenössischen volkssprachigen Erzählungen in Reimpaaren abgefasst (Reimpaarfabel). Die spezifische Form der mittelalterlichen volkssprachigen Fabel mit ihrer ausgedehnten Lehre wird von der Forschung gerne mit dem Terminus ›Bispel/Bîspel‹ bezeichnet, doch, vor allem wenn man darin keinen eigenständigen Texttyp sehen möchte, wird (wie im vorliegenden Band) auch der umgreifende Terminus, d. h. ›Fabel‹, verwendet. In dieser Fabel, die spezifisch als Gebrauchs-, nicht als Unterhaltungstext konzipiert ist, schließt sich der im Präteritum erzählten Geschichte, dem ›Bild‹-Teil (s. Dworschak 2003, S. 12 f.), stets eine – gegenüber der antiken Fabel – meist relativ umfangreiche Auslegung/Exegese, der ›Moral‹-Teil, an. Der sich an den narrativen Teil anschließende explikative Teil, die Moralisation, ist obligatorisch (s. Holznagel 2003, S. 294). Sie erfordert damit eine zweifache Denkbewegung, denn die RezipientInnen müssen ›generalisieren‹, dies verlangt die *narratio*. Der erzählte Einzelfall referiert auf eine allgemeine Lehre. Darüber hinaus müssen sie (nach dem Muster der biblischen Exegese: s. Hagby 2001, S. 221–232) analogisieren, d. h. das Erzählte systematisch auf einen Vergleichsbereich übertragen (s. Holznagel 2003, S. 296): Die Verachtung der Perle durch den Hahn (s. Nr. 1) ›bedeutet‹ die Verachtung der Lehre durch den Toren. Dieser Transfer zwingt das Erkenntnisinteresse der Rezipierenden in eine bestimmte, gewöhnlich überraschende Richtung, die anzunehmen ihnen freilich selbst überlassen bleibt. Es steht ihnen offen, mit anderen Transfermöglichkeiten, die womöglich speziell auf ihre Lebenserfahrung referieren, zu spielen.

Als Vater der europäischen Fabel gilt der mythische Äsop, nach Herodot ein phrygischer Sklave (6. Jh. v. Chr.). Auf Äsop berufen sich in der Regel die späteren Sammlungen, deren älteste griechische erst aus dem 2. Jh. n. Chr. überliefert sind (Augustana-Sammlung, Babrios). Entscheidend für die Ausbildung der äsopischen Gattung wurde die lateinische Sammlung des thrakischen Sklaven Phädrus (1. Jh. n. Chr.). Auf ihn gehen die Sammlung des Avianus (4. Jh. n. Chr.) und der sogenannte *Romulus* (um 350–500) zurück. Dieser Bestand gehörte zur mittelalterlichen Schullektüre und wurde immer wieder neu bearbeitet und auch mit außereuropäischem Fabelgut angereichert. Die volkssprachige Fabeldichtung des Mittelalters nutzte gerne die (lateinische) Sammlung des *Anonymus Neveleti* (auch: *Mittelalterlicher Äsop*) aus dem 12. Jh. Erst seit dem ausgehenden 13. Jh. wurde die Fabel gemeinhin als didaktisches Format erkannt und in einem breiteren Rahmen genutzt. Umfängliche französische (*Lyoner Ysopet* um 1300, *Ysopet-Avionnet* zwischen 1332–49 u. a.) und niederdeutsche Sammlungen finden sich seit dieser Zeit, die erste systematische hochdeutsche Sammlung ist der *Edelstein* des Berners Ulrich Boner (1350, in Reimpaaren).

In dieser Text-Geschichte (s. Ehrismann 2011, S. 30–46) zählen die formal und ethisch von der klassischen höfischen Dichtung zehrenden Fabeln des Strickers zu den Vorläufern einer erst seit dem späteren Mittelalter blühenden Gattung. Er wäre jedoch als der erste zu benennen, der, nach den tastenden Versuchen von Herger/Spervogel (12. Jh.), die Fabel planmäßig in die Volkssprache überführte und literarisierte. Dabei griff er nicht unerheblich u. a. auf die Romulus- und die Avian-Tradition zurück (s. Nr. 1, 2, 8; vgl. auch Nr. 12), scheint aber auch eigene Texte ›erfunden‹ zu haben (s. Nr. 6, 7). Er versammelte seine Fabeln offenbar nicht in einem eigenen, geschlossenen Lehr-Korpus und bediente sich dreier Arbeitstechniken, indem er eine Geschichte entweder übersetzend übernahm oder verändernd überarbeitete oder – was man mit aller Vorsicht wohl annehmen darf, wenn sich keine Vorlage ausfindig machen lässt – einen neuen Plot erfand (s. Hagby 2001, S. 17). Insofern scheint er über das typische mittelalterliche Erzählen, das ein Wiedererzählen (tradierter Plots) war, auch hinausgegangen zu sein.

Die meisten seiner Fabeln gehören einem im Spätmittelalter bevorzugten Typ an, den Kosak 1977, S. 249 als »lebenskluge Fabel« bezeichnet, »die vor dem Bösen oder Mächtigen warnt«. Hier provoziert der erste Handlungsträger in der Regel erfolgreich einen zweiten, um diesen zu vernichten. Dabei wäre zu beachten, dass

nicht vor dem Mächtigen an sich, sondern vor dem sich falsch verhaltenden Mächtigen gewarnt wird.
Hs. A enthält noch andere, den Strickerschen ähnliche Fabeln, so dass man gelegentlich von einer Stricker-Schule gesprochen hat. Ob dies sinnvoll ist, muss offen bleiben, weil es schon seit dem 13. Jahrhundert Sammlungen anonymer Fabeln gab, die in die Sammelhandschriften aufgenommen wurden.

Literatur: MLL, S. 92 (Bîspel), 226 f. (Fabel); EM 4, Sp. 727–745 (Reinhard Dithmar); RL I, S. 534–537 (Bîspel/Exempel: Gerd Dicke), 555–558 (Fabel: Klaus Grubmüller); LM II, Sp. 248 f. (Bîspel: K. Grubmüller); LM IV, Sp. 161–163 (Exempel, Exemplum: E. Rauner); Helmut de Boor, *Über Fabel und Bîspel*, München 1966; André Jolles, *Einfache Formen*, Tübingen [4]1968; Gumprecht 1973; Grubmüller 1977; Klaus Grubmüller, »Zur Pragmatik der Fabel. Der Situationsbezug als Gattungsmerkmal«, in: *Textsorten und literarische Gattungen*, Berlin 1983, S. 473–488; Reinhard Dithmar, *Die Fabel. Geschichte, Struktur, Didaktik*, Paderborn [7]1988; Hagby 2001; Holznagel 2002; ders., »Gezähmte Fiktionalität. Zur Poetik des Reimpaarbispels«, in: González/Millet 2006, S. 47–78; Ehrismann 2011, S. 30–54.

1
Der Hahn und die Perle (DG 249)

Ausgaben: Schw. 1; M. 65. – *Forschungsliteratur:* Schütze 1973, S. 129 ff.; Klaus Speckenbach, »Die Fabel von der Fabel – Zur Überlieferungsgeschichte der Fabel von Hahn und Perle«, in: *Frühmittelalterliche Studien* 12 (1978), S. 178–229; Ragotzky 1981, S. 168–172; Holznagel 2003, S. 299–301; Ehrismann 2011, S. 36 f., 46–54. – *Stoffgeschichte:* Dithmar [2]1995, Nr. 1; Gumprecht 1973, Nr. 1; Grubmüller 1977, S. 242, Anm. 48; Kosak 1977, S. 378. – *Überlieferung:* A 69; E 25; F 11; H 171; K 163 (171); N 31.

Zur Textgestalt

[Überschrift] H *ditz ist von einem hane ein mære, / got helfe uns vil gewære;* K *ditz ist des hanen mære, / daz lêret uns der strickære;* E *von einem hanen;* F *von einem hane, der ein mergriezen vant.*

4 Schw. ersetzt nach H, K hs. *chratzen* durch *scherren*. 13 *wol* ist nach den übrigen Hss. (sowie Schw. und M.) ergänzt. 15 Schw. ersetzt *daz* nach E, N durch *weder*. 32 die übrigen Hss. stellen ein Adverb vor *diuten* (*immer, lange, vil*). 40 *des* nach E, F als der üblichen Form.

Kommentar

Die unter den Fabeln des Romulus bezeugte äsopische Fabel ist traditionell eine Fabel vom recht verstandenen Wort (Symbol: die Perle oder, in anderen Versionen, der Edelstein). Der Stricker nahm diese Tradition in seiner Moralisation (V. 19–40) auf, in der er das zeittypische höfische Verhaltensprogramm »Gott und der Welt gefallen« (vgl. V. 26 f., 30 f.; s. auch Nr. 13, Kommentar zu V. 97, und Nr. 17, Kommentar zu V. 310 ff.) in das Weisheitsthema einbettete, das hier eindeutig dominiert. Beziehungen zum *Äsop* der Marie de France bestehen nicht. Ein Zeitgenosse des Strickers, Heinrich von dem Türlîn, hat die Fabel im Epilog seines Narrativs *Diu Crône* (hrsg. von Gottlob Heinrich F. Scholl, Stuttgart 1852, V. 29946–965) als *ein vil kleinez bîspel* erzählt. Innerhalb der Überlieferungsgeschichte der Fabel von Hahn und Perle stellt sich die Strickersche Version als sehr eigenständig dar (s. Speckenbach 1978; Ehrismann 2011, S. 46–54).

2
Der Rabe mit den Pfauenfedern (DG 470)

Ausgaben: Schw. 2; M. 93. – *Forschungsliteratur:* Schütze 1973, S. 122 ff.; Grubmüller 1977, S. 181 ff., 210 f.; Hagby 2001, S. 241–249. – *Stoffgeschichte:* Gumprecht 1973, Nr. LXVII; Grubmüller 1977, S. 197, Anm. 211. – *Überlieferung:* A 103; B 19; E 4; F 19; H 170; K 162 (170).

Zur Textgestalt

[Überschrift] H *ditz ist des raben mære, / got büeze uns unser swære;* K *ditz ist des raben mære, / daz saget uns der strickære;* E *ditz ist von einem raben;* B *daz mære von dem raben;* F *wie ein rabe pfâwenfedern an sich tet, / die rupften im die pfâwen wider ûz.*

3 *en* angefügt, da *veder* sonst auch schwach flektiert ist. Nach 10 in H, K, B vier Mehrverse, die Schw. übernimmt: *daz ich mit iu solde umbe gân. / ir sît sô übele getân. / ich sæhe iuch alle tœten, / ê ich mich des lieze benœten.* 26 H, K, E, B (und Schw.) wählen *wider komen* statt *bekomen.* 33 statt *baltlîche* schreiben H, K *vil blœdiclîche*; E, B (und Schw.) *bliuclîche.* 58 H, K, E, B (und Schw.) setzen vor *âne allez.* Nach V. 50 hat E vier Mehrverse, nach 60 B acht.

Kommentar

Diese äsopische Fabel, aus der die Redewendung »sich mit fremden Federn schmücken« abgeleitet ist, plädiert für Bescheidenheit und geißelt das Prahlen mit fremdem Gut sowie das damit verbundene Streben nach sozialer Höherstufung. Der Erzähler des Strickers erweitert die antike Moralisation durch eine anschauliche Darstellung des verwerflichen und überheblichen Verhaltens des Raben, der sich hier zum Träger von Herrschaft aufgeworfen hat, und bringt sich damit in den zeitgenössischen sozialpolitischen Diskurs ein.

3
Der Kater als Freier (DG 334)

Ausgaben: Schw. 10; M. 32. – *Übersetzung:* Richard Schaeffer, *Deutsche Tierfabeln vom 12. bis zum 16. Jahrhundert*, ausgewählt, in heutige Sprachform übertragen, eingeleitet und erläutert, Darmstadt 1960, S. 65–68. – *Stoffgeschichte:* Die Geschichte erzählte Odo von Cheritona in seinen *fabulae* als erster einige Jahrzehnte vor dem Stricker (s. Hagby 2201, S. 16). – *Forschungsliteratur:* Grubmüller 1977, S. 181 ff., 199 f.; Ragotzky 1981, S. 186–192; Ehrismann 1984, S. 26 f.; Egerding 1998, S. 132 f.; Hagby 2001, S. 125–134; Otto Schönberger, *Physiologus. Griechisch/Deutsch*, übersetzt und hrsg., Stuttgart 2001 (Reclams Universalbibliothek, 18124). – *Überlieferung:* A 41; H 145; K 137.

Zur Textgestalt

[Überschrift] H *ditz ist des katern mære, / got büeze uns unser swære*; K *ditz ist ein guot mære, / von einem katern gewære.* 26 Schw. folgt H, K und schreibt *niht* statt *nimmer.* 48 *sô* nach H,

K (und Schw.) eingefügt. 59 Schw. folgt H, K und fügt *sa* vor *zehant* ein. 91 Schw. wählt mit H, K *dâ* statt *daz*; vgl. aber *dâ* im folgenden Vers. 108 Ebenso *wil* statt *muoz*. 114 V. A 116 ist (wie in H, K) wegen des Reims vorgezogen; H, K (und Schw.) wählen statt *daz* das elegantere *iedoch*. 117 hs. *zehant* wegen des Reims nach H, K (und Schw.) geändert. 121 hs. *vliehant*. 139 *mit* nach H, K (und Schw.) eingesetzt. 140 *hôher* anstelle *sô vil* der Hs. (nach H, K und Schw.). 142 hs. *tiuwer* statt *tiurer*. 156 *hôchgemüete* statt *hôhe gemuote* nach H, K und Schw. 182 H, K (Schw.) *ze hôhe verte*.

Zur Übersetzung

10 Der verstärkte und in der höfischen Diktion unübliche Imperativ *râtâ* deutet auf die Dringlichkeit der Anfrage; möglicherweise ist zugleich eine Kontrastierung zwischen diesem stürmisch-überheblichen Verhalten und der höfischen Anrede *vrouwe* beabsichtigt. Diese Anrede verlangte für das Verb die plurale Form: Solche Dissonanz könnte die Differenz zwischen Anspruch und Wirklichkeit des Katers veranschaulichen.
180 *reht:* bezeichnet die durch das Recht abgesicherte Position in der Sozialhierarchie; *name:* die hier durch Geburt und Stand festgesetzte Position.

Kommentar

Im äsopischen Fabelkorpus repräsentiert die Katze den ehrgeizigen Menschen, der durch die Ehe in einen höheren gesellschaftlichen Rang eintreten will, der aber im entscheidenden Moment von seiner angestammten Art nicht lassen kann. Diese Tradition ist hier übernommen. In der Fabel *Das Katzenauge* (Schw. 12; M. 2) übertrug der Stricker das Thema von der angestammten Natur (mhd. *art*; s. S. 277) auf die Geschichte des Königs, dem ein Katzenauge eingesetzt werden musste und der fortan nach Mäusen jagt.
Das Stück *Der Kater als Freier* hat die antike Knappheit verlassen und ist strukturell auf dem Weg zum Märe. Es ist zu einer dialogischen Erzählung über den *ordo* ausgeweitet – *ieclich man sol sîn reht bewarn*. Die weltkluge und bemerkenswerterweise nicht derart abschätzig wie im *Physiologus* als Abbild des Teufels gesehene Füchsin führt den überheblichen Kater in großem Bogen zu sich selbst, zu

Scham und Bescheidenheit. Die Differenz zur Wertung des *Physiologus* macht generell Interpretationen problematisch, die die Wertungen der mittelalterlichen Tiere ausschließlich auf diesen Text beziehen. Die Füchsin des Strickers lenkt die Gedanken der Rezipierenden auf Normatives. Nach Egerding 1998, S. 133 steht im Mittelpunkt der Erzählung allerdings »nicht eine gottgewollte Ordnung, sondern eine nicht aufzulösende komplexe Wirklichkeit, derzufolge man sich nur auf das Bekannte, die eigene Art, zu beziehen vermag.« Die Referenz der Füchsin auf die *art* ist aber keine bloß irdische, sondern, wenn man so will, bipolare, die die Referenz auf den *ordo* einschließt, und insofern gibt es auch einen »höchste[n] Wert« und eine »hierarchisch gegliederte Werteordnung« (vgl. ebd., S. 146).

Dasselbe Sujet nahm, wahrscheinlich wenig später, Herrand von Wildonie in seiner Fabel *Die Katze* wieder auf, diesmal ohne Dialog mit der Füchsin, denn der freiende Kater geht selbst zu seinen ›Damen‹. Herrand bezog seine Geschichte auf den Vasallen, der seinen Herrn verlässt und nach schlechten Erfahrungen wieder reumütig zu ihm zurückkehrt.

4
Die Katze

Ausgaben: Schw. 11; M. 33. – *Forschungsliteratur:* Holznagel 2003, S. 298 f. – *Überlieferung:* A 42; F 8; H 146; K 138.

Zur Textgestalt

[Überschrift] H, K *ditz ist von den katzen, / die bîzen unde kratzen*; F *von unkiuschen mannen*. 19 *wort* statt *wart(e)* schreiben H, K, F (und Schw.; auch M.; *a* ist aber ursprünglich).

Kommentar

Anders als in den bisherigen Fabeln erzählt der Stricker hier keine Geschichte, sondern wählt auf einem sehr abstrakten Niveau die Eigenschaft eines Tieres als Ausgangspunkt. Die ausgedehnte und mit Erzählmomenten der erotischen Werbung durchsetzte Lehre verwirft im Sinne der geistlichen Keuschheitslehre die triebhafte Sexualität, ein Thema, das auch in verschiedenen Mären des Strickers eine Rolle spielt, das allerdings in der antiken Fabel noch nicht virulent war.

5
Der Hofhund

Ausgaben: Schw. 13; M. 73. – *Forschungsliteratur:* Kosak 1977, S. 163 f. – *Überlieferung:* A 78; B 18; F 12; I 19.

Zur Textgestalt

[Überschrift] B, I *hie hebet an der hovewart*; F *von einem springenden hunde*.

Zur Übersetzung

6 Der *hovewart* (›Hofwächter‹) ist der alte deutsche Hofhund, aus dem 1936 die als Rasse anerkannten Hovawarts herausgesucht wurden.
27 *milte* (lat. *largitas*) ist eine der zentralen herrscherlichen Tugenden, auf die das mittelalterliche Sozialsystem in erheblichem Maße angewiesen ist (s. Michel Mollat, *Die Armen im Mittelalter*, München 1984); vgl. auch Strickers Fabel *Die Herren zu Österreich* (M. 8).

Kommentar

Der Hund gehört neben Fuchs, Wolf, Esel und Löwe zu den beliebtesten Tieren der äsopischen Fabel. Selten ist er hier treu oder klug, meistens gierig und boshaft, auch dumm, und die Tiere beklagen seine Gefangenschaft durch den Menschen. Strickers Fabel liegt zwischen diesen Traditionsströmen und wertet den Hund nicht eindeutig: Einerseits ist er willig und wird mit der *milte* verglichen, andererseits klingt an, dass er in seiner Langmütigkeit auch töricht ist, weil er den eingeleiteten Vorgang nicht zu Ende durchdenken kann und erst zu spät merkt, dass er ausgenutzt wurde. Ob auch der Reiche solch ambivalenter Wertung unterworfen werden sollte, oder ob sie sich nur zufällig für ihn einstellt, bleibt offen. Die Bittsteller dagegen werden eindeutig zu Demut und Bescheidenheit verpflichtet.

Diese ›kalte‹ sozialkritische Einstellung geht auf den Glauben zurück, dass Gott die Verhältnisse der Menschen weise geordnet hat (*ordo*-Prinzip).
Kosak 1977, S. 163 f. verwendet für die vorliegende Fabel differenzierend den Begriff Tierparabel: »Bild und Lehrteil stehen nur aufgrund einiger Vergleichspunkte in Beziehung zueinander.« Dies allerdings verhält sich meistens so, und auch die Anthropomorphisierung des Tieres ist typisch für die Fabel.

6

Der Hofhund und die Jagdhunde (DG 286)

Ausgaben: Schw. 14; M. 87. – *Forschungsliteratur:* Kosak 1977, S. 383; Vogt 1985, S. 91–95. – *Überlieferung:* A 96; F 15; H 118; K 107.

Zur Textgestalt

[Überschrift] H *ditz ist ein mære / von den bûren seltsæne*; K *ditz ist von einem gebûren, der wart selten sat / und ist ein mære seltsæne*; F *ein bîspel sô ein gebûr gewalt überkumt.* 1 *vor* statt *bevor* nach K. 56 *des* statt *der* nach H, K, F. 65 *dem* nach H, K eingefügt; Schw.: *von jagene.* 71 *ob* nach F eingefügt. 90 *der* statt *den* nach H, K, F (und Schw.). 91 *wil er danne* statt *danne wil* nach H, K, F (und Schw.). 97 *ez* statt *er* nach H, K, F (und Schw.).

Zur Übersetzung

4 Zu *hovewart* s. Kommentar zu Nr. 5, V. 6.
19 *hessehunde:* Wind- oder Hetzhunde; schmale, hochbeinige, stehohrige Tiere mit spitzem Fang, tiefer Brust und gewölbtem Rücken.
75 Die *süeze spîse*, die den Bauern im Alltag verwehrt ist, steht repräsentativ für das *dolce vita* der höfischen Gesellschaft.
76 f. Auf den Bauern ist das biblische Bild von den Wölfen in Schafspelzen (nach Matthäus 7,15) und das (schon antike) Bild vom Wolf als Hirten (Cicero: *custos ovium lupus*) übertragen. Nach einer Geschichte Hergers geht ein reuiger Wolf ins Kloster, um ein geistliches Leben zu führen; er hütet dort die Schafe, wird jedoch bald rückfällig und reißt sie (*Des Minnesangs Frühling*, VII/III, 3).

Kommentar

Die *narratio* ist in der typischen Weise der Stricker-Erzählungen erweitert, so dass sich die Fabel auf dem (strukturellen) Weg zum Märe befindet. Anders als in Nr. 5 ist eindeutig (nicht zuletzt in dem äsopischen Motiv des Hundes, der gegen den Löwen antritt) das Traditionsbild des gierigen und überheblichen Hundes übernommen. Es repräsentiert hier den Bauern, der sich planvoll und listig in die Adelsgesellschaft einschleicht und dem, wie der Anfang der Erzählung wenigstens indirekt ausweist, das Mitleid nur gilt, solange er bei seinem Leisten bleibt. Der Hof soll sich nicht mit den Bauern gemein machen, ihnen nicht einmal den kleinen Finger reichen, weil sie versuchen werden, die ganze Hand zu ergreifen. Eine solche Lehre stabilisiert das *ordo*-Prinzip und konterkariert zeitgenössische sozialpolitische Bewegungen (s. S. 272 f.; auch Nr. 13 und Kommentar zu Nr. 5).

7
Der Wolf und der Biber (DG 604)

Ausgaben: Schw. 9; M. 72. – *Forschungsliteratur:* Fischer ^{2}1983, S. 54 f.; Kosak 1977, S. 71 f., 406; Grubmüller 1977, S. 158 f.; Daniel Rocher, »Vom Wolf in den Fabeln des Strickers«, in: Jan Goossens / Timothy Sodmann, *Proceedings* [...]. *International beast epic, fable and fabliau colloquium*, Bd. 3, Münster 1979, Köln/Wien 1981, S. 330–339. – *Überlieferung:* A 77; q 18,2.

Zur Textgestalt

[Überschrift] q *von einem wolf und einem biber.* 24 Schw. schreibt *unde* vor *eil* nach q. 30 *genesen* statt *leben* nach q (und Schw.). 42 q (und Schw.) formulieren die Rede indirekt. 52 q (und Schw.) bessern zu *dir ditz(e)*. Die *du*- und *iu*-Anrede gehen in diesen Versen durcheinander, da aber *iu* auch V. 54 steht, wähle ich die plurale Form auch für *saget* und *behaget.* 57 statt *er* (so q) hs. *der dahs.* 74 hs. *dahse*, das *e* ist vielleicht zu *neben* zu ziehen (*eneben:* so Schw.). 79 *in* statt *ine* nach q (und Schw.). 93 statt *rât* schreibt q (und Schw.) *tôt.*

Zur Übersetzung

14 *neve* kann verschiedene Verwandtschaftsverhältnisse bezeichnen und einfach auch nur »Freund« bedeuten; nicht ungerne wird es als Anrede benutzt.
25 Der Biber bietet dem Wolf die Kommendation an, damit dieser ihn in Zukunft in seine Schutzverpflichtung nimmt. S. zur *commendatio*, der »freiwilligen Begebung in die Abhängigkeit eines Herrn durch einen feierlichen Akt«, LM V, Sp. 1278 f.: A. Cordes.
62 *marc* (›Mark‹) bezeichnet eine erhebliche Summe, deren Umfang heute nicht mehr zu präzisieren ist. Die Geschichte des Friesacher Pfennigs mag eine ungefähre Vorstellung vermitteln: Die ältesten Friesacher wogen im Durchschnitt 1,225 g, und 160 Stück kamen auf eine Mark. Die Entwertung schritt jedoch rasch voran, schon 1207 gingen 210 Pf. auf die Feine Mark, 1217 240 Pf., 1286 344 Pf. auf die sog. Münzmark, die auch die Wiener Mark genannt wurde und etwa 280 g wog, 370 Pf. auf die feinlötige Mark. Vgl. Bernhard Koch, »Zur Geschichte der Friesacher Münzstätte«, in: *Mitteilungen des Instituts für Österreichische Geschichtsforschung* 60 (1952), S. 140–142; Egon Baumgartner, »Beiträge zur Geldgeschichte der Friesacher Pfennige«, in: *Carinthia* 150 (1960), S. 84–117.
67 *vlôzgalle* ›Flussgalle‹ (lat. *teudo vaginitis serosa chronica*), »schmerzlose, nicht höher temperierte, fluktuierende, scharf umschriebene Anschwellung oberhalb vom Fesselgelenk. Zuweilen ist die Konsistenz erheblicher bindegewebiger Veränderungen sehr derb, fast hart. Ältere Fälle sind durch sehr große Umfangszunahme gekennzeichnet. Das Hygrom ist gewöhnlich nicht mit Lahmheit verbunden« (Erich Silbersiepe / Ewald Berge, *Lehrbuch der speziellen Chirurgie*, 15. Aufl. von H. Müller, Stuttgart 1976, S. 451).
89 *vriunt* kann auch Singular sein.
93 Vgl. die Lesart von q!

Kommentar

Das Bild des Wolfes in der äsopischen Fabel ist verhältnismäßig eindeutig: Er ist gierig und dumm. Diese Tradition scheint auch noch in Strickers Geschichte mit dem Biber durch, die allerdings nicht auf eine Fabel, sondern auf ein älteres Tiermärchen zurückzugehen scheint. Der Wolf steht auch sonst in den Fabeln des Strickers für die Willkürherrschaft; wenn sicherlich auch nicht für die gesamte

»soziale Oberschicht« (so Rocher, 1981, S. 339), so doch für »die Gefährdung der Gesellschaftsordnung durch die Rechtlosigkeit« (ebd., S. 333). Der Stricker weitet die *narratio* wiederum erheblich dialogisch aus und verbindet das Erzählschema vom schwachen Gefangenen, der dem gierigen Wolf eine fettere Beute verspricht, mit dem Schema vom Wolf, der eine Aufgabe erfüllen muss.
Auf die lebendig erzählte Geschichte folgt eine ungewöhnlich schmale Moralisation über das Lob der Freundschaft, so dass sich diese Fabel nur durch ihr Personal von den moralisierenden Mären unterscheidet. Das naheliegende Thema der praktischen Vernunft (s. S. 281 f.) ist fast provokativ ausgelassen, und auch das weite Tableau der Wolf-Fuchs-Welt wird bemerkenswerterweise nicht aufgerufen. So objektiviert sich die Identität von Dummheit und Macht allein durch die erzählte Geschichte.

8
Die Fliege und der Kahlkopf (DG 152)

Ausgaben: Schw. 17; M. 74; alle mit dem Titel *Fliege und Kahlkopf*. – *Übersetzung:* Holznagel 2002, S. 56 f. – *Forschungsliteratur:* Grubmüller 1977, S. 189 f.; Kosak 1977, S. 368; Peter Jentzsch / Burghart Wachinger (Hrsg.), *Gegenwart und Mittelalter. Materialien zur kontrastiven Textarbeit in einem problemorientierten Deutschunterricht der Sekundarstufe I*, Lehrerband, Frankfurt a. M. 1984, S. 71 f. [Der Schülerband, ebd., 1983, S. 28 f., enthält eine Edition mit Übersetzungshilfen.] – *Überlieferung:* A 79; F 13.

Zur Textgestalt

[Überschrift] F *wie ein vleuge ein kalen oft irret.* 5 *was* fehlt, ich folge der Anregung Moellekes; F löst mit *dâ vlôch diu vliege hin dan* das Problem nur scheinbar, da nun die Reimlänge zu *getân* nicht mehr stimmt. 14 Schw. folgt F *gar verpflac.* 17 hs. *niezen* ändert Schw. in *neisen*; ihre Parallelisierung zu Nr. 5, V. 33 ist nicht zwingend.

Zur Übersetzung

15 ff. Vgl. Grubmüller (1977) S. 216 f. Er betont die *relative* Verwendung der Begriffe *arm* und *rîche* (vgl. Nr. 20, Anm. zu V. 9).

18 *hulde* im engeren Sinne gehörte zur Lehensterminologie (s. LM V, Sp. 183: K.-F. Krieger; s. auch Nr. 20, Anmerkung zu V. 127), was hier aber vielleicht zu konkret wäre; vgl. auch Anm. zu V. 20.

20 *widersagen* gehört zur Fehdeterminologie (s. LM IV, Sp. 331–334: A. Boockmann; s. auch Nr. 20, Anmerkung zu V. 44) und bedeutet ›die Fehde ankündigen‹; vielleicht wäre aber auch dies zu einseitig. Man könnte, gerade im Hinblick auf den Schluss der Erzählung, die Moralisation auf das Verhältnis eines armen Raubritters zu einem mächtigen Herrn beziehen, doch ist eine umfassendere Referenz nicht zu übersehen.

Kommentar

Die heutige Sympathie läge sicherlich bei der kleinen lästigen (äsopischen) Fliege, die den großen Herrn bedrängt. Der Erzähler des Mittelalters aber tritt für die Stabilisierung der gewachsenen gesellschaftlichen Verhältnisse ein, die er für gottgewollt hält. Er kann daher gar nicht anders, als mit dem Herrschaftsträger zu sympathisieren und den kleinen Störenfried als Räuber, sei es ein einfacher Straßenräuber oder ein Raubritter, zu diskriminieren (vgl. auch Nr. 5 und 6). Im *Leipziger Äsop* (1. Hälfte 15. Jh.) lacht die Fliege den Kahlkopf aus; in diesem Punkt verzichtet der Stricker auf eine Anthropomorphisierung.

Die Exegese des Stricker-Erzählers wird durch die theologische Interpretation gestützt, nach der die Fliege zu den unreinen Tieren zählt (s. z. B. 3. Mose 11; 5. Mose 14) und die Verkörperung des Satans und der Sündhaftigkeit ist (s. Harry Kühnel, »Die Fliege – Symbol des Teufels und der Sündhaftigkeit«, in: Walter Tauber (Hrsg.), *Aspekte der Germanistik. Fs. für Hans-Friedrich Rosenfeld zum 90. Geburtstag*, Göppingen 1989 (GAG, 521), S. 285–305): Der erfolgreich die Fliege abwehrende Herrschaftsträger steht also eindeutig auf der Seite Gottes. In der allegorischen Erzählung *Der Salamander* (M. 1) wird u. a. die Ungeheuerlichkeit beklagt, dass die Fliege einen König angreift. In *Die Milch und die Fliegen* (M. 105) verunreinigt die Fliege die Milch, die ihrerseits als *des heiligen geistes minne* (ebd., V. 78; s. dazu Dworschak 2003, S. 48–99) deutbar ist.

9
Der Hase und der Löwe

Ausgaben: Schw. 23; M. 43. – *Überlieferung:* A 50c; H 175c; K 167c.

Zur Textgestalt

4 ich stelle hs. *gouchlich zu gouch* ›Kuckuck, Narr‹ und rekonstruiere es nicht als *gouglich* wie Schw., das zu *gogelich* ›ausgelassen‹ gehörte, zumal *ch* allenfalls in *k* zurückzuführen wäre. 12 Schw. wählt den Konjunktiv *sul.* 14 Schw.s Lesart *vor* ist M.s *von* überlegen.

Kommentar

Der Hase der antiken Fabel ist feige und ein wenig dumm. Der Stricker-Erzähler siedelt die Fabel auf der soziopolitischen Ebene an und setzt den Hasen mit dem Ehrlosen gleich, den er als besessen abstempelt, dem also die praktische Vernunft fehlt (s. V. 5; vgl. Nr. 17, Kommentar zu V. 115 ff.; Nr. 18, Kommentar zu V. 36). Der Hase ist der ›kleine Mann‹, der dem Löwen, dem Vertreter der Macht, gegenüber steht. Die äsopische Fabel vom Bündnisangebot der Hasen an die Füchse gegen die Adler hatte die Lehre ausschließlich auf der Herrschaftsebene entfaltet: Wer mit Mächtigeren Streit suche, setze sein eigenes Leben aufs Spiel (Irmscher 1978, S. 90). Der mittelalterliche Autor verbindet die gesellschaftspolitische Ebene mit der ethischen und religiösen, denn der ehrlose Mensch ist auch gottlos.
Der sinnlose Kampf des Hasen gegen den Löwen ist eine Allegorie auf die ewig unerlöste Seele des Ehrlosen. Mit dem *êre*-Begriff (s. Ehrismann 1995, S. 65–70) und dem Bild des Löwen als Symbol der Herrschaft wird die politische Doktrin stabilisiert, wonach die auf Besitz sich gründende Ehre ein Privileg des Adels ist. Eine offene Interpretation müsste jedoch akzeptieren, wie hintergründig die Option auf Politik ins Bild kommt, und sie könnte die Bewegung *pro humanum*, d. h. auf eine allgemein menschliche Analyse hin beobachten (wobei ungeklärt bleiben muss, wie bewusst diese inszeniert ist).

10
Der Vogel und der Sperber

Ausgaben: Schw. 20; M. 97. – *Überlieferung:* A 107; E 27.

Zur Textgestalt

[Überschrift] E *von einem vogelîn.* 19 *alsô* statt *als* (A); E *sô.*

Kommentar

Der knappen Geschichte folgt eine fast doppelt so umfangreiche Moralisation nach dem *memento mori*-Topos über das elende Schicksal der sorglosen Weltkinder. Der religiöse Impetus des Erzählers überlagert das schön inszenierte Naturbild. Das äsopische Korpus überliefert derlei natürlich nicht, nur schwach klingt in einer Fabel des Romulus über die Vögel und den Fallensteller (Irmscher 1978, S. 358 f.) der Grundcharakter der Vögel an, ihre Sorglosigkeit.

11
Der Hase

Ausgaben: Schw. 24 (*Vom Hasen*; nach A 102); M. 44. – *Überlieferung:* A 50d (ähnlich 102); E 2; F 18; H 175d; K 167d; b 1.

Zur Textgestalt

[Überschrift] E *diz ist von einem hasen*; F *ein bîspel daz ein hase niht zam wirt.* 10 *da* nach A 102 eingefügt.

Kommentar

Der Bildteil enthält »keine Erzählung (im Sinne eines Vorgangs) mehr, sondern wie in der *Physiologus*-Literatur [s. Nr. 3] eine ›statische‹ Naturtatsache«; die »allegorische Verbindung zwischen Bild- und Lehrteil« ist »nur angedeutet [...], nicht ausgeführt.« (Kossak 1977, 171) Der Stricker hebt die Fabel wieder auf die soziopolitische Ebene und erzählt nicht das Gleichnis von der Freiheit, sondern von der Ehre (s. Nr. 9), die der Mensch immer zu beachten habe. Allein die Entfernung vom Menschen ist das *tertium comparationis* zwischen Geschichte und Moralisation, nicht etwa ein Traditionssymbol, das auf das äsopische Korpus zurückginge.

Allegorische Erzählungen (Tierparabeln)

Zur Gattung

Die folgenden Erzählungen arbeiten mit tierischen Handlungsträgern wie die Fabel. Der Terminus ›allegorische Erzählungen‹ ist ein Notbehelf, um jene Fabeln zu charakterisieren, die erheblich in Richtung des Märe ausgeweitet sind. Auch die moralischen Erzählungen (s. z. B. Nr. 17) können starke allegorische Strukturen besitzen, ohne jedoch so konzis als Allegorie konzipiert zu sein, während andererseits einige kleinere Fabeln im weitesten Sinne als Allegorien verstehbar wären. Die Allegorie ist »eine Form von Bildlichkeit, die sich in der Regel durch die Koexistenz zweier Bedeutungen oder Bedeutungsebenen auszeichnet.« (MLL, S. 13) Sie referiert auf verschiedene Aspekte des Universums, das als bedeutungsvoll wahrgenommen wird (vgl. Illich 2010, S. 35). Die Allegorie ist eine hermeneutische Methode, denn einem Text wird ein ›eigentlicher‹ Sinngehalt übergeordnet, und sie ist ein Mittel der poetischen Darstellung, denn ein Text wird als Allegorie konstruiert und gegebenenfalls in einer gesonderten Textfolge gedeutet. Wie schon bei den Fabeln, so entspricht auch hier die diskursive Gestaltung der Texte nicht immer heutigen Erwartungen.
Die (handschriftlich späteren) Überschriften zu den Erzählungen des Strickers sprechen von *buoch*, *bîspel*, *gelîchnisse* oder *mære*, sie wählen also mit Ausnahme des ohnehin singulären *buoch* dieselben Bezeichnungen wie für die Fabel oder die größeren Erzählungen.
Die Parabel entstand im Rahmen der geistlichen Rede und der Allegorie, sie fällt späterhin nicht selten mit einem erweiterten Fabelbegriff zusammen und ist definiert als eine »kurze, fiktionale Erzählung in Vers oder Prosa, die durch Transfersignale dazu auffordert, einen anderen als den wörtlichen, nämlich einen in irgendeiner Weise lebensbedeutsamen Sinn in ihr zu suchen.« (MLL, S. 567)

Literatur: MLL, S. 13 f. (Allegorie), 567 f. (Parabel); RL III, S. 11–15 (Parabel: Renate von Heydebrand); EM 10, Sp. 546–551 (Reinhard Dithmar); Kosak 1977; Ziegeler 1985.

12

Die Affenmutter und ihre Kinder (DG 13)

Ausgaben: M. 100 (*Die Äffin und ihre Kinder*). – *Forschungsliteratur:* Schwab 1959; Kosak 1977, S. 166 f., 358; Ehrismann 1984, S. 25 f.; Ute Schwab, *Das Tier in der Dichtung*, Heidelberg 1970; Maryvonne Hagby, »›Physiologus‹-Eigenschaften in der mittelhochdeutschen Kurzepik. Über den Umgang mit Autorität und Faktizität beim Stricker«, in: González/Millet 2006, S. 134–154. – *Stoffgeschichte:* Hagby 2001, S. 29–32, 83–87. – *Überlieferung:* A 110; C 27; F 22; H 73; K 68; M 29; N 33; V 29; W 27.

Zur Textgestalt

[Überschrift] H *ditz buoch heizet der jeger, / got sî unser pfleger*; K *ditz ist von dem jeger, / got sî unser pfleger*; M *daz bîspel ist von werltlichem guot, / swer ez liset, der habe ez in sînem muot*; F *wie die effin ir kint erretten tuot*; C *aber ein ander gelîchnisse*. Nach V. 30 in M, V, W, C zehn, nach V. 36 dort acht Zusatzverse, nach V. 46 H, K sechs, M, V, W, C vier Mehrverse. 20 *was* statt *wære* nach den meisten übrigen Hss. 23 *hienc* statt hs. *hanget* nach den meisten anderen Hss.

Zur Übersetzung

3 *effine* bedeutet eigentlich nur ›Äffin‹, doch halte ich ›Affenmutter‹ für schöner.

30 *affe* bedeutet auch sonst ›törichter Mensch‹, diese übertragene Bedeutung ist hier für die Allegorisierung der Erzählung genutzt.

47 ff. Gemeint ist wohl dies: Die Affen (Toren) trachten nach fremder Freude, d. h. nach irdischem Besitz, und sie kümmern sich nicht um die spätere Notlage ihrer Seele.

Kommentar

Das Motiv der Äffin mit den beiden Jungen, dem geliebten und dem ungeliebten, gehört zum Grundbestand des Äsop und ist auch in die Sammlungen des Babrios und des Avian aufgenommen. Eine mittellateinische Version findet sich in der Breslauer Handschrift I. F. 607 aus dem 15. Jahrhundert, wohl nach einer Vorlage aus dem 14. Jahrhundert verfasst (s. Hagby 2001, S. 83–87). Äsop entwickelte aus ihm die Lehre vom unberechenbaren Schicksal (s. Irmscher 1978, S. 122), ein Tenor, der, christlich gewendet und mit dem *memento mori*-Topos (s. Nr. 10) verknüpft, bis in die zur allegorischen Erzählung geweitete Fabel des Strickers reicht. Hatte erstmals Avian die Affenmutter durch Lärm aufgeschreckt und damit das allgemeine Verhalten der Mutter auf einen konkreten Fall bezogen, so weitete der Stricker-Erzähler den Vorgang durch das der Allegorisierung seit alters dienliche Jagdbild erheblich aus: Der Jäger ist der Tod, der Affe der Tor. Dies sind im übrigen Sinngebungen, die auch der Theologie vertraut waren.

13
Der Jäger

Ausgaben: M. 7 (*Der Weidemann*); Rosenhagen 1909, Nr. 191 (*Der Weidemann*). – *Forschungsliteratur:* Kosak 1977, S. 180 f.; Wailes 1981, S. 178–181; Ragotzky 1981, S. 192–199; Vogt 1985, S. 96–99. – *Überlieferung:* H 191; K 177.

Zur Textgestalt

[Überschrift] H *ditz mære ist von einem weideman, / daz lêret uns der stricker san.* 4 hs. *hirzen*, doch ist später stets die starke Flexion gewählt. 31 *schrirn* aus *schreiten* gebessert, da das Kausativum falsch gebraucht wäre. 50 hs. *lewarten.* 73 f. wegen des besseren Verständnisses sind beide Verse vertauscht. 80 *unz* anstelle hs. *und.* 93 *im* aus hs. *in* gebessert.

Zur Übersetzung

26 *enzelt*, zu *zelt* ›Passgang‹; die natürliche Gangform größerer Huftiere, typisch für ihn ist der phasengleiche sagittale Synchronismus, d. h. das gleichseitige Gliedmaßenpaar arbeitet annähernd oder vollkommen phasengleich zusammen. Daher lassen sich die Bewegungen der Passgänger mit denen zweier Menschen vergleichen, die in gleichem Schritt und Tritt hintereinander gehen. »Die abwechselnd links- und rechtsseitige Unterstützung des Schwerpunktes bedingt ein schaukelndes Hin- und Herpendeln des Rumpfes, während seine Vertikalschwingungen nur gering sind. Aus diesem Grunde wurden die im Mittelalter als Zelter bezeichneten Passgänger früher gerne als Damenreitpferde verwendet« (R. Nickel [u. a.], *Lehrbuch der Anatomie der Haustiere*, Bd. 1, Berlin / Hamburg 1961, S. 478).
32 Zu *hovewart* s. Nr. 5, V. 6.
35 *wint* ›Windhund, Hetzhund‹, s. Nr. 6, V. 19.
36 *rüde* (*rüede*): großer Hetz- oder Schäferhund.
39 In *snel* spielt sicher auch die Bedeutung ›flink‹ hinein.
45 *hessehunt*, vgl. V. 35.
52 Wörtlicher: ›diesen (Sprung) hatte ihnen nun der Wald weggenommen.‹
62 Zu *pfunt* vgl. Nr. 7, V. 62.
87 *edel* ist hier auch identisch mit ›adlig‹ zu denken, doch bleibt die Intensität der sozialen Determination offen.
88 Der Vater hat die Ehre erreicht, das Kind/der Sohn strebt danach; es geht um die Einheit beider Personen, die im Folgenden näher ausgeführt wird.
97 Anspielung auf die höfische Formel »Gott und der Welt gefallen« (vgl. Kommentar zu Nr. 1). Vgl. aber Wailes 1981, S. 178, der die Wendung ausschließlich religiös deutet als »die Anerkennung Gottes und der christlichen Gemeinde«.
105 f. Wörtlicher: ›Wie viel Ehre man ihm auch zuspricht, sie will ihm nicht genügen.‹
113 ff. Der Sinn ist folgender: Eine Zeit lang kann es so aussehen, als ob ein falscher Ritter (vgl. V. 118) an Ehren einem echten überlegen sei, doch hält der falsche dies nicht lange durch.
118 Hovawart steht hier für ›Mischling‹, d. h. einen unechten Ritter, der halb Bauer, halb Ritter ist (vgl. V. 126).

126 Zu den Halbrittern und Halbbauern vgl. auch die etwa zeitgenössische satirische Dichtung *Seifried Helbling* (s. Vogt 1985, S. 166) und Hugos von Trimberg (etwa ein Vierteljahrhundert jüngeren) *Der Renner* (hrsg. von Gustav Ehrismann, Tübingen 1908–1911, V. 1064 ff.: *Wir sehen die trahten nâch grôzen êren, / Die nie wurden herren kint / und weder gebûre noch ritter sint)*.
152 Die *stæte* ist eines der Signalwörter der höfischen Lebensform und bezieht sich in der Regel auf die Treue innerhalb einer Zweierbeziehung (s. Ehrismann 1995, S. 209–211). Das Wort ist hier allgemeiner gewendet; um es mit den Hunde- und Ehrebildern zusammenzubringen, wurde die Übersetzung ›Ausdauer‹ gewählt.

Kommentar

Der Erzähler interpretiert die Geschichte, die erste Jagdallegorie in deutscher Sprache, als ein Gleichnis über das Lob der Ehre (*êre*), die oberste Norm für adliges Handeln (s. Ehrismann 1995, S. 65–70). Dieses Lob ist allerdings so weitläufig und weitschweifig gehalten, dass die Referenz auf ein allgemein gültiges Handeln durchsichtig wird. Es könnte der Fixierung des Erzählers auf das Ständethema zu verdanken sein, dass er in der *narratio* das Hundethema so stark ausweitet und erst den gleichsam postnarzisstischen Hirsch der äsopischen Fabel aufgreift, den, der nach der Spiegelung im Wasser schon auf der Flucht ist (vgl. Irmscher 1978, S. 264 f. u. ö.). Er skizziert ein zwar lebensvolles, dennoch stark typisiertes Bild des mittelalterlichen Landlebens, das (mithilfe des Topos vom dummen Bauern) gegen die Bauern für den Adel Partei nimmt, d. h. den Besitzer der Ehre, zu dem die Ritter in der Mitte des 13. Jahrhunderts gehören, also die, *die von den tugenden edel sint* (V. 86; vgl. Nr. 9). Der Begriff *edel* ist auf die Tradition bezogen, auf die vornehme, d. h. alte Abkunft (s. Ehrismann 1995, S. 60–64). Der moderne Rassegedanke liegt hier fern: Die Moralisation zielt gegen die unerwünschte Integration der Bauern in die höheren Ränge (vgl. Nr. 6). Dies geschieht vor dem Hintergrund einer allgemeinen Verurteilung der Überschreitung ständischer Grenzen und zielt nicht gegen die Ritter, sondern gegen die sozial ambitionierten Bauern (s. Vogt 1995; Ehrismann 1995, S. 50–54: *dörper, gebûre, vilân*; 169–181: *ritter*: Artikel Georgs Gillespie; Wailes 1981, S. 180 f. sieht in den Halbrittern unzuverlässige Mäzene). Die untergründige Mahnung an die Ritterschaft ist von einer *stæte*-Apotheose überwölbt. Diese ruft die allgemeine Ausrichtung der Fabel *pro humanum* ins Bewusstsein, referiert doch dieses Format vorzugsweise auf das allgemeinmenschliche Handeln und nicht auf eine ständische Determination.

Märchen

Zur Gattung

Das Wort *Märchen* ist ein Diminutivum zu mittelhochdeutsch *mære* (›Kunde, Bericht, Erzählung‹); als Gattungsbegriff ist ›Märchen‹ durch vielfältige Merkmale definiert, darunter: Fiktionalität und relative Kürze, phantastisch-wunderbare Begebenheit, fehlende räumliche und zeitliche Festlegung, Rückgriff auf einen als volkstümlich angesehenen Motivkatalog. Zu seinem Personal gehören u. a. neben verwunschenen Menschen, Feen, Zwergen, Zauberern oder Hexen eben auch Riesen, die die Zuordnung der Stricker-Erzählung vom Tursen (mittelhochdeutsch *turse/türse* bedeutet ›Riese‹) zu dieser Erzählform nahelegen, obgleich sie als Exempeldichtung auch den Mären sehr nahe steht. ›Märchenhaft‹ in dieser Geschichte sind neben dem Riesen und seiner Frau sowie neben dem Erzählmotiv (s. Kommentar) auch das Ambiente, der finstere Wald, sowie die Selbstverständlichkeit, mit der die herumirrenden Männer dies alles annehmen.

Literatur: MLL, S. 472–474; RL II, S. 513–517 (Heinz Rölleke); Gero von Wilpert, *Sachwörterbuch der Literatur*, Stuttgart ^{8}2001, S. 494–497; EM 9, Sp. 250–274 (Hermann Bausinger).

14
Der Riese

Ausgaben: M. 159; Friedrich von der Leyen, *Deutsches Mittelalter*. Eingeleitet von Peter Wapnewski, Frankfurt a. M. 1980, S. 532–534. – *Übersetzung:* Spiewok 1982, S. 49–51. – *Forschungsliteratur:* Schwab 1959, S. 64 f.; Wailes 1981, S. 195 f.; Fritz Peter Knapp, »Herrschaftsideale beim Stricker, bei Bruder Wernher und im ›Buch von Bern‹«, in: Waltraud Fritsch-Rößler (Hrsg.), *Uf der mâze pfat. Festschrift für*

Werner Hoffmann zum 60. Geburtstag, Göppingen 1991, S. 277–289 (GAG, 555). – *Überlieferung:* A 171; E 51; F 31; H 154; K 146.

Zur Textgestalt

[Überschrift] H, K *ditz schœne mære sol man gerne lesen, / wie ein rise zwelf man gezzen*; E *von einem risen*; F *wie ein türse (türsch) ir zwelf âz*. 1 *vor* statt *bevor* nach H, K, E, F. 33 *en* aus metrischen Gründen zugefügt.

Zur Übersetzung

12 *türse* (*turse*) ›Riese‹; seit Jacob Grimm (*Altdeutsche Wälder*, Bd. 3, Frankfurt a. M. 1816, neu hrsg. von Otfrid Ehrismann, Hildesheim / Zürich / New York 1999; S. 178–182, *Jacob und Wilhelm Grimm Werke. Forschungsausgabe*, 39) wird das mittelhochdeutsche Wort gerne als Titel der Erzählung gewählt; Grimm stellte es zu altnordisch *Þurs* ›Riese‹.

23 ff. Anspielung auf das Märchenmotiv »Ich rieche Menschenfleisch« (s. EM 9, Sp. 572–576: Christine Shojaei Kawan), das in der Fassung des Grimm-Märchens *Der Teufel mit den drei goldenen Haaren* wohl am bekanntesten ist.

Kommentar

Die typische Tierwelt der Fabel ist zugunsten einer ebenso typischen Märchenwelt verlassen, die das in nordeuropäischen Märchen nicht seltene Motiv »Ich rieche Menschenfleisch« inszeniert. Das Epimythion ist auf eine knapp gefasste Mahnung vor dem Mächtigen reduziert, jedoch nur auf den, der habgierig ist und seine Macht missbraucht, nicht auf alle Träger der Macht. Es macht die Geschichte durchsichtig für das gesellschaftspolitische Ideal des Strickers, nämlich »die hierarchisch durchstrukturierte Gesellschaft, deren säuberlich getrennte Schichten in voller Harmonie miteinander leben« (Knapp 1991, S. 280).

Moralische Erzählungen (Mären)

Zur Gattung

Das Erzählformat Märe firmiert unter den verschiedensten Synonymen (z. B. ›mittelalterliche Kurzerzählungen‹, ›kleinere Verserzählungen‹, ›mittelhochdeutsche Versnovellen‹, ›Kleinepik‹). Der Terminus ›Märe‹ (zu mittelhochdeutsch *mære* ›Kunde, Bericht, [dichterische] Erzählung‹; s. Düwel in Ehrismann 1995, S. 24–35 und oben unter »Märchen«) sollte jedoch schon deshalb Priorität genießen, weil er in seiner Fremdheit auf das Eigene der mittelalterlichen und frühneuzeitlichen Kurzerzählungen mit ihrer eigenen Logik referiert. Im Märe herrscht das raffinierte Erzählen über Didaxe und Exegese. Dieses ist funktional und rezeptionsbezogen. ›Mären‹ (im weitesten Sinne) sind Kurzerzählungen im Rahmen mittelalterlicher und frühneuzeitlicher Paratexte (d. h. Text-Beiwerke; s. MLL, S. 571); nur in deren Rahmen sind sie entstanden. Das eigenwillige Erzählformat mit seinen Plots, die mehr oder weniger ausschweifend und genüsslich von sozialen Ordnungswidrigkeiten erzählen, jedoch auf verbindliche soziale Normen – in der Stricker-Zeit ist dies der (in den theologischen Diskursen festgelegte) *ordo* – referieren; die dies zudem in einer heute kaum noch nachvollziehbaren Diskursivität tun, regt eine literaturwissenschaftliche Gattungs-Debatte zwar an, führt jedoch nicht zu unumstrittenen Lösungen. Es ist hier nicht der Ort, darauf detailliert einzugehen (s. die folgenden Literaturangaben und Ehrismann 2011). Dagegen mag es hilfreich sein, die das Märe konstituierenden Merkmale aufzulisten (nach Ehrismann 2011, S. 56 f.):

Allgemeine Beschreibung:
- leicht überschaubares fiktionales Narrativ im Rahmen mittelalterlicher und frühneuzeitlicher (›enger‹ und ›weiter‹) Paratexte.

Strukturelle Merkmale:
- Kürze (bis ca. 2000 Verse);
- bis ins späte Mittelalter versifiziert (vorzugsweise 4-hebige Paarreimverse), später dann auch in Prosa;
- fakultative (aber häufig vorkommende und als engerer Paratext fungierende) Umrahmung der Geschichte durch Promythion (Vorwort, Vorüberlegung) und Epimythion (Nachwort, Nutzanwendung) mit fakultativer Autornennung:

Überschrift (fakultativ) Promythion (fakultativ) Geschichte (obligatorisch) Epimythion (i. d. R. vorhanden)	Er- zählung	›weite‹ Paratexte Wissen über den Autor Erzählformat soziokulturelles Umfeld Überlieferungskontext Rezeptionsgeschichte

Das Märe

Überschrift, Pro- und Epimythion lassen sich zu den ›engen‹ Paratexten zählen. Der (von Genette übernommene) Terminus ›Paratext‹ referiert auf das Beiwerk einer Geschichte. – Die Termini ›Geschichte‹ und ›Erzählung‹ zu trennen, ist unüblich, dient aber im folgenden der terminologischen Zielgenauigkeit; deshalb und weil eine Verwechslung mit der Short Story zu nahe läge, wird auch der Terminus ›Kurzgeschichte‹ vermieden.

Für das Epimythion sind die Inhalte der Geschichte arbiträr; sie bilden das ›Zeichen‹, das der Erzähler zum Abschluss der Geschichte ›deutet‹. Die Exegese folgt methodisch *cum grano salis* dem Muster der theologischen Bibelexegese und bietet eine exemplarische Möglichkeit didaktischer und/oder moralischer Instrumentalisierung an (während die Geschichte selbst andere Erkenntnisse generieren kann: vgl. Ragotzky 2001; Schilling 2006).

Narratologische Merkmale:

- Figurenrede;
- Ich-Erzähler, stets männlich, der sich vorzugsweise in den engeren Paratexten einbringt;
- auktoriales Erzählen (nach der Terminologie von Franz K. Stanzel); extradiegetische heterodiegetische Erzählung (nach der Terminologie von Gérard Genette: Der Erzähler erzählt eine Geschichte, in der er selbst als handelnde Figur nicht vorkommt);
- *telling* und *showing*: narrativer (d. h. distanzierend berichtender) und dramatischer (d. h. szenisch darstellender) Erzählmodus;
- Perspektivenstruktur der externen Fokalisierung (im Zentrum stehen die Aktionen der HandlungsträgerInnen, die als Typen, d. h. als Gestalten ohne individuelle Prägung, ohne ›Innenleben‹, konzipiert sind);
- weiter Spielraum für die Naturalisierung der Figuren und Orte (als Folge externer Fokalisierung, einfacher Raum- und Lebens-

gestaltung; als ›Naturalisierung‹ bezeichnet man die Art und Weise, wie sich der Rezipierende auf Grund der Vorgaben in der Erzählung eine Figur, einen Ort u. a. ›ein-bildet‹);
– extreme Verschwiegenheit (s. unten).

Stilistische Merkmale:
– erheblicher Einsatz rhetorischer Komponenten (s. Friedrich 2005), jedoch ›einfacher‹ Stil (konträr zum ›erhabenen‹ Ton der höfischen Narrative);
– jedoch relative Kürze als Stilideal; dabei kein Widerspruch zwischen *amplificatio* (›Erweiterung‹) und *abbreviatio* (›Verkürzung‹);
– bevorzugter Einsatz eines bekannten Erzählmotivs;
– Vorliebe für Sentenzen; dabei Vorliebe für die Figur der *repetitio* (›Wiederholung‹) bei Leitbegriffen;
– Verwendung erzählender Zeiten (die Geschichte spielt in der Vergangenheit).

Inhaltliche Merkmale:
– inhaltsoffen, wobei einerseits List, Begierde (namentlich sexuelle) und Gewalt, andererseits eheliche Fehltritte oder -handlungen (bevorzugt in einem ›erotischen Dreieck‹) zu den beliebtesten Themen gehören;
– in der Regel menschliches Personal (Ausnahmen bei Fischer [2]1983, 75);
– die (erzählte) *Geschichte* referiert auf (mehr oder weniger ausschweifend und genüsslich erzählte) soziale Ordnungswidrigkeiten, die *Erzählung* (= der gesamte Text) jedoch im Allgemeinen auf verbindliche (konservative) soziale Normen;
– häufig mit einem Schwank verbunden oder als Schwank erzählt;
– eindimensionale und immanente Weltgestaltung (Gut und Böse sind in einer vorzugsweise brutalen Welt klar getrennt; keine utopischen Signale);
– einfache (und vielfach brutale, auch listige) Konfliktlösung nach dem Modell der Talio, d. h. Gleiches wird mit Gleichem vergolten (Ordnungsverstöße werden von außen, durch Strafe, gelöst);
– Arbeit mit einfachen Räumen;
– Inszenierung der verschiedensten (typisierten) Berufe und Stände.

Produktionsmerkmale:
– alleinstehend;
– publikumsoffen (d. h. nicht, wie z. B. die höfischen Großnarrative, an ein bestimmtes Publikum gebunden);

- eher Gelegenheitsdichtung;
- hohe eigenständige Kreativität möglich.

Rezeptions- und Performanzmerkmale:

- offen für verschiedene Adressierungen;
- offene performative und rezeptive Bedingungen (d. h. nicht an einen bestimmten Aufführungs- oder Rezeptionsort gebunden wie z. B. die höfischen Narrative, wenn auch in den Anfängen der Hof die ›erste Adresse‹ gewesen sein dürfte);
- Beispielhaftigkeit (Text als *exemplum*; Generalisierung eines Vorgangs: s. Holznagel 2003); explizite Didaxe und Exegese sind fakultativ, aber in der Regel vorhanden;
- vorzugswiese auf Komik und Lachen (*delectatio* ›lustvolle Unterhaltung‹) ausgerichtet;
- Konzeption als Einzeltext (Vortrags- und/oder Lesetext; s. Tegeler 2001);
- leichte Übernahme in spätere kulturelle Kontexte.

Die große ›Verschwiegenheit‹ der Texte, bedingt durch ihre ›Einfachheit‹ auf den verschiedenen narrativen Ebenen, fordert den *Lector in fabula* (s. Eco ^{3}1998) in besonderer Weise heraus, sich selbst in die Geschichte einzubringen, und sie ist sicherlich einer der Hauptgründe, warum die einzelnen Geschichten ohne größere Reibungsverluste, wie sie in einer spezifischen und individuellen Ausformung entstehen könnten, in andere kulturelle Kontexte übernommen werden konnten.
Durch die Inszenierung der verschiedensten Berufe und Stände kommen »über die unterhaltende und belehrende Funktion hinaus, auch die wirtschaftlichen, gesellschaftlichen und mentalen Veränderungen [der] Zeit zum Ausdruck.« (Linke 2006, S. 450) Der Erzähler nimmt, wenn man so will, den Zustand der Welt auf und versucht, ihn durch Aufmerksamkeit erregende Beispiel-Geschichten paratextlich im Sinne einer konservativen Gesellschaftsordnung zu bessern. Als ein fiktiver Text beschreibt die mittelalterliche Kurzerzählung auf diese Weise zwar nicht die Wirklichkeit, jedoch eine gewisse Lebensnähe. Diese Nähe scheint darüber hinaus auch in den beiden typischen Themenfeldern »Erotik/Begierde« und »Gewalt« (s. Hoven 1978; Grubmüller 1996) sowie in der Härte der Strafen gegen Ordnungsvergehen durch. So wird die fremd gehende Frau verprügelt (Nr. 15), stirbt der Tor durch die Verhöhnung seiner Mitmenschen (Nr. 19), fährt der falsche Richter zur Hölle (Nr. 21). Die

häufige Brutalität dieser Lösungen mag (und sollte) uns heute erschrecken, historisch gesehen gehörten sie doch eher zum Alltag. Das Märe ist ein im späteren Mittelalter blühendes, in der Frühen Neuzeit jedoch auslaufendes Erzählformat. In der Novelle hat es keine Nachfolge gefunden, allenfalls eine sie verdrängende Konkurrentin (vgl. Rath 2000; Schulz-Grobert 2002). Keiner der ja auf das Erzählen in Prosa bezogenen Novellen-Theorien seit der Frühen Neuzeit ließe es sich zuordnen; nichts liegt ihm gewöhnlich an der *novella*, dem individuellen und außerordentlichen, nicht auf Beispielhaftigkeit hin erzählten Fall. Schwer wird man auch jenen eindeutigen ›Wendepunkt‹ ausfindig machen können, der als das entscheidende Novellen-Merkmal gilt. Man mag als Gegenbeispiel an Hartmanns von Aue *Der arme Heinrich* denken und an die dortige dramatische Szene in der Praxis des Arztes, in der dem Ritter die Augen über sein Fehlverhalten geöffnet werden. Doch Hartmanns Geschichte fügt sich nicht in die Struktur der typischen Mären. Sind im Märe ›richtig‹ und ›falsch‹ eindeutig unterschieden, so muss in der Novelle jeder Rezipient den Sinn »beim Lesen durch aktives Mitdenken für sich selbst erschließen. Ein ›wahr‹ oder ›falsch‹ in einem objektiven Sinn gibt es nicht mehr.« (Kocher 2005, S. 327)

Literatur: MLL, S. 227 (Fabliau), 474 f. (Märe), 547 f. (Novelle), 694 (Schwank), 806 (Versnovelle); RL II, S. 517–529 (Märe: H.-J. Ziegeler); III, S. 405–407 (Schwank: Herbert Herzmann); LM VI, Sp. 229 f. (H.-J. Ziegeler); Hermann Bausinger, »Bemerkungen zum Schwank und seinen Formtypen«, in: *Fabula* 9 (1967), S. 118–136; Fischer [2]1983; Schirmer 1969, 1983; Wierschin 1969; Straßner [2]1978; Joachim Heinzle, »Boccaccio und die Tradition der Novelle«, in: *Wolfram-Studien* 5 (1979), S. 41–62; ders., »Märenbegriff und Novellentheorie. Überlegungen zur Gattungsbestimmung in der mittelhochdeutschen Kleinepik«, in: Schirmer 1983, S. 91–110; ders., »Altes und Neues zum Märenbegriff«, in: *Zeitschrift für deutsches Altertum und deutsche Literatur* 117 (1988), S. 277–296; Heribert Hoven, *Studien zur Erotik in der deutschen Märendichtung*, Göppingen 1978 (GAG, 256); Ziegeler 1985; Jonas 1987; Klaus Grubmüller, »Tiere, Bauern, Pfaffen: Typisierung und kritische Distanz in der Kleinepik«, in: James F. Poag / Thomas C. Fox (Hrsg.), *Entzauberung der Welt. Deutsche Literatur 1200–1500*, Tübingen 1989, S. 35–51; Strasser 1989; Walter Haug, »Entwurf zu einer Theorie der mittelalterlichen Kurzerzählung«, in: Haug/Wachinger (1993),

S. 1–36; ders., »Die Lust am Widersinn. Chaos und Komik in der mittelalterlichen Kurzerzählung«, in: Dorothee Lindemann / Berndt Volkmann / Klaus-Peter Wegera, *›bickelwort‹ und ›wildiu mære‹. Festschrift für Eberhard Nellmann zum 65. Geburtstag*, Göppingen 1995, S. 354–365 (GAG, 618); Klaus Grubmüller, »Schein und Sein. Über Geschichten in Mären«, in: Harald Haferland / Michael Mecklenburg (Hrsg.), *Erzählungen in Erzählungen. Phänomene der Narration in Mittelalter und Früher Neuzeit*, München 1996, S. 243–257 (Forschungen zur Geschichte der älteren deutschen Literatur, 19) [= 1996a]; Wolfgang Rath, *Die Novelle. Konzept und Geschichte*, Göttingen 2000 (UTB, 2122); Stefanie Tegeler, »Schwankrecycling im 16. Jahrhundert«, in: Andrea Gutenberg / Ralph J. Poole (Hrsg.), *Zitier-Fähigkeit. Findungen und Erfindungen des Anderen*, Berlin 2001, S. 56–70 (Geschlechterdifferenz und Literatur, 13); Jürgen Schulz-Grobert, »Verserzählung. Mittelalter«, in: *Kleine literarische Formen in Einzeldarstellungen*, Stuttgart 2002, S. 241–258 (Reclams Universal-Bibliothek, 18187); Holznagel 2003; Ursula Kocher, *Boccaccio und die deutsche Novellistik. Formen der Transposition italienischer ›novelle‹ im 15. und 16. Jahrhundert*, Amsterdam / New York 2005 (Chloe. Beihefte zum Daphnis, 38); Udo Friedrich, »Spielräume rhetorischer Gestaltung in mittelalterlichen Kurzerzählungen«, in: Beate Kellner / Peter Strohschneider / Franziska Wenzel (Hrsg.), *Geltung der Literatur. Formen ihrer Autorisierung und Legitimierung*, Berlin 2005, S. 227–249 (Philologische Studien und Quellen, 190); Tanner 2005, S. 257–321; Michael Schilling, »Poetik der Kommunikativität in kleineren Reimpaartexten des Strickers«, in: González/Millet 2006, S. 28–46; Ehrismann 2011, S. 55–58.

Zur Erzähltheorie: Umberto Eco, *Lector in fabula. Die Mitarbeit der Interpretation in erzählenden Texten*, aus dem Italienischen von Heinz G. Held, München [3]1998; Monika Fludernik, *Einführung in die Erzähltheorie*, Darmstadt 2006 (Einführung Literaturwissenschaft); Gérard Genette, *Die Erzählung*, aus dem Französischen von Andreas Knop, München [2]1998; Ansgar Nünning (Hrsg.) *Grundbegriffe der Literaturtheorie*, Stuttgart 2004 (Sammlung Metzler, 347); Franz K. Stanzel, *Theorie des Erzählens*, Göttingen [7]2001.

15
Der kluge Knecht

Ausgaben: F. 8; M. 58; GN, Nr. 1. – *Übersetzungen:* Fischer 1973, S. 148–152; Spiewok 1982, S. 69–75; GN, Nr. 1. – *Forschungsliteratur:* Fischer [2]1983, S. 362, 470; Schirmer 1969, S. 114 f.; Kosak 1977; Straßner 1978, S. 40 f.; Strasser 1980, S. 92–94; Ragotzky 1981, S. 83–92; Jonas 1987, S. 54–81; Strasser 1989, Register; Grubmüller 1996; Egerding 1998, S. 134–137; Wolfgang Achnitz, »Ein *mære* als Bîspel. Strickers Verserzählung ›Der kluge Knecht‹«, in: Volker Honemann / Tomas Tomasek (Hrsg.), *Germanistische Mediävistik*, Münster [2]2000, S. 177–203 (Münsteraner Einführungen – Germanistik, 4); Tanner 2005, S. 434–439, 450–455; Haug 2006, S. 18–21; Ehrismann 2011, S. 89–92. – *Stoffgeschichte:* AT 910 B; AT 1358 C: *Trickster discovers Adultery*. Eine Abhängigkeit des Stricker-Märe von einer Vorlage ist nicht überzeugend nachweisbar (s. Klaus Grubmüller, »Zum Verhältnis von ›Stricker-Märe‹ und Fabliau«, in: González/Millet 2006, S. 173–187). Motivübereinstimmungen und z. T. stark abweichende Erzählvarianten finden sich neben dem Grimm-Märchen 162 *Der kluge Knecht* u. a. in dem etwa zeitgenössischen Fabliau *Le povre Clerc*, dann vor allem in Hans Rosenplüts Kurzerzählung *Von einem fahrnden Schuler* (s. Ehrismann 2011, S. 82) und Hans Sachs' Fastnachtsspiel *Der fahrend Schuler mit dem Teufelbannen*: s. Frauke Frosch-Freiburg, *Schwankmären und Fabliau. Ein Stoff- und Motivvergleich*, Göppingen 1971, S. 80–86 (GAG, 49); Ingrid Strasser, »Übernahme von Literatur. Zwei Fallbeispiele: Hartmanns ›Erec‹ und ›Der kluge Knecht‹ des Strickers«, in: Ingrid Kasten / Werner Paravicini / René Pérennec (Hrsg.), *Kultureller Austausch und Literaturgeschichte im Mittelalter*, Sigmaringen 1998, S. 185–199 (Beihefte der Francia, 43); GN, S. 1024; Achnitz [2]2000, S. 199; Linke 2006, S. 45 f. – *Überlieferung:* A 62; H 182; H 209 (stark abweichend; Abdrucke bei F. im Apparat und M., synoptisch zu A).

Zur Textgestalt

[Überschrift] In H 182 stark radiert; H 209 *ditz ist von einem pfaffen / der wart dar nâch zeinem affen.* 42 *vrüewen*, hs. *fru(e)n*; F. *vrüejen.* 89 *si* nach H. 93 *holde*, A *fulte*, aus *hulte* gebessert, wahrscheinlich liegt *holte* zugrunde; so auch H *holt.* 95 *vochenzen*,

Hs. *vohenzent*; vgl. 241. 128 *gâz*, hs. *gazze* (nach M. stark dekliniertes Partizip); H *gezzen.* 202 *in* (H); A *im*, dies würde sich auf den Knecht beziehen. 226 *värkelîn*, hs. *værelin*; auch *värhelîn* wäre möglich (so F.; vgl. MG, § L 109). 240 *der* (H; so auch F.); A *daz*; M. vermutet eine Verallgemeinerung durch *daz*, doch ist dem schwer zu folgen. 249 H (und F.) schiebt *selben* zwischen *den* und *stein*, was aus metrischen Gründen nahe liegt. 281 ff. F. folgt der eleganteren Version in H: *und gevie den pfaffen bî dem hâr / er sprach: 'nu bin ich zewâr / dîner mære an ein ende komen.'* 286 F. folgt wiederum H: *ê ez taget.* 295 F. folgt H: *swaz er.* 334 F. folgt H: *und würde im vîent umbe daz.* GN folgt wie F. in der Regel A, ändert jedoch gelegentlich nach der heute eleganter erscheinenden Version H 182, denn ein Beibehalten von A im vorliegenden Band »verminder[e] die Qualität des Textes unter das sonstige Niveau des Strickers, ohne daß entscheidend an Authentizität gewonnen wäre.« (ebd., 1020) Das ist einleuchtend, wenn auch nicht nachweisbar; die Überlieferung sieht auch A als authentisch an.

Zur Übersetzung

14 *hövisch* ›zum Hof gehörend‹, eines jener positiven Signalwörter, mit denen sich die »höfische« Gesellschaft schmückt; hier jedoch pejorativ gebraucht und auf die Eitelkeit der Frau bezogen.
20 Zur Stellung des Geistlichen im Mittelalter allgemein s. Tanner 2005. Mhd. *pfaffe* ›Priester‹ erhält seinen abschätzigen Beiwert erst durch den Kontext (s. Ehrismann 2011, S. 79–82), der im vorliegenden Fall allerdings gegeben ist. Die Figur des Geistlichen zeichnet der Erzähler in dieser Geschichte ausnehmend blass – ängstlich, feige und mäßig wohlhabend, jedoch den Hauptlastern der *cupiditas* (›Gier‹), der Völlerei und der Wollust (s. Tanner 2005, S. 577–581), ergeben. Er greift damit eine zeitgenössisch (sowohl im alltäglichen wie im theologischen und literarischen Diskurs) virulente Klerikerkritik auf, die sich an der Missachtung des Zölibats und der (gegenüber der ländlichen Bevölkerung) relativen Wohlhabenheit vieler Geistlicher (vgl. ebd., S. 573–577) festmachte. Eine vorbildliche Geistlichen-Figur zeichnet, kontextuell angemessen, Nr. 17.
23 Der *minnediep* verstößt gegen die Regeln des Minnedienstes, weil er diesen heimlich betreibt; er ist hier, in der Parodierung der höfischen Welt, zum Ehebrecher geworden.

28 ff. In dieser Passage sieht Strasser 1980, S. 93 f. das Tagelied als literarischen Hintergrund.
95 *vochenzen*, zu mlat. *focatia.*
109–111 Die Verse wenden sich an das Publikum, sie gehören nicht zu den Gedanken des Pfarrers.
120 Zu *affe* ›Narr‹ vgl. auch Nr. 12, V. 30, und die Überschrift in H 209. Als ›Affe‹ ist der Geistliche ein Symbol des Teufels (s. Tanner 2005, S. 534).
136 Also im Galopp; vgl. Nr. 13, V. 26.
164 *ze sumere* bezieht sich auf den Jahresablauf der Dreifelderwirtschaft: Brachfeld, Winterfeld, Sommerfeld. Das Sommerfeld wird im April gepflügt, um die Weide für die Sommerfrucht vorzubereiten (vgl. Hermann Aubin / Wolfgang Zorn, Hrsg., *Handbuch der deutschen Wirtschafts- und Sozialgeschichte*, Bd. 1, Stuttgart 1971, S. 96).
204 *raste* ein Wegmaß von unbestimmter Länge; möglicherweise ist an den Weg zwischen zwei Ruhepausen (so gotisch *rasta*, altnordisch *rǫst*; vgl. altenglisch *ræst/rest* ›Ruhe‹) gedacht (s. Kluge, *Etymologisches Wörterbuch der deutschen Sprache*, bearbeitet von Elmar Seebold, Berlin / New York [24]2002, S. 745); *Lexer* verzeichnet neben den Bedeutungen ›Ruhe, Rast‹ auch ›Meile, Zeitraum‹.
290 Der Vers könnte wohl auch bedeuten: ›was er nicht einhielt‹; wodurch das Schelmische des Pfaffen unterstrichen wäre.
297 ff. Die Strafe entspricht mittelalterlichem Brauch und hätte härter ausfallen können, denn bei Ehebruch konnte auf Todesstrafe erkannt werden (vgl. Rudolf His, *Das Strafrecht des deutschen Mittelalters*, Bd. 1, Leipzig 1920, S. 479); vgl. auch *Das Bloch* (M. 145).
308 *vriuntlîche* ›wie für einen Freund‹, hier jedoch allgemeiner.
309 ff. Im Begriff der *kündikeit* fallen ›Verstand‹ und ›Klugheit‹ zusammen (s. zu V. 336).
316 *hövischlîche* steht hier wohl zwischen der konkreten Bedeutung, die auf den Hof bezogen ist, und der allgemeineren, die sich auf die Kultiviertheit bezieht.
319 *daz* bezieht sich auf das Vorausgehende wie auf das Folgende.
336 Das mittelhochdeutsche *kündikeit/kündekeit* kann in zeitgenössischen Narrativen negativ konnotiert sein; so kennzeichnet es etwa im *Fuchs Reinhart* von Heinrich (dem Gleißner) den bösartigen Fuchs. Es referiert hier auf »Scharfsinn« und »unredliche Gerissenheit, ja Verschlagenheit« (Elfriede Stutz, »Versuch über mhd. *kündekeit* in ihrem Verhältnis zur Weisheit«, in: Gotthardt Frühsorge / Klaus Manger / Friedrich Strack (Hrsg.), *Digressionen. Wege*

zur Aufklärung. Festgabe für Peter Michelsen, Heidelberg 1984, S. 33–46, hier S. 45). Überträgt man einen solchen Befund, der sich nur partiell mit den Lemma-Referenten des *Lexers* trifft, auf das Stricker-Märe (so Haug 2006, S. 20 f.), dann wird man zu einer nicht so freundlichen Übersetzung, beziehungsweise Einschätzung des Knechtes (s. Kommentar), kommen. Solche Übertragungen bleiben allerdings stets problematisch, da sich die konkrete Konnotation eines Wortes nur aus dessen jeweiligem Kontext erschließt. Zwingend ist eine negative Konnotation von *kündikeit* also nicht, vor allem dann nicht, wenn der Erzähler selbst von *vriuntlîcher kündikeit* (s. Vers 308) spricht und wenn man den als *gevüege* charakterisierten *kneht* (wie z. B. auch im Grimm-Märchen 162) als Rollenträger des ›kleinen Mannes‹ sieht, der, anders als in motivverwandten Erzählungen (s. Kommentar), in dem ländlichen Ambiente der Stricker-Geschichte wohl kaum als fahrender Scholar etabliert werden konnte. – Da die Fassung H 209 nach Vers 302 endet, erfahren die Rezipierenden hier nichts von der *kündikeit*-Analyse des Erzählers, und weil das Wort auch sonst keine Rolle in den Stricker-Texten spielt, kann man es sicherlich nur bedingt, sozusagen unter Überlieferungsvorbehalt, zum Leitwort von Textanalysen erheben.

Kommentar

Der Erzähler entfaltet das in den Mären beliebte Ehebruchthema (s. EM III, Sp. 1068–77: Klaus Roth) mit dem typischen erotischen Dreieck: der triebgeleitete Priester, die böse/triebgeleitete Frau, der dumme Ehemann. Der Pfiff ist jedoch die Entlarvungsgeschichte durch den Knecht, der den Ordnungsverstoß des Paares mit Raffinesse und List ans Licht bringt. Dieser Verstoß, generalisierend verstanden, repräsentiert die Brüchigkeit der menschlichen Ordnungen schlechthin (vgl. Walter Haug, »Schwarzes Lachen: Überlegungen zum Lachen an der Grenze zwischen dem Komischen und dem Makabren«, in: Fietz/Fichte/Ludwig 1996, 56), wird doch in den Kurzerzählungen die Ehe »als reichhaltige Fundgrube menschlicher Irritationen« gerne zum »Modellfall menschlicher Beziehungen« funktionalisiert (s. Ehrismann 1984, S. 27). Die kleine Geschichte in der Geschichte verdient uneingeschränkt das Lob der *gevüegen kündikeit* (›schicklich eingesetzte Klugheit‹, ›angemessen gebrauchte Klugheit/List‹), das die Moralisation erteilt. Erzählen führt zur Erkenntnis (s. Grubmüller 1996a, S. 256 f., der dies als das allgemeine Ziel der Mären-Autoren ansieht). Zwar konnte sich der Begriff der *kündikeit* – und dies ist sein Charme –, ähnlich wie das heutige List, in anerkennenden wie in missbilligenden Bedeutungsfeldern einnisten. Nach welcher Seite das Pendel jedoch ausschlug, entschied jeweils der Textzusammenhang. In diesem ist der Begriff durch die Epitheta *vriuntlîche*, das vom Nomen *vriunt* (u. a. ›Freund und Verwandter‹), und *gevüege*, das vom Nomen *vuoge* (u. a. ›Schicklichkeit, passende Gelegenheit, Wohlanständigkeit‹) abgeleitet ist, eindeutig anerkennend gebraucht. Zudem ist er von der *valschheit* (Vers 313; u. a. ›Untreue, Betrug‹), die dem Knecht nicht zu unterstellen ist – wohl aber der Ehefrau und dem Priester, denen man wohl *ungevüege kündikeit* unterstellen darf –, abgesetzt. Mit einiger Sicherheit referiert also *gevüege kündikeit* auf eine vernünftige, lebenspraktische Klugheit, die vorausschauend gesellschaftliche Konflikte ebenso verhindert wie privates Unglück. Dass dabei das objektiv ohnehin zerrüttete Verhältnis zwischen Mann und Frau »bleibend gestört« (Egerding 1998, S. 136) ist, dürfte nach dem sündhaften Verhalten der Ehefrau und angesichts des patriarchalen Eheverständnisses der Zeit keine Rolle gespielt haben. Wichtig war eher, dass der Knecht die Herrschaft des Mannes gefestigt und durch den teilweisen Entzug der *hulde* (V. 302; s. Nr. 17, zu V. 153) die Möglichkeit einer latenten Drohkulisse zur Herrschaftsstabilisierung aufgebaut hatte.

Dies wiederum könnte auf jene stadtbürgerlich-misogyne Fokussierung der Kurzerzählungen hindeuten, auf deren ökonomisch bestimmte Welt, die Linke (2006) am Beispiel der Ehebruch-Geschichten herausgearbeitet hat. Denn Ehebruch kommt dort zwischen den Angehörigen des Bürgertums selbst nicht vor, wohl aber sind die triebgeleiteten bürgerlichen Ehefrauen öfters an ihm »über die Standesgrenzen hinweg« (ebd., S. 454) beteiligt, und er geht häufiger von ihnen als von den Klerikern oder Rittern aus.

Das in der Erzählung versteckte Trickster-Motiv führt bis auf den Mythos vom *Sklaven* Äsop zurück. Schon deshalb ist eine allzu geradlinige sozialgeschichtliche Ausdeutung dieser Erzählung problematisch. Die Stricker-Mären handeln nicht von der zielgerichteten Aufwertung unterdrückter Stimmen. Die typisierten HandlungsträgerInnen dienen weder dem Lob des einfachen Volkes noch der generellen Kritik an der Geistlichkeit. Zum weiteren Paratext des Märe gehört die theologische Maxime, gemäß der *prudentia* zu handeln (s. S. 281). Der Erzähler feiert sie, die angemessene *kündi-*

keit, als die wahre *hövischeit*. Dass sich in diesem Rahmen kritische Töne gegen Hoffart, Völlerei und Sexualität einfinden, versteht sich von selbst, doch sie stellen nicht das Hauptziel der Erzählung dar und sind zudem durch Komik relativierend überformt. Für den Erzähler sind *kündikeit* und *hövescheit* korrespondierende Begriffe (s. V. 311–318), wobei die *hövescheit* dem Kontext nach nicht auf den Stand bezogen, sondern (erweitert) *pro humanum* zu verstehen ist; also nicht als Vornehmheit, sondern – nach *Lexer* – als ›fein gebildetes und gesittetes Wesen und Handeln‹. Nach Thomas von Aquin (s. S. 281), der sich dabei auf die *Ethymologien* Isidors und die *Ethik* des Aristoteles bezieht, zeichnet sich der Kluge durch den guten Ratschlag und das rechte Urteil aus, und er braucht durchaus nicht den oberen Ständen anzugehören.

Mit dem auf die *gevüege kündikeit* fokussierten Epimythion, das nicht auf das Fehlverhalten von Frau und Priester, sondern auf das Verhalten des Knechtes reagiert, lässt der Erzähler das Exemplarische seiner Geschichte durchblicken: Es ist die Art und Weise des Erkenntnisgewinns, des Augenöffnens durch Erzählen und Zeigen, die als vorbildlich demonstriert werden sollte.

16
Der nackte Ritter

Ausgaben: F. 10; M. 85. – *Übersetzung:* Spiewok 1982, S. 31–33 (*Der entblößte Ritter*). – *Forschungsliteratur:* Fischer [2]1983, S. 363 f., 471 f.; Schirmer 1969, S. 38 f.; Straßner 1978, S. 40 f.; Ziegeler 1985, S. 162–165; Vogt 1985, S. 107–110; Strasser 1989, Register; Bernhard Sowinski, *Probleme des Übersetzens aus älteren deutschen Texten*, Berlin [2]1998 (Germanistische Lehrbuchsammlung, 23), S. 87–95 [Übersetzung mit detaillierten Begründungen]; Holznagel 2003, S. 301–303; Ehrismann 2011, S. 64 f. – *Überlieferung:* A 94; B 47; E 1; H 181; I 43; K 171.

Zur Textgestalt

[Überschrift] H *ditz ist ein seltsæne vart / wie ein ritter entnacket wart*; K *hie wart entnacket ein ritter / daz saget uns der Stricker*; E *von eime ritter*; B, I *von des wirtes gaste*. 1 *ritter*, hs. *riter*. 13 B, I schreiben dezenter *hiez er zuo im sitzen zehant*. 29 *houbet*, H, K *stirnen*. 34 E, B, I beginnen die Rede mit *ir sint in einer guoten habe*. 35 F. folgt H, K und fügt *sprach er* ein. 47 *liep*, hs. *liebe* (adverbialer Gebrauch). 50 *læge gerner*; B, I ändern die etwas ungewöhnliche Konstruktion in *ich leit gern*. 64 *dâ wart*; F. übernimmt *dô* von H, K und *wart* von A. 76 E, B, I *dô schamten si sich vür den gast*. 78 *schame* statt *schanden* in E, B, I.

Zur Übersetzung

1 f. wörtlicher: ›gelangte auf einer Reise (Sowinski [2]1998: ›einem Ausritt‹) so weit in die Ferne‹.
13 Der Kuss gehörte zum Ritual eines ehrenvollen Empfangs. Er war das öffentliche Zeichen für Freundschaft und Friedensbereitschaft. Die Wahrung solcher Formen diente in der mittelalterlichen Gesellschaft der Konfliktvermeidung (s. Ehrismann 1995, S. 83–86).
17 *stube* ›heizbarer Raum‹, besonders eine Badestube oder – wie hier – ein Speisesaal.
33 *roc* ›Obergewand, Kleid‹; zur Kleidung im Mittelalter: Elke Brüggen, *Kleidung und Mode in der höfischen Epik des 12. und 13. Jahrhunderts*, Heidelberg 1989 (Beihefte zum Euphorion, 23), s. zu *roc* dort S. 241–244.
67 ff. Die spärliche Kleidung ist ein Zeichen für die Armut des Gastes, und Armut bedeutete in der ökonomisch bestimmten Welt der Mären einen Makel (s. Linke 2006, S. 462).
69 *bruoch* ›kurze, bis ans Knie reichende Hose‹, die durch einen Gürtel gehalten wird und die die Männer unter dem Obergewand trugen; an ihr werden die Strümpfe mit einem Riemen befestigt; ohne *bruoch* zu gehen, galt als unanständig (s. Brüggen [wie V. 33], S. 210).
69 *hemde:* Untergewand der Dame und des Ritters (s. ebd., S. 223–225).
76 Sowinski [2]1998 interpretiert *der hövischeite last* als die »beschwerlichen Pflichten höfischer Gesittung«.
78 Sowinski [2]1998 nimmt an, dass der Hausherr vor Scham erschrickt, was möglich, aber nicht zwingend ist; *schande* referiert nach *Lexer* auf ›schämenswertes Tun oder Leiden‹.
84 ff. Das Pferd des Gastes war zu langsam, um einer Verfolgung durch die Rächer zu entgehen. Es symbolisiert also auch, wie die fehlende Kleidung, den Mangel. Sowinskis [2]1998, S. 94 Überlegungen, dass es sich vielleicht »aufgrund eines Glaubens an einen Mord-

bann« geweigert hätte, den Ritter aufzunehmen, sind nur schwer nachzuvollziehen.

Kommentar

Die Kritik des höfischen Lebens in der Geschichte ist zweischichtig:
1. Der Spott der Erzählung trifft den, der ohnehin nichts zu lachen hat, und zwar deshalb, weil er sich ein Verhalten anmaßt, das seinen tatsächlichen Lebensverhältnissen nicht entspricht. Er ist der aus dem *ordo* ausgebrochene Scheinritter.
2. Mit der Entblößung des Gastes ist auch die Welt entlarvt, die ihn so lange nicht durchschaut und die unter dem Ehre-Zwang über ihre Verhältnisse lebt.
Auf keine dieser Kritikpunkte zielt der ein Zehntel des Märe umfassende abschließende Paratext im Sinne einer Sentenz ab. Er unterdrückt, wie auch die späteren Überschriften, das gesellschaftskritische Potential der Geschichte durch eine Reduktion auf das Thema des Gastwillens. Wie in Nr. 15 zieht der Erzähler damit aus dem als Beispiel präsentierten Kasus eine durchaus überraschende und *pro humanum* ausgerichtete Schlussfolgerung.

17
Die eingemauerte Frau

Ausgaben: F. 6; M. 118. – *Übersetzung:* Spiewok 1982, S. 641–649. – *Forschungsliteratur:* Schwab 1959; Fischer ^{2}1983, S. 361, 468; Wierschin 1969; Schirmer 1969, S. 235 f.; Stephen L. Wailes, »Immurement and Religious Experience in the Stricker's *Eingemauerte Frau*«, in: *Beiträge zur Geschichte der deutschen Sprache und Literatur* 96 (Tübingen 1974), S. 79–102; Köppe 1977; Strasser 1980, S. 82–84; Ehrismann 1984, S. 28 f.; Ziegeler 1985, S. 205–209; Vogt 1985, S. 103–106; Mark Lee Thamert, *The Medieval Novellistic* mære*: Telling and Teaching in Works of the Stricker*, Princeton University 1986, S. 136–165; Sylvia Wallinger / Monika Jonas (Hrsg.), *Der Widerspenstigen Zähmung. Studien zur bezwungenen Weiblichkeit in der Literatur vom Mittelalter bis zur Gegenwart*, Innsbruck 1986 [vor allem: Monika Jonas, »Idealisierung und Dämonisierung als Mittel der Repression. Eine Untersuchung zur Weiblichkeitsdarstellung im spätmittelalterlichen Schwank«, ebd., S. 67–93]; Jonas

1987, S. 81–89; Strasser 1989, Register; Albrecht Classen, »Misogyny and the Battle of Genders in the Stricker's *Mæren*«, in: *Neuphilologische Mitteilungen* 92 (1991), S. 105–122; Wernfried Hofmeister, »Rebellion und Integration in Strickers ›Eingemauerter Frau‹«, in: *Mediaevistik* 5 (1992), S. 71–77; Grubmüller 1996; Jutta Eming, »Subversion through Affirmation in the Stricker's *Eingemauerte Frau*«, in: Martin Gosman/Arjo Vanderjagt/Jan Veenstra, *The Growth in the Medieval West. Selected Proceedings of the International Conference Groningen 6–9 November 1997*, Groningen 1999, S. 213–228 (Mediaevalia Groningana, 25); John Margetts, »Persona. Entlarvung des Adels und Entdeckung des Strickers: *so han ich vrowen vil gesehen*«, in: Matthias Meyer / Hans-Jochen Schiewer (Hrsg.), *Literarische Leben. Rollenentwürfe in der Literatur des Hoch- und Spätmittelalters. Festschrift für Volker Mertens zum 65. Geburtstag*, Tübingen 2002, S. 535–549; Tanner 2005, S. 508–513; Haug 2006, S. 13 f.; Haub 2008, S. 96–110 (Kapitel-Untertitel: »Ignoranz – Egozentrik – Willkür, Aufmerksamkeit – Sich Einbringen – Kompromiss-Gemeinschafts-Beziehungsfähigkeit«); Ehrismann 2011, S. 77 f. Zur Vertiefung: Klapisch-Zuber 2006. – *Stoffgeschichte:* AT 901. – *Überlieferung:* A 127; B 35; E 3; I 33.

Zur Textgestalt

[Überschrift] E *von eime ritter und von sîner vrouwen*; B *von einem übeln wîp*; I *von einem übeln, bœsen alten wîp / alles ungelücke gê an iren lîp*. 7 E, B mildern ab und schreiben *vlêhen* statt *slege*, das F. wohl aus Gründen der Variation übernimmt. 14 E schwächt *brach* zu *zôch* ab. 65 *halsete*, hs. *halst*; F. *halste*. 77 *wîle*, F. folgt mit *teil* E, B, I. 123 *biz*, F. folgt mit *daz si* E, B, I. 129 F. tilgt nach E, B, I *zehant*. 138 B, I bittet sie um den Tod: *sô ich armiu ersterbe*. 168 *übel*, hs. *wol*; es könnte von 166 herabgerutscht sein; mit F. folge ich E, B, I, die hier sinnvoller sind. 185 hs. *mir* ist nach E, B, I (und F.) in *ir* geändert. 191 E, B, I schreiben schwer durchschaubares *nâch iuwer unheil*, wobei *nâch* wahrscheinlich temporal gebraucht ist. 193 Statt *gezürnet* schreiben E, B, I *gesündet* und bezichtigen damit bemerkenswerterweise auch den Mann der Schuld. 236 Statt *mûre* schreiben B, I *gadem*; E *tür*. 238 F. variiert wie E, B, I *hiez* mit *bat*. 239 hs. *der* standardisiert F. zu *dâ*. 250–254 sind in E, B, I durch den Vers *daz wart zuo hant gevarn lân* ersetzt. 306 *gerlîche*, das seltene Wort ersetzen B, I durch die Wendung *sô gelîche*, E durch *begirlîche*; F. wählt gegen *Lexer*, aber in Anlehnung an die Hs. A (*gærlich*), die Schreibung *gärlîche*. 309 E, B, I schreiben *het* statt *hat*, wählen also (wie F.) den Konjunktiv und damit indirekte Rede. 328 *schuldic*, hs. *sculdich*. 342 F. lässt sich die reizvolle *variatio* entgehen und wählt die Variante E: *senfte ir daz g.* 355 E formuliert vorsichtiger *dô er si bringen tar her*, ›wenn er sich traut, sie herzubringen‹. 356 E, B, I schreiben statt *der sælden: des selben.* 389 B, I verallgemeinern zu *wurden die vrouwen*. 396 *wære* nach E, B, I; A hat *wart*. Nach 400 setzen B, I zwei Zusatzverse: *Hie ist daz mære ûz gezalt / got mache uns mit guoten wîben alt.*

Zur Übersetzung

12 f. Diese Redensart verwendet der Stricker auch in *Von bösen Frauen* (M. 119, V. 626 f.); sie drückt die völlige Gleichgültigkeit gegenüber dem »Gegenstand« aus.
21 *sîte* bezeichnet die Seite oberhalb der Hüfte.
32 *zuht* gehört zu den Signalwörtern der höfischen Kultur (s. Ehrismann 1995, S. 248–253, Artikel Ernst Dick; s. S. 220) und bezieht sich auf die vollkommene Beherrschung des höfischen Zeremonialhandelns.
35 Wörtlich: ›Sie verhieß ihm ein großes Unglück‹, d. h., sie drohte, ihm schwer zu schaden. Hofmeister 1992, S. 74 sieht in diesem Vers »eine Drohung mit der Macht der Sippe […]. Sollte [die Frau] nach ihrer schweren Züchtigung sterben, so würden ihn [sc. den Mann] ihre Leute zur Rechenschaft ziehen.« Diese Drohung unterlaufe der Mann, indem er die *vriunde* und *mâge* der Frau zu sich lade, um diese erfolgreich zu isolieren und ihre Umkehr herbeizuführen.
36 ff. Die eingemauerte Frau ist die Inkluse (Rekluse), die diese Lebensform normalerweise aber selbst zu ihrer religiösen Vervollkommnung wählt (s. LM V, Sp. 426 f.: A. B. Mulder-Bakker). Hier wird sie zu einer Lebensform gezwungen, in der sie die Vervollkommnung allmählich erreicht. Der Einschließungsritus ahmt den Beerdigungsritus nach, die Inklusen gelten als Gefangene Christi. – Strasser 1980, S. 82 ff. möchte das Motiv der Gefangenschaft in einem türlosen Raum auf den Lancelotroman, den sie nach Chrétien de Troyes zitiert, beziehen. Wailes 1974 sieht in der Einmauerung der ungehorsamen Frau eine Parodie auf die entsprechende zeitgenössische Inklusen-Praxis. Hofmeister 1992 lehnt dies mit guten Gründen ab, weil in dem Stricker-Märe die Einmauerung nicht frei-

willig erfolgt und weil die Bekehrung der Frau nicht, wie Wailes annahm, der (für eine Parodie notwendigen) Komik zuzuordnen sei. Für Ragotzky 1981, S. 134–136 repräsentiert der Akt der Einmauerung die *gevüege kündikeit* des Mannes, der durch sein kluges Handeln die Bekehrung der Frau herbeiführe.

78 Dass *vriunde* und *mâge* (V. 73) identisch sind und im Konfliktfall die Frau unterstützen, zeigt sich z. B. auch in *Das erzwungene Gelübde* (M. 142, V. 159; F. 2, V. 155; s. zur Vertiefung: Gerd Althoff, *Verwandte, Freunde und Getreue. Zum politischen Stellenwert der Gruppenbindungen im früheren Mittelalter*, Darmstadt 1990). Die Schutz- und Kontrollfunktion der Vertrauten, der Verwandten und der Nachbarschaft, erlaubt (in der mittelalterlichen Gesellschaft) dem Ehemann keine uneingeschränkte Aggressivität gegenüber der Frau (s. auch Nr. 19).

115 ff. Die böse Frau wird als eine Besessene interpretiert; vgl. auch V. 163 ff. und *Von bösen Frauen* (M. 119, V. 111 f.). Die Verse schildern den Umschwung vom Typ der bösen zum Typ der guten Frau. Die Einsicht, bildlich dargestellt durch die Ausfahrt der Teufel und die Ankunft des Heiligen Geistes, erfolgt ›blitzartig‹: Nach der gesellschaftlichen Totalisolation – durch die List des Ehemannes verhält sich die Öffentlichkeit im Sinne des *ordo* – ist die Frau, die ›ewige Verdammnis‹ (*daz si nimmer würde erlôst*) vor Augen, zur Buße bereit. Einen verbalisierten »Gesinnungswandel aus eigener Kraft« darf man wohl nicht erwarten (s. aber Hofmeister 1992, S. 75); er vollzieht sich stellvertretend im anschaulichen Bild von Ausfahrt und Einkehr der höllischen und himmlischen Mächte, und die Beschreibung des Innenlebens gehört ohnehin nicht zum kongenialen Stilmittel der Mären.

125 Zu *pfaffe* s. Nr. 15, Kommentar zu V. 20. Im vorliegenden Märe ist die Berufsbezeichnung, wie aus dem Kontext deutlich hervorgeht, nicht pejorativ gebraucht. Der Priester ist die höchste moralische Instanz. Er sichert der Frau das Seelenheil und rettet die – von der zeitgenössischen Kirche als Sakrament eingeforderte (s. Tanner 2005, S. 562–565) – Ehe, die auch die Unterordnung der Frau bedingt (s. S. 280). Das freiwillige Sündenbekenntnis ist die Voraussetzung einer korrekt vollzogenen Beichte (s. Tanner 2005, S. 555–559; ausführlich zur Beichte als »Akt sozialer Integration« s. Dworschak 2003). »Der Priester vollzieht […] sein Amt als Mittler, der für die bekennende Sünderin die Brücke zwischen dem Dies- und dem Jenseits schlägt« (Tanner 2005, S. 510).

135 Die *helfe und rât*-Formel entstammt dem Lehnswesen und bezieht sich auf das Verhältnis von Herr und Vasall: Beide sind einander zu *consilium et auxilium* verpflichtet (s. LM VIII, Sp. 1416–1419: Ch. Reinle).
153 *hulde* entstammt, wie die Formel V. 135, gleichfalls dem Lehnswesen (s. Gerd Althoff, *Spielregeln der Politik im Mittelalter. Kommunikation in Frieden und Fehde*, Darmstadt 1997, S. 199–228). Es könnte hier zudem in Zusammenhang mit V. 156 gesehen werden, so dass die *hulde* des Mannes und diejenige Gottes identisch wären. Deshalb ist die Variation ›Zuneigung – Gnade‹ vielleicht problematisch, und es müsste beide Male ›Gnade‹ heißen.
212 *tac* dürfte hier nicht nur auf den Tag bezogen sein, zumal es die Zeit überhaupt bezeichnen kann.
263 *êren*, hier wohl ›zu dienen und zu ehren‹.
266 Die Formel *leien unde pfaffen* steht für ›alle Welt‹.
286 f. Gemeint ist, dass Gott ihr ein langes Leben schenken möge.
310 ff. Hier klingt die höfische Lebensformel »Gott und der Welt gefallen« an (vgl. S. 203, Kommentar zu Nr. 1).
349 *(e)z* in *woldenz* bezieht sich sowohl auf die eben gehörte Rede wie auf das Verhalten der Frau insgesamt.
353 ff. Gemeint ist, dass auch der Mann mitbüßt, indem er seine Frau herbringen muss.
399 *meisterschaft:* Die Herrschaft in der Ehe gebührt nach Ansicht der Zeit dem Herrn (s. 280).

Kommentar

In der Geschichte *Die eingemauerte Frau* ist das Motiv von der Widerspenstigen Zähmung in das Dreistufenmodell der Legende integriert: Auf das Leben in der Sündhaftigkeit folgen Bekehrung und Buße sowie der Zustand der Heiligkeit. Weltliche und geistliche Thematik sind untrennbar miteinander verschmolzen. Die widerspenstige, böse Frau wurde zu einem der beliebtesten Schwank-Themen. Sie ist stets diejenige, die auf ihrem Willen beharrt, die also auch – im Sinne der christlich-patriarchalen Weltanschauung – den Willen Gottes nicht anerkennt. So legt es beispielsweise Strickers Rede *Von bösen Frauen* (M. 119) recht ausführlich dar. Die Frau gilt als das Gefäß des falschen Willens; nur der rechte, vernunftgeleitete Wille führt zur Glückseligkeit, nur der gute Wille ist auf Gott gerichtet (vgl. S. 279 f.). Was im übrigen der Wille Gottes ist, bestimmt

Gott selbst, nicht der, der meint, ihn zu erfüllen. So hätte die bekehrte Frau den Plan Gottes unterlaufen, wenn sie darauf beharrt hätte, in ihrer Zelle zu bleiben.

Margetts 2002, S. 544 betont, dass die Ehemären des Strickers »nicht einfach Attacken auf die Frau schlechthin [sind]: Es werden hier nur töricht handelnde Frauen bestraft.« Auch Classen 1991 wendet sich gegen die These einer generellen Frauenfeindlichkeit des Strickers und sieht in ihm deshalb sogar einen »important markstone in the history of the battle of the genders« (ebd., S. 117). Noch schärfer formuliert Haub 2008, S. 4, der den Autor (ohne ihn vom Erzähler zu trennen) zu einem »der profiliertesten Vertreter der Frauen-Verehrer Fraktion« unter den zeitgenössischen Dichtern erhebt, dem es »um die Verteidigung des gleichwertig-partnerschaftlichen Status der Frauen« gegangen sei. Eine besonnene Analyse, die die Geschichte auch in ihre Paratexte einbettet, gibt dies wohl eher nicht her, doch die Erzählung von der *Eingemauerten Frau* zeigt (neben z. B. Nr. 18 und 19) beispielhaft, dass der Erzähler die zeitgenössische, in der Patriarchalität der Gesellschaft verwurzelte Misogynie nicht aufhebt, jedoch – hier listigerweise mithilfe einer Quasi-Heiligen – relativiert. Er gesteht der ›guten‹ Frau – hier: der sozial angepassten – eine eigene und sozialrelevante – hier: die Moral der Gesellschaft im besten Sinne beeinflussende – Autorität zu (s. Eming 1999). Der Beichte der bösen Frau kommt in diesem Zusammenhang eine sozialintegrative Funktion – damit auch für den Text eine zentrale Positionierung – zu, denn der Sünder (und die Sünderin) »ist gleichsam eine undichte Stelle in der Gemeinde und stellt für sie eine potentielle Gefahr dar. Der regulierende Einfluss der Beichte ist daher zunächst als eine auf die Bewahrung der sozialen Ordnung gerichtete Funktion zu sehen, die sie nicht automatisch schon zu einem Unterdrückungsinstrument der Inquisition macht.« (Dworschak 2003, S. 228 f.)

Schritt für Schritt entdeckt sich dem Publikum auch die theologische Transparenz der Stricker-Geschichte. Die profane Geschichte vom ehelichen Alltag, in der der Mann seine Herrschaft über die Ehe zurückgewinnt, ist zu einer Allegorie der lehensrechtlichen Übergabe (Kommendation) der liebenden Seele an Christus weiterentwickelt. Aus dem Fenster schauend, würde die wirkliche Inkluse an der Feier des Messopfers teilhaben und die göttliche Wesenheit erblicken können. Die böse Frau sieht jedoch nur die irdische *wirtschaft*, und die Feier der Teilhabe ist ihr verwehrt. Bis in Einzelhei-

ten hinein ist die Kontrastierung der beiden Frauentypen ausgeformt, so dass das *übel wîp* zu einer Kontrafaktur der Heiligen werden konnte. (Inwieweit die erstarkende Mystik das Thema mit provozierte, muss offen bleiben.)
Den größten Umfang der Erzählung beansprucht das Entsagungsgelübde:

- Einführung (V. 1–35: 35)
- Die eingemauerte Frau (V. 36–71: 36)
- Die Verwandten (V. 72–108: 37)
  - Das Gespräch der Frau mit dem Priester (V. 109–176: 68)
  - Das Gespräch des Mannes mit dem Priester (V. 177–224: 48)
- Das Entsagungsgelübde (V. 225–312: 88)
- Die Botschaft an die Welt (V. 313–358: 46)
- Die Frau als Heilige (V. 359–395: 37)

Der Priester als Vermittler zwischen Mann und Frau, zwischen Christus und der Seele, erhält die herausragende Mittelstellung, nicht die Szenen der Eheparodie und der Rückholung der Ehe. Trotz solcher streng religiösen Überformung öffnet sich die Erzählung zum Witz hin. Gerade der Schluss, der das Thema der bösen Frau noch einmal generalisierend und ironisierend aufnimmt, relativiert den theologischen Ernst und demonstriert die potentielle Fröhlichkeit des mittelalterlichen Katholizismus (s. S. 276 f.), die allerdings, zumindest aus heutiger Sicht, einen dunklen Hintergrund hat, weil sie mit der Angst der Frauen vor männlicher Gewalt sehr sorglos umgeht (vgl. Wailes 1974, S. 97 f.; Haug 2006, S. 14).

18
Das Ehescheidungsgespräch

Ausgaben: F. 3; M. 163. – *Forschungsliteratur:* Fischer ^{2}1983, S. 361, 467; Schirmer 1969, S. 15, 235, 242; Köppe 1977; Straßner 1978, S. 40 f.; Strasser 1980, S. 94–99; Ehrismann 1984, S. 36 f.; Strasser 1989, Register; Haug 2006, S. 22 f.; Haub 2008, S. 60–67 (Kapitel-Untertitel: »Unbeherrschtheit – Launenhaftigkei – Jähzorn«). Zur Vertiefung: Klapisch-Zuber 2006. – *Überlieferung:* A 205; H 136; K 129. H, K dehnen die Erzählung durch Zusatzverse aus, die allerdings kaum neue Aspekte eröffnen.

Zur Textgestalt

[Überschrift] H, K *ditz mære ist von man und von wîbe / die bî ein ander wolden niht belîben.* 22 hs. *werde* nach V. 86 in ursprüngliches *wirde* geändert. 42 H, K mildern zu *hartz.* Nach 42 H, K *du bist aller wîbe unêre, / du schadest der werlde sêre, / die liute engeldent alle dîn, / daz si alle unsælic müezen sîn. / mir wart nie bœser wîp kunt. / der mir gæbe drîzic pfunt, / daz ich unz morgen bî dir wære, / die wæren mir unmære.* 46 H, K (und F.) *mîle.* 91 f. lauten H, K *ich bin immer mit dir, / der tôt scheide dich von mir.* Nach 124 H, K *dîn vil minniclîcher lîp, / der machet sælic elliu wîp; / diu werlt solt elliu wesen dîn. / dune möhtest* (hs. *mochtez) nimmer bezzer sîn. / got enwart nie bezzer wîp kunt, / du soldest junc unde gesunt* [...]. 133 f. hs. synkopiertes Präteritum *machet/lachet* ist auf die klassische Form zurückgeführt.

Zur Übersetzung

36 Der Vers ist auch ein Hinweis auf die Besessenheit der Frau (vgl. Nr. 17, V. 115 ff.).
39 ff. Strasser 1980, S. 95 interpretiert die folgende Rede als »Zerrbild« der *hohen minne.*
40 *karc* wäre auch mit ›hinterlistig‹ oder ›knauserig‹ wiederzugeben, was jedoch aus der Liste der folgenden körperlichen Makel herausfiele; deshalb ist ›unfruchtbar‹ gewählt. Die Unfruchtbarkeit gehörte im Mittelalter zu den physischen Defekten und galt als Zeichen teuflischer Besessenheit.
42 Vgl. »Zur Textgestalt«.
70 *vriunde* bedeutet nicht nur ›Freunde‹, sondern auch ›Verwandte‹ (vgl. Nr. 17, V. 72 ff.; Nr. 9).
102 Der Mann versucht offenbar auf höfisches Kommunikationsniveau überzuwechseln, weshalb *vrouwe* mit ›Herrin‹ übersetzt ist. Natürlich gelingt ihm dies nicht, und er hätte seine Frau auch mit dem Plural *ir* anreden müssen (s. Ehrismann 1995, S. 55–60).
108 In der Gestik des sich der Lehnsterminologie bedienenden Minnesangs versucht der Mann seine Frau zu besänftigen.
114 *Pfaffe* (vgl. Nr. 15, Kommentar zu V. 20) steht hier für den gebildeten Menschen schlechthin; zudem gehört die Kennerschaft der Geistlichkeit in Liebesdingen zur Topik der mittelalterlichen Dichtung.

116 f. Ein in der höfischen Dichtung, sowohl in der Epik wie im Minnesang, bekannter kosmischer Schönheitsvergleich.
124 Also der Menschheit; vgl. die Ausweitung des höfischen Flairs in H, K.
138 Mhd. *wîse* bezeichnet die Melodie, *hôhe* bezieht sich auf die Tonhöhe, die hier jedoch mit der seelischen Stimmung parallelisiert ist. Strasser 1980 sieht in ihrem Bemühen, höfische Motive in den Mären nachzuweisen, hier eine Anspielung auf die »Weise des Hohen Minnesangs«. Sie verweist auf Neidhart, der einen Dörfler *in hôher wîse* seine *wineliedel* ›Liebeslieder‹ singen lässt und ihn dadurch als anmaßenden Bauern bloßstellt. Dies führt Strasser zu weitreichenden Überlegungen. Sollte hier wirklich der hohe Minnesang zitiert worden sein, dann im Gesamtzusammenhang des Märe allenfalls als ironische Reminiszenz (s. Kommentar).

Kommentar

Die Erzählung besticht durch ihre einfachen und strengen gegenläufigen dialogischen Bewegungen: Der ausgiebigen *vituperatio* (d. i. die rhetorische Figur der Schelte, V. 2–50) folgt die Abwehr der Frau (V. 51–97) und die Reue des Mannes (V. 98–125). Der Erzähler arbeitet variantenreich mit der Figur der *amplificatio* (›Erweiterung‹), die er bei der Schelte gegen die Frau zur *hyperbole* (›Übertreibung‹) steigert. Die Aufkündigungsrede ist als Parodie des ehelichen Konsensgespräches durch Sprunghaftigkeit und drängende Eile gekennzeichnet: Nach der Jahresfrist, dem Zeichen für das ewige Beisammensein, eilt sie im Zehnertakt die Wochen rückwärts (40 : 30 : 20), verlangsamt auf den Vierertakt (20 : 16 : 12), verweilt rückwärts beschleunigend beim Zweiertakt (12 : 10 : 8 : 6 : 4 : 2), nimmt den Vierertakt nochmals in der Zahl der Tage auf (7 : 3), ebenso den Zweiertakt (3 : 1) und endet bei Null, d. h. dort, wo man normalerweise begänne, wenn das Ganze nicht ein ausgekochter rhetorischer Spaß wäre. Anders die Frau, die zielstrebig im Einertakt vorgeht: zunächst in den Tagen, dann den Wochen. Sie springt auf vierzig, mit denen ihr Mann die differenzierte Zählung begonnen hatte, und endet mit der biblischen Eheformel, durch die sie den Konsens wiederherstellt. Die Frau beherrscht in Wirklichkeit die Situation, während beim Mann Machtanspruch und tatsächliche Macht erheblich auseinanderdriften. So betreibt er denn auch in der Reuerede Schadensbegrenzung durch das Eingeständnis des Außer-

sichseins. Diese *ekstasis*, das Verlassen des *ordo*, ermöglicht überhaupt erst die Ironisierung des Mannes. Dass eine solche Ironisierung möglich ist, beweist, dass die Stricker-Mären kein einseitiges Geschlechterbild entwerfen (s. S. 280 f.).
Das *rire noire*, das die Rezeption dieses Schwanks begleiten kann, deckt Haug 2006, S. 23 in seiner Analyse auf: »[...] das Verfahren zur Wiederherstellung der Ordnung reduziert sich hier [wie in Nr. 17] auf pure Brutalität. Die Drohung der Frau, [dem Mann] den Hals umzudrehen, jagt dem Mann einen solchen Schrecken ein, dass er das zuvor als so hässlich beschriebene Weib zu einer idealen Schönheit hochstilisiert. So wird die Wirklichkeit durch Gewalt in ihr Gegenteil umgelogen. Das ist eine abgründige Geschichte. Denn ihr implizites Fazit lautet: Mit Brutalität und Sex lösen sich alle Probleme. Ein Epimythion erübrigt sich.« Ob man diesem literarischen *Fake* allerdings eine solche Tiefendimension zubilligen und nicht lieber die Rhetorik der beiden Streithähne als gegenläufiges Talio-Spiel bewundern sollte, stehe dahin.

19
Die drei Wünsche

Ausgaben: Röhrich 1962, S. 62–67; F. 1; M. 26; GN, Nr. 4. – *Übersetzung:* Spiewok 1982, S. 269–273; GN, Nr. 4. – *Forschungsliteratur:* Fischer [2]1983, S. 364, 472; Wierschin 1969; Margetts 1972; Bernhard Sowinski, »*Die drei Wünsche* des Stricker. Beobachtungen zur Erzählweise und gedanklichen Struktur«, in: Karl-Heinz Schirmer / B. S. (Hrsg.), *Zeiten und Formen in Sprache und Dichtung. Festschrift für Fritz Tschirch zum 70. Geburtstag*, Köln/Wien 1972, S. 134–150; Köppe 1977; Straßner 1978, S. 40 f.; Strasser 1989, Register; GN, S. 1044–1049; Haug 2006, S. 12 f.; Sebastian Coxon, »*der werlde spot.* Kollektives Höhnen und Verlachen in der Kleinepik des Strickers«, in: González/Millet 2006, S. 102–116; Haub 2008, S. 68–75 (Kapitel-Untertitel: »Lamentieren – Fatalismus, Minderwertigkeitskomplex – Geltungssucht«); Ehrismann 2011, S. 65. – *Stoffgeschichte:* AT 750 A; Röhrich 1962, S. 253–258; GN S. 1046–1048; Johannes Bolte / Georg Polívka, *Anmerkungen zu den Kinder- und Hausmärchen der Brüder Grimm*, neu bearbeitet, Bd. 2, Leipzig 1915 (jetzt in: *Jacob Grimm und Wilhelm Grimm. Werke. Forschungsausgabe*, Abteilung V, Bd. 3, Hildesheim / Zürich/New York 1992), S. 210–229. Die *Anmerkungen* gelten dem Grimm-Märchen 87 *Der Arme und der Reiche*. – *Überlieferung:* A 35; B 38; E 40; H 137; I 35; K 130; n; cc.

Zur Textgestalt

[Überschrift] H *ditz ist ein mære ze halten / von drîn wünschgewalten*; K *ditz ist ein mære von drîn wünsch- / gewalten zuo einer lêre*; E *von eim man und von sînem wîbe*; cc *ie ein armez wîp und ir man / lâgen got umbe guot an*; B, I *ein mære von drîen wünschen.* 17 hs. *schulte* ist dem Reim *hulde* angeglichen. 66 F. übernimmt zugunsten des Reims auf *hân* H, K, E, B, I *dâ hât mir got gewalt getân*; vgl. MG, § M 113, Anm. 1. Nach 94 Zusatzverse in E, B, I: *und biten in niht mêr umbe guot, / er hât ervollet unsern muot.* Nach 114 zwei Zusatzverse in E, B, I: *durch die triuwe, die du mir / leisten solt und ich dir.* 125 hs. *gestatest* nach E, H, K, B, I (und F.) in *be-* geändert. 131 F. ergänzt mit H, K, E, n, B, I *ie wart.* 154 hs. *burgern*, auch *burgære* wäre rekonstruierbar; D *gebûren*; E, B, I *liute.* 163 hs. *zuchten*; F. *zucten*; vgl. MG, § L 109. 168 *sament* aus metrischen Gründen; A (und F.) *samt.* 172 *war*, das Verb (Infinitiv *werren*) ist von späteren Schreibern (außer cc) nicht mehr verstanden und mit *werden* (Prät. *wart*) zusammengebracht worden. 179 hs. *schuld* ist (mit F.) auf *schulde* zurückzuführen, da die Auslautverhärtungen im Allgemeinen vom Schreiber beachtet werden. 186 H, K, E, B, I (F.) *schade* statt *schande.* 190 hs. *den* nach *allen* ist (nach H, K, E, B, I und F.) getilgt. 217 H, K, I *vröude* statt *vriunde; ist* statt korrektes *sî* wegen des folgenden Reims. Nach 226 reimen B, I zusätzlich: *hie hât daz mære ein ende, / got uns alle tôrheit wende.*

Zur Übersetzung

51 GN: *schande* ›bloßstellte‹.
107 Zu *pfenninge* s. Nr. 7, Kommentar zu V. 62; *guot* steht für das gute Material, die Legierung und Prägung.
127 ff. Die Putzsucht der Frau als Zeichen ihres Hochmuts und ihrer Habgier gehört zu dem topisch geprägten, namentlich geistlichen Frauenbild des Mittelalters.
154 Vgl. die hs. Variationen mit *gebûren* und *liute*.
158 Zu *vriunt* s. Nr. 17, Kommentar zu V. 78.

178 ff. Indem dem Mann die Hauptschuld angelastet wird, wird deutlich, dass er die Verantwortung für die Familie trägt.
195 f. *leit* hat verschiedene Referenzen, u. a. ›Leiden/Schmerz‹ und ›Beleidigung‹ (s. Friedrich Maurer, *Leid*, Bern [4]1969 (Bibliotheca Germanica, 1). Ich habe V. 196 in Korrespondenz zu den öffentlichen Verhöhnungen ›Beleidigungen‹ gewählt. Vgl. aber GN: »daß er vor Leid verging / und in diesem Elend aus Kummer starb.«
227 f. Diese Sentenz stimmt mit einer Sentenz des zeitgenössischen Autors Freidank überein (s. Sowinski 1972, S. 149).

Kommentar

Das Motiv des unbilligen Wunsches wird auch in dem geistlichen Märe *Die Buße des Sünders* (M. 147) entfaltet; die ältere Fassung der Marie de France »zeigt erhebliche Abweichungen, so dass sie als Ausgang oder Modell für den Stricker nicht in Frage kommt« (Sowinski, 1972, S. 136). Die Gliederung stellt den hanebüchenen Umgang mit den drei Wünschen ins Zentrum, dem auch der größte Umfang zukommt:

Die Gebete (1–40: 40)
Der Engel (41–87: 47)
Die Wünsche (88–177: 90)
Die Folgen (178–196: 19)
Die Lehre (197–228: 32)

Die Erzählung ist keine Exempeldichtung in dem Sinne, dass ein vorgegebener Rat befolgt wird. Im Gegenteil, das Ehepaar missachtet den Rat des Engels; es vertut die Wünsche und folgt seiner Habgier. Ziegeler 1985, S. 178 sieht in dieser »Abweichung« die Faszination der Erzählung; Haug 2006, S. 13 dagegen erklärt sie als »unbefriedigend, ja, der Spaß wird einem am Ende endgültig dadurch verdorben, dass der Mann vor lauter Leid über das, was ihm geschehen ist, stirbt. Und das Epimythion geht dann vollends an der Geschichte vorbei, indem es verschiedene Typen von Toren vorführt [...].« Wie auch immer: Der Erzähler hat das bekannte Schwank- und Märchen-Motiv vom Missbrauch der Wunschgewalt auf das Zusammenspiel von Vernunft, dem *wîsen muot*, und Gottes Willen fokussiert. Wo dieses Spiel nicht funktioniert, nämlich bei den Toren, droht – dies demonstriert die Geschichte – der physische (= gesellschaftliche) Tod, hier gezeigt durch öffentliche Verhöhnung. Die Gesellschaft wirkt als Korrektiv.

Die Verhöhnung des Toren durch seine Mitmenschen und dessen dadurch verursachter Tod erhebt diesen Kasus über die *superbia* (›Hochmut‹) zu einer düsteren Warnfabel. Das schadenfrohe Gelächter der Rezipierenden wird in Nachdenken übergeleitet. Gier und Hochmut – die Krankheit der Seele ist tödlich. Um dies eindringlich zu verdeutlichen, folgt eine langatmige, in der Figur der *amplificatio* schwelgende Moralisation, ein Paratext, der im vorliegenden Fall generalisierend ziemlich genau auf die Geschichte referiert.

20
Der arme und der reiche König

Ausgaben: F. 16; M. 38; GN, Nr. 5. – *Übersetzungen:* Spiewok 1982, S. 197–200 (*Die zwei Könige*); GN, Nr. 5. – *Forschungsliteratur:* Köppe 1977; Ragotzky 1981, S. 122–128; Strasser 1989, Register, S. 383; GN, S. 1050–1055. – *Stoffgeschichte:* GN, S. 1051–1053. – *Überlieferung* A 47; H 156; K 148.

Zur Textgestalt

[Überschrift] H *ditz ist ein hübsche lêre / von zweien künigen hêre*; K *ditz ist von zweien künigen hêr / ein vil seltsæne lêr.* 4 H, K *rîchern*; F. *rîchen* statt A *einen.* 20 hs. *im kunde* ergibt offenbar keinen Sinn, ich wähle deshalb mit F. die Lesart H, K. 30 *niemer*, hs. *nimmer* ist wegen des Reims ausnahmsweise auf die ältere Langform zurückgeführt. 43 f. F. wählt für die Reimwörter die Kurzform; sie sind für *wâr* nicht üblich, jedoch die Langform für *dâr*; vgl. V. 113 f. 45 *künic* nach H, K ergänzt. 47 ebenso *ez.* 61, 72, 81, 104, 111, 120 *ritter*, hs. *riter.* 75 hs. *ienden* nach H, K (F.) in *iender* geändert. 78 hs. *du*, F. wählt das gebräuchlichere *dô.* 80 hs. *ærmer*, F. schreibt *ärmer*, vgl. jedoch hs. *ermer* V. 87, 103, 113 und *Lexer.* 93 *den* statt hs. *dem* nach H, K (F.). 104 hs. *hete* wohl eher Konjunktiv als Indikativ (F. *hâte*). 106 *man* nach H, K (F.) ergänzt. 113 f.: Zum Reim vgl. V. 43 f. 117 f. hs. reimen *geschihet* auf *nihet*, wobei *nihet* ganz ungewöhnlich ist und offenbar an *geschihet* optisch angeglichen wurde. 126 *si*, hs. *siu.* 140 *geseit*, hs. *gesait.* 145 f. F. folgt z. T. H, K *iu von mir iemer mê […] troume alsô* (H, K *sô) wê*; irritierend ist A 146 *also*, das ich als *als ê* auflöse und als Verschreibung im Blick auf den folgenden Vers auffasse, was die geringsten Änderungen erfordert. 148 f. F. folgt wieder H, K *vindet ir / ze allen zîten.* 161 statt *daz* schreiben H, K (F.) *waz.* 163 *muose*, hs. *muz*, Korrektur nach F. 164 H, K (F.) wählen statt *muosen* variierend *begunden.* 167 hs. *bezzer, s* nach H, K (F.). 172 H, K (F.) *ûz* statt *nu.*

Zur Übersetzung

4 *einen:* Für die Übersetzung empfiehlt sich die Korrektur nach H, K.

5 GN, S. 1053 hält es für angemessener, den Satz am Versende zu beenden und übersetzt die Verse 4–6 deshalb: »Den reichen störte es, dass der arme überhaupt etwas besaß. Wäre der nicht sehr klug gewesen [...].« Die Verse enthalten m. E. jedoch in meinem, durch Gedankenstrich getrennten »nichts [...] – außer« einen ironischen Unterton, der den Ärger des Reichen über den geistigen Besitz des Armen besonders schön zum Ausdruck bringt.

7 *vrümekeit* (lat. *fortitudo*) schließt Gutheit und Tapferkeit mit ein.

9 *rîche* und *arm* sind im Mittelalter relative Begriffe, d. h. der ›Arme‹ ist ›weniger reich‹; vgl. Nr. 8, Kommentar zu V. 15 ff., und auch: Roland Ris, *Das Adjektiv* reich *im mittelalterlichen Deutsch. Geschichte, semantische Struktur, Stilistik*, Berlin / New York 1971; Aaron J. Gurjewitsch, *Das Weltbild des mittelalterlichen Menschen*, München 1980, S. 25 f.

16 *man* darf hier als ›Lehensmann, Vasall‹ verstanden werden, der das *consilium*, den *rât*, wahrnimmt (s. Nr. 17, Kommentar zu V. 135). Der König scheitert, weil er dem *consilium* nicht folgt.

44 Der Bote verkündet die Fehde, die nach zeitgenössischer Rechtsauffassung eines allgemein anerkannten Anlasses, einer schriftlichen Begründung, des Fehdebriefs, sowie eines festen Termins (s. Vers 64) bedurfte (s. LM IV, Sp. 331–334: A. Boockmann; s. auch Nr. 8, Kommentar zu V. 20).

104 *er* kann sich auf beide Könige beziehen; bezieht man es auf den reichen, erhöht sich der Witz, bezieht man es auf den armen wie Köppe 1977, S. 168 und 174, so muss man dennoch nicht mit diesem an dessen Armut zweifeln, da der Begriff der Armut ohnehin nur relativ zu verstehen ist.

107 Die Übersetzung folgt GN, S. 1054.

127 *hulde* (lat. *fides*) ist ein Rechtsbegriff des Lehnswesens und bezeichnet »den spezif[ischen] lehnsrechtl[ichen] Treueid (fidelitas), der neben der Mannschaftsleistung (homagium) und der Investitur

zu den rechtserheblichen Symbolakten gehörte, die regelmäßig zur Begründung eines Lehnsverhältnisses erforderl[ich] waren.« (LM V, Sp. 183: K.-F. Krieger; s. auch Nr. 8, Kommentar zu V. 18)

144 Zugrunde liegt die Rechtsauffassung der ›spiegelnden‹ Strafen, der Talio, wonach im Sinne des *quid pro quo* Gleiches mit Gleichem vergolten wird (s. LM VIII, Sp. 446 f.: W. Schild).

148 *vinden wir* nach H, K in *vindet ir* zu bessern (s. GN, S. 1055, nach F.), ist nicht zwingend notwendig, da sich die Verse – in ironischem Sprachgebrauch gegenüber dem Unterlegenen – auf das gemeinsame Finden der ›Buße‹ beziehen können.

149 *alle zît* nach H, K in *ze allen zîten* zu bessern (GN, S. 1055, nach F.), mag metrisch ansprechender sein, zwingend ist es nicht und als nicht-original ohnehin nicht nachweisbar. Die in A überlieferte Fassung macht durch den gestauten Rhythmus, die fehlende Senkung bei *zît* (beziehungsweise, folgt man einem taktierenden Schema, den mit nur einer Hebung gefüllten zweiten Takt), die Dauer gleichsam hörbar.

172 Die Wendung *âne wîsheit varen* kann auch einfach ›unweise sein‹ bedeuten, doch möchte die Übersetzung versuchen, im Bild zu bleiben.

Kommentar

Der Erzähler bewegt sich anschaulich und recht detailgetreu auf dem Feld des Rechts. Er arbeitet dabei, um den Vorteil von *wîsheit* (V. 172) und *guoter witze* (V. 177) zu demonstrieren, mit einem politischen Beispiel, einem Konfliktfall, den er mithilfe des (schon in der Antike nachweisbaren und international verbreiteten) Motivs der Schattenbuße illustriert. Ähnlich wie im *Klugen Knecht* (s. Nr. 15) sticht auch hier der Kluge und Listige durch einen Trick den Rechtsbrecher aus, um die – jetzt politische, nicht soziale – Ordnung wiederherzustellen. Ehre (*êre*) ist nicht durch physische, sondern nur durch geistige Stärke zu gewinnen; die Aneignung von *vremder êre* ist verwerflich. Diese Moralisation, die sich der theologischen Hermeneutik verdankt, ist durch die Geschichte zwar nachvollziehbar, sie meidet aber, was nach dem ausführlich erzählten juristischen Kasus befremden könnte, jede politische Referenz auf den gerechten Herrscher und wendet sich in der für die Mären typischen Weise *ad humanum*, d. h. ins Allgemeinmenschliche.

21
Der Richter und der Teufel

Ausgaben: Röhrich 1962, S. 251–256; F. 17; M. 126. – *Übersetzung:* Spiewok 1982, S. 42–48. – *Forschungsliteratur:* EM 11, Sp. 654–662 (Richter: Herbert Schempf); EM 1, Sp. 118–123 (Advokat und Teufel: Lutz Röhrich); EM 13, Sp. 413–416 (Teufel als Advokat: Siegfried Neumann); Schwab 1959, S. 68 ff.; Lutz Röhrich, »Eine Teufelserzählung des 13. Jahrhunderts und ihr Weiterleben bis zur Gegenwart – Exempel und Sage«, in: *Der Deutschunterricht*, Heft 2 (1962), S. 49–68; ders. 1967, S. 251–278, 460–471; Schütze 1973, S. 53 ff.; Köppe 1977; Ragotzky 1981, S. 128–133; Lambertus Okken, »Richter, Teufel und Hiob«, in: *Amsterdamer Beiträge zur Älteren Germanistik* 17 (1982), S. 97–102; Ehrismann 1986, S. 183–185; Robert E. Lewis, »The Devil as Judge. The Stricker's Short Narrative *Der Richter und der Teufel*«, in: Edward R. Haymes / Stephanie Cain van d'Elden (Hrsg.), *The Dark Figure in Medieval German and Germanic Literature*, Göppingen 1986, S. 114–127 (GAG, 448); Norbert H. Ott, »Bispel und Mären als juristische Exempla: Anmerkungen zur Stricker-Überlieferung im Rechtsspiegel-Kontext«, in: Klaus Grubmüller / Leslie Peter Johnson / Hans-Hugo Steinhoff (Hrsg.), *Kleinere Erzählformen im Mittelalter. Paderborner Colloquium 1987*, Paderborn 1988, S. 243–252 (Schriften der Universität-Gesamthochschule Paderborn, Reihe Sprach- und Literaturwissenschaft, 10); Strasser 1989, Register; Joachim Heinzle, »Der gerechte Richter. Zur historischen Analyse mittelalterlicher Literatur«, in: J. H. (Hrsg.), *Modernes Mittelalter. Neue Bilder einer populären Epoche*, Frankfurt a. M./Leipzig 1994, S. 266–294; Egerding 1998, S. 133 f.; Alwine Slenczka, »Der Teufel als ›Vater der Lüge‹ und seine Realisation in mittelhochdeutschen Verserzählungen«, in: Oliver Hochadel / Ursula Kocher (Hrsg.), *Lügen und Betrügen. Das Falsche in der Geschichte von der Antike bis zur Moderne*, Köln/Weimar/Wien 2000, S. 51–63; dies., *Mittelhochdeutsche Verserzählungen mit Gästen aus Himmel und Hölle*, Münster 2004 (Studien und Texte zum Mittelalter und zur frühen Neuzeit, 5), hier S. 112–137. Ragotzky 2001; Franz-Josef Holznagel, »Von diabolischen Rechtsbrechern und gesetzestreuen Teufeln. Drei Ausgestaltungen eines Erzählstoffes und ihre Kontextualisierungen bei Cäsarius von Heisterbach, Chaucer und dem Stricker«, in: Nikolaus Henkel / Martin H. Jones / Nigel F. Palmer (Hrsg.), *Dialoge. Sprachliche Kommunikation in und zwi-*

schen Texten im deutschen Mittelalter. Hamburger Colloquium 1999, Tübingen 2003, S. 159–173 (= Holznagel 2003a). – *Stoffgeschichte:* AT 1186. Eine ähnliche Geschichte überliefert der Predigtschriftsteller und Zisterzienserprior Cäsarius von Heisterbach in seinem *Dialogus miraculorum* (1188–1198; s. LM II, Sp. 1363–1366: Fritz Wagner; EM 2, Sp. 1131–1143: ders.; Holznagel 2003a, S. 161–165) unter dem Titel *De advocato, quem diabolus vivum rapuit, dum iret facere exactionem* (›Vom Vogt, dem der Teufel das Leben raubte, während er Geld eintrieb‹), die jedoch in keinem direkten Zusammenhang mit dem Stricker-Märe steht (s. Röhrich 1962, S. 55, 67). Bei Cäsarius referiert das Epimythion auf die Bestrafung des Rechtsbrechers. Eine zweite, stoffgeschichtlich relevante Version findet sich in den *Canterbury Tales* von Geoffrey Chaucer (*The Friar's Tale*, ›Geschichte des Bettelmönchs‹). Hier warnt das Epimythion vor dem Teufel und den Qualen der Hölle. In der Stoffgeschichte findet man gewöhnlich nur drei, nicht vier Marktepisoden. Nach Okken 1982 hat sich der Stricker an der alttestamentarischen Tradition der Vierzahl orientiert. – *Überlieferung:* A 135; C 28; H 195; L 132; M 30; N 32; Q 7; V 30; W 28; f 2; s^1 2; s^2 2; ha (s. Hartge/Heinzle 2000).

Zur Textgestalt

[Überschrift] H *ditz ist von dem richter hie / mit dem der tiuvel gie;* M *der tiuvel nam eines richters wâr / und vüerte in mit im bî dem hâr;* f *wir wellen ein bîspel sagen, daz wâr ist, und ûf dise rede alle gehœret;* s^1 *wir wellen iu ein bîspel sagen, daz wâr ist, und ûf alle dise rede hœret;* Q *dedisti metuentibus te significationem ut fugiant a facie arcus;* s^2 *ein bîspel;* C *ein exempel.* Q stellt eine theologische Vorrede von 17 Versen voran; auf weitere inhaltlich wenig relevante Zusatzverse ist im folgenden nicht mehr eigens hingewiesen. 20 *rîcher* (Genitivus partitivus); F. ändert gegen die Hss. in *rîchiu*; fehlendes Genitiv-*e* in *kleit* kann als Apokope aufgefasst werden. 55 A fügt nach *wîle* ein *ich* ein (fehlt u. a. in H; so auch bei F.), mit dem nichts Rechtes anzufangen ist. 97 hs. *soltu* nach den anderen Hss. (und F.) geändert. 113 H, Q, N, s^1, s^2, L verwenden statt *binden vinden* und statt *seil teil*, also: ›[…] findest du noch heute heraus.‹ 115 hs. *under* nach H, Q, N, L, f, s^1, s^2 (F.) in *wunder* geändert. 135 *giht*, A wählt, anders als die übrigen Hss., die kontrahierte Form *git*, die zwar auch zu *geben* gehören könnte, wozu jedoch der Reim nicht passt. 150 hs. *in* nach den übrigen Hss. (und F.) in *ez* geändert. 192 *der-*, sonst *dar-; gîgen*, die übrigen Hss. (und F.) wählen Formen von *gân/gên*. 204 A überliefert die verunglückte Mischversion *er gevienc in vaste in daz hâr* aus den Lesarten *greif in daz* und *vienc in bî dem*; ich folge H., anders als diesmal F. 214 Der Vers ist wegen des Reims und nach dem Vorbild anderer Hss. hinter 211 vorgezogen. 216 *was* nach den übrigen Hss. (und F.) aus *wart* korrigiert.

Zur Übersetzung

57 ff. Eine Parodie auf die Rechtssprache!
71 D. h. dem Jüngsten Gericht.
74 Das Entsetzen des Teufels ist natürlich nur gespielt: »Tatsächlich [...] legt der Teufel exakt in diesem Moment die Stricke aus, über die der Richter am Ende der Geschichte stürzen wird.« (Holznagel 2003a, S. 170) Ein Höhepunkt des ›unzuverlässigen Erzählens‹ (s. unten), das für die Geschichte charakteristisch ist.
76 Zwillingsformel als Rechtsterminus.
113 Vgl. die hs. Varianten, die offensichtliche ›Besserungen‹ sind; ich habe A wegen des schönen Bildes beibehalten.
115 f. Zur Vorausdeutung im Märe s. allgemein: Schirmer 1969, S. 43 f.
142 Die *ine weiz*-Formel ist eine beliebte rhetorische Figur vorgespiegelten Nichtwissens, also unzuverlässigen Erzählens, das hier zugleich authentisches Erzählen simuliert (vgl. V. 213).
150 Moelleken möchte diesen Vers in der Form einer sprichwörtlichen Redensart nicht auf den Richter beziehen.
152 Ein Jahr lang, d. h. immer.
164 Zu *pfunt* s. Nr. 7, Kommentar zu V. 62.
210 Die Wahl des Adlers für dieses Bild erinnert an Hrabanus Maurus' Auslegung *Aquila diabolus vel Antichristus* »der Adler bezeichnet den Teufel oder Antichrist« (vgl. *Lexikon der christlichen Ikonographie*, Bd. 1, S. 70–76). In den Tiergeschichten und -fabeln bietet der Adler nur selten das positive Bild des Königs der Lüfte (s. EM 1, Sp. 106–110: Hans-Jörg Uther). Der Adler symbolisiert das Furchtbare: *Aquila non generat columbam* (s. Karl F. W. Wander (Hrsg.), *Deutsches Sprichwörterlexikon*, Nachdruck Augsburg 1987, Bd. I, S. 31, Nr. 16).
213 Zur *ine weiz*-Formel s. V. 142.
219 f. Die Übersetzung ist vielleicht zu frei, gemeint sein könnte auch, dass der Rat, der vom Teufel ausgeht, unklug ist – nur hat in der Erzählung der Teufel ja eigentlich das Bessere geraten.

Kommentar

Die Geschichte vom unwürdigen Richter wurde während des Mittelalters und der Frühen Neuzeit nicht nur in Schwankbüchern, sondern auch in juristischen (s. *Schwabenspiegel*, Hs. s[1]) und geistlichen Paratexten überliefert (s. Ott 1988; Heinzle 1994; Holznagel 2203a, S. 171 f.). Sie konnte also, je nach ihrer Instrumentalisierung, einerseits als eine Warnung vor dem falschen Richter, andererseits als eine geistliche Erbauung verstanden werden. Röhrich 1962 stellt sie motivgeschichtlich zu den sogenannten Teufelswetten. Nach Okken 1982 repräsentiert der Richter den hochmittelalterlichen Großgrundbesitzer. Egerding 1998, S. 134 meint, dass in der Geschichte »die Verwirklichung von Recht und Ordnung [...] einen ambivalenten Charakter« erhalte und für die eigene Handlungskompetenz wenig gelernt werden könne, weil der Teufel keine positive Beispielfigur sei. Der Richter werde zum Opfer, weil er der vom Teufel gesetzten Norm nicht entkommen könne (ebd., S. 146). Ragotzky 1981, S. 133 arbeitet dagegen mit guten Gründen die dem Recht immanente Folgerichtigkeit und die Wahrung des von Gott gesetzten Ordnungsentwurfs heraus. Ragotzky 2001, S. 62 spitzt die Analyse auf den (schon mehrfach beobachteten: s. Heinzle 1994, S. 271 f.) Bruch zwischen Geschichte und Fazit zu: Der Rat der Schlussverse ziele auf den *wân* des Richters, was in Bezug auf den erzählten Fall zwar nur eine »partielle Sicht« sei, »die aber gerade durch ihre Beschränkung noch einmal ironisch die größere Komplexität der Geschichte« verdeutliche. Auf diese Weise werde rückwirkend deren Erkenntnisleistung vermittelt. Holznagel 2003a, S. 171 interpretiert diesen Bruch als eine »gezielte Irritationsstrategie [...], die den Rezipienten auf das zurückweist, was er oder sie der Geschichte an lehrhaftem Gehalt entnimmt«.
Das Stricker-Märe referiert auf den willkürlich Recht sprechenden Richter (vgl. auch Nr. 20) und lässt zu diesem Zweck in vier Episoden die unterdrückte Stimme des Volkes zu Wort kommen. Es zielt mithilfe dieser sozialen Konturierung auf eine geistliche Unterweisung, ohne die in der Ironie gründende *delectatio* zu vernachlässigen (vgl. Slenczka 2004, S. 113). Die RezipientInnen lernen im Promythion einen sündigen Richter kennen, und sie sind irritiert darüber, wie er den Teufel, wenn auch nur scheinbar, in den Griff bekommt; wie dieser sich seinerseits in ironischer Zurückhaltung gegenüber dem Richter übt, und wie ihn der Erzähler dann schließlich, gegen

alles allgemeine Weltwissen, als Wahrer der Gerechtigkeit inszeniert und die Verletzung des göttlichen *ordo*, repräsentiert in Herrschaftsmissbrauch und Hochmut, bestrafen lässt. Ironie, vorgetäuschtes Nichtwissen des Erzählers (s. V. 142, 213), enttäuschte und irritierte Erwartungshaltung des Publikums – die sich im Übrigen auch auf das ins Allgemeinmenschliche gewendete sentenzhafte Fazit bezieht, das nicht mehr auf die missbrauchte Herrschaft zurückgreift – sind Stilmittel des ›unzuverlässigen Erzählens‹ (*unreliable narration*). Dieses Erzählen ist natürlich nur im Rahmen der Paratexte der Geschichte zu würdigen. Ein solcher Rahmen ist das mittelalterliche, auf der Bibel gründende Weltwissen, dass der Teufel nicht der Repräsentant des Rechts sein kann. Er amtiert im Stricker-Märe als der (verborgene) Erfüllungsgehilfe Gottes (s. auch Slenczka 2000, S. 131), und er erfüllt das Rechtsverständnis der Zeit, indem er nach der Talio Gleiches mit Gleichem vergilt.

Der Erzähler glänzt neben der Kunst des unzuverlässigen Erzählens mit einer gelungenen Dialogführung, die »die Bewegung zwischen Richter und Teufel als sprachliches Kräftemessen« (Slenczka 2000, S. 121) inszeniert. Ihm gelingt darüber hinaus mit der Wahl des Referenzrahmens Stadt ein lebendiger Einblick in das mittelalterliche Marktgeschehen (s. LM VII, Sp. 2174–2178: E. Pitz; Evamaria Engel, *Die deutsche Stadt im Mittelalter*, Düsseldorf 2005; Felicitas Schmieder, *Die mittelalterliche Stadt*, Darmstadt 2005). Die Erzählung ist einfach und stringent gegliedert:

Der sündige Richter (1–12: 12)
Der Weg zum Markt (13–116: 104)
Der Markt (117–214: 98)
Moralisation (215–224: 10)

Innerhalb des Marktes, der im übrigen eine Chiffre für die Welt ist (vgl. *Der Marktdieb*, M. 103), wird die Klage der armen Witwe durch Achtergewicht besonders hervorgehoben. Der Erzählblock für sie umfasst annähernd ebenso viele Verse wie für die drei vorausgehenden Szenen:

Der bestechliche Richter (117–125: 9)
Das Schwein (126–140: 15)
Das Rind (141–157: 17)
Das Kind (158–167: 10)
Die Witwe (168–212: 45)

Reden

Zur Gattung

Die Übertragung des mehrdeutigen mittelhochdeutschen Wortes *rede*, das u. a. auf ›Sprache‹ und ›Gerichtsrede‹ referiert, aber auch synonym mit *mære* gebraucht werden konnte, auf ein bestimmtes Erzählformat geht – wie der Terminus Märe (nach mittelhochdeutsch *mære*) – auf das Bemühen der Literaturwissenschaft zurück, Textsorten mit gemeinsamen Merkmalen in Gruppen (mit eigenem, sprechendem Namen) zusammenzufassen. Bei der ›Rede‹ ist dieses Merkmal vor allem die theoretische Abhandlung zu einem bestimmten Thema, die, anders als das Märe, starke Erzähler-Eingriffe bedingt. Der Erzähler ist die Zentralfigur der Rede, in der er beispielhaftes oder tadelnswertes Handeln kommentiert. Minnereden, die affirmativ (z. B. als Minnepreis) oder kritisch (z. B. als Minneparodie oder -kritik) zum Minnekult Stellung nehmen konnten, waren beliebte Vertreter dieses Formats. Die beiden folgenden anschaulichen Abhandlungen, *Die unbewachte Gattin* und *Der Höfling*, wurden wegen ihres kritischen und auf die Hofschelte ausgeweiteten Potenzials ausgewählt, das die RezipientInnen auf unterhaltsame Weise zum Nachdenken – uns heutige darüber hinaus auch zur Reflexion des mittelalterlichen Minnekults überhaupt – anregt. Die Überlieferung und die zwar unterschiedliche, aber auch wieder gemeinsame, auf das Minnewesen bezogene Schwerpunktsetzung beider Texte lässt keine eindeutige Entscheidung zu, ob es sich wirklich um *zwei* eigenständige Abhandlungen handelt. Der erste Herausgeber Friedrich Heinrich von der Hagen hat beide 1848 im 8. Band seiner Zeitschrift *Germania* (S. 295–301) unter dem – gewiss unglücklich gewählten – Titel *Die Minnesinger, die ungebeten zu Gaste kommen* […] publiziert; und unter dem verkürzten Titel *Die Minnesinger* werden sie auch heute noch gerne als *ein* Text gelesen (z. B. Ragotzky 1981; Kraft 1984; Schneider 1994; Böhm 1995).

Literatur: MLL, S. 632 f.; Ehrismann 1995, S. 24–35 (Artikel Klaus Düwel); Holznagel 2003, S. 294.

22
Die unbewachte Gattin

Ausgaben: M. 146. – *Forschungsliteratur:* Ragotzky 1981, S. 39–44; Karl-Friedrich Kraft, »*Die Minnesänger* des Strickers. Minnesang beim Wort genommen«, in: Alfred Ebenbauer (Hrsg.), *Philologische Untersuchungen, gewidmet Elfriede Stutz zum 65. Geburtstag*, Wien 1984, S. 229–256; Guido Schneider, *er nam den spiegel in die hant, als in sîn wîsheit lêrte. Zum Einfluß klerikaler Hofkritiken und Herrschaftslehren auf den Wandel höfischer Epik in groß- und kleinepischen Dichtungen des Stricker*, Essen 1994, S. 235–258 (Item. Mediävistische Studien, 1); Böhm 1995, S. 107–112. – *Überlieferung:* A 155a; B 42; E 56; I 39.

Zur Textgestalt

[Überschrift] B *ein mære von der köuflerin* (Teilaspekt nach V. 177 ff.). 25 f. vielleicht ein optischer Reim (*fuor/tuer*), M. bessert zu *fuer*, wozu ich keine grammatische Legitimation finde. 48 B, I leiten unpersönlich mit *ez hât* ein. 60 Für hs. *suze* wähle ich im Hinblick auf die Assonanz *guotes* den Diphthong *uo*; vgl. V. 54, wo als Gegenüber zu *minne süeze* gewählt ist. 65 *sinne* statt hs. *minne* nach B, I. 78 *der* statt hs. *die* nach B, I. 94 hs. *iuch* statt *iu*. 105 hs. *bowet*, also auch in *bouwet* auflösbar. 106 E, B, I schreiben *und immer unverdorben sint.* 112 Konjunktiv *tæten* wäre sicherlich sinnvoller, ist aber wohl aus Reimgründen vermieden. 120a, b die Mehrverse sind E, B, I entnommen, weil sie zum Verständnis notwendig sind. 121 hs. (und M.) *muoter* statt *muot* (I: *müt*). 164a, b aus E, B, I; vgl. 120a, b. 184 *bremgewant* ›verbrämtes Gewand‹. 211 ›Korrekter‹ wäre *ein* (MG, § M 55, Anm. 1), was jedoch der Reim verhindert. 221 E, B, I schreiben statt *liute* (hs. *lute*) *huote* (hs. *hute*) und fassen den Satz konditional auf: ›wenn alle sie bewachten‹. B, I schließen durch zwei Zusatzverse: *hie endet sich daz mære, / got sî unser hüetære.*

Zur Übersetzung

1 *hie vor:* Bevor man allzu schwerwiegende Überlegungen zur Zeitstruktur des Textes anstellt (vgl. Kraft 1984), wäre zu überlegen, ob nicht einfach – und vielleicht gedankenlos – der in den Mären vertraute Erzähleingang gewählt wurde.

1 *huote* wurde als *terminus technicus* des Minnewesens nicht übersetzt (s. Ehrismann 1995, S. 114–118: Artikel Winder McConnell). Sie referiert auf die Überwachung der Dame/Herrin, um die Minneausübung zu verhindern, und sie diente damit der höfischen Normenkontrolle. Gescholten wurde die *huote* nicht generell, sondern nur von jenem lyrisch-epischen Personal, das sie zu umgehen wünschte. Zur gattungskonstituierenden Funktion des *huote*-Modells s. Ziegeler 1985, S. 259–296.
7 *hôchgemuotiu minne* wurde als *terminus technicus* des Minnebereichs nicht übersetzt. Es bedeutet hier eigentlich ›hochgestimmte Minne‹, doch ist der kürzere Ausdruck der übliche (vgl. Anm. zu V. 63; s. Ehrismann 1995, S. 136–147: Artikel Hubert Heinen).
10 Mit diesem Vers braucht keine Aufhebung der Vergangenheit (vgl. V. 1) verbunden zu sein, wie Kraft 1984, S. 239 annimmt.
13 Zu den *merkæren* (›Merkern‹; der Begriff hat sich im Personal der Meistersinger erhalten) zählen jene Höflinge, die die *huote* vollziehen (s. Ehrismann 1995, S. 114–118: Artikel Winder McConnell).
24 *kurzwîle hân* ist eine beliebte Formel für höfische Unterhaltung, die hier in der *rede* parodiert wird.
31 *werben* referiert auf das Bemühen des Höflings um die Gunst der Dame, das sich in der höfischen Kultur jedoch in verbal-gestischer Eleganz und nicht in plumper Annäherung vollzieht.
48 Hinter den folgenden Ausführungen steht die höfische, namentlich auch Strickersche Minnetheorie, wie sie etwa in der *Frauenehre* (M. 3) weitläufig entfaltet ist, dass nämlich die Minne die Tugenden freisetzt und selbst eine hohe Tugend ist.
63 *hôhe tougen minne*, Kombination aus *hôher minne* und *tougen minne*, wobei der Höfling hier die Begriffe pervertiert; *hôhe* bezieht sich auf die Distanz der Partner und ihre affektkontrollierte Beziehung und nicht auf die Verwirklichung der Affekte; *tougen* darauf, dass die Liebe nicht offenbar wird, aber nicht auf eine heimliche Verwirklichung.
71 *vorlouf*, eigentlich ›Einleitung, Vorläufer‹; ich habe dafür das gängige Bild der Pforte gewählt.
86 Kraft 1984, S. 235 f. sieht mit dem Begriff *stæte* das *stæte*-Motiv des Minnesangs evoziert, was jedoch im Hinblick auf die Bedeutung ›Bestätigung‹ keinesfalls zwingend ist und zu erheblichen Überinterpretationen führt. Gemeint ist: Der Gast wird die Bestätigung haben, wenn sie ihm ihre Gedanken entdeckt hat.

90 *hôhzît* ist hier mit seiner üblichen Bedeutung ›Fest‹ übersetzt, doch könnte auch schon ›Hochzeit‹ mitschwingen, denn der Gast avisiert mit der Anspielung auf das Fest den Ehebruch.
93 ff. Kraft 1984, S. 236 ff. verweist auf die Parallelen zu Strickers Minnerede *Frauenehre* (M. 3).
95 *gimme* ›Gemme‹ steht gerne allgemein für ›Edelstein‹.
105 Die Kinder der *minne* sind die Tugenden (s. Kommentar zu V. 48).
109 Der Erzähler zitiert wieder den Typ der bösen Frau (s. Nr. 17).
114 *tâten*, auch: ›taten‹.
117 *behalten*, auch: ›bewirten‹, also: ›wenn sie sich eine leisten kann‹.
118 *Salman* ist der biblische König Salomo, der hier Sinnbild des Ratgebers schlechthin ist.
128 *vrouwen trût*, d. h. ›Vertraute einer Dame‹.
164a ff.: Die Wendung bedeutet, »einen Schwächeren in Gegenwart eines Mächtigeren bestrafen, damit dieser für sich eine Lehre daraus ziehe« (Lutz Röhrich, *Das große Lexikon der sprichwörtlichen Redensarten*, Bd. 2, Freiburg i. Br. [u. a.] 1992, S. 763). Die Redensart wird gewöhnlich auf den Hund, nicht auf den Bären bezogen; so auch in Strickers geistlicher Rede *Die gerechten Schläge Gottes* (M. 139, V. 240 ff.).
175 *hövischære* wird hier mit ›Höfling‹ übersetzt, wobei die zeitgenössische Form des den Minnedienst ausübenden Ritters gemeint ist. Die abschätzige Wertung, die der Erzähler dem Begriff in seiner Rede verleiht, geht nicht von dem Wort selbst aus.
176 Die Kinder des Teufels sind die Sünden, die Angehörigen des Teufels, wie aus einer ganzen Reihe Parallelstellen beim Stricker hervorgeht (z. B. *Des Teufels Ammen*, M. 117, V. 15, 22 ff.; *Die fünf teuflischen Geister*, M. 166, V. 4).
179 ff. Die Kupplerin gehört zum festen Bestandteil der Ehebruchschwänke.
184 *rîsen* kann auch das gesamte *gebende* (d. i. der Kopfschmuck der Frauen) bezeichnen. – *krâmgewant* sind Kleider und Kleiderstoffe, wie sie die Krämer feilbieten.
185 *twehel* bezeichnet insbesondere Leinentücher, auch Tücher zum Abtrocknen oder Tischtücher.
206 *beschrîen* ›beschreien‹ bezieht sich auf das ›Gerüfte‹, einen mittelalterlichen Rechtsbrauch. Das Geschrei der Schreimannen als ein Teil des Beweises im Rechtsverfahren ist eine germanische Institu-

tion: Musste sich der Beklagte von einem Vorwurf reinigen, dann konnte er dies durch einen Reinigungseid tun, »doch konnte der Kläger dem Beklagten den Eid verlegen. So wurde beim Handhaftverfahren der auf handhafter Tat ergriffene Täter vom Kläger vor Gericht gebracht. Durch seinen Eid überführte der Kläger, unterstützt durch die Eideshilfe der auf sein Gerüft herbeigeeilten Schreimannen, den Täter (Überführungseid).« (Hermann Conrad, *Deutsche Rechtsgeschichte*, Bd. 1, Karlsruhe [2]1962, S. 30; s. auch: *Handbuch zur deutschen Rechtsgeschichte I*, Sp. 1584–87) Die Institution hielt sich bis in das späte Mittelalter, hier wurden die Schreimannen zu Tatzeugen (Conrad, ebd., S. 386).
209 ff. Die Rede beendet ein dreistufiger Schluss: *swelch vrouwe – swelch wîp – swelch vrouwe.*

Kommentar

Kraft 1984, Schneider 1994 und Böhm 1995 analysieren ausführlich Rhetorik, Struktur, Intertextualität und Funktionalität beider Reden und weisen dabei detailliert nach, »in wie umfassender Weise der Dichter System und Wort des Minnesangs beim Wort genommen hat.« (Kraft 1984, S. 231) Der dezidierten These, die im Übrigen in ähnlicher Form auch Ragotzky 1981, S. 39 ff. vertritt, dass der Erzähler nur den Minnesänger im Auge hatte und nicht den Minnekult insgesamt, wird man allerdings nur schwer folgen können, denn die erste Rede handelt nicht so eindeutig von einem Sänger, wie behauptet wird.
Die Rede nimmt den höfischen Minnekult wörtlich. Die für diesen typischen Redeformeln werden ihres idealisierenden Sinns beraubt; die Wirklichkeit holt die Fiktion ein. Die Minnekritik ist zur Hofkritik erweitert, wobei auffällt, dass der schlechte Zustand des Minnewesens der Vergangenheit angehört. Man wird die Stricker-Rede trotzdem nicht gerne als ein »*erniuwen* der Gattung Minnesang« (so Ragotzky, 1981, S. 44) lesen wollen.
Die Rede, deren Stil der geistlichen Rede des sog. Heinrich von Melk (Ende 12. Jh.) verwandt ist, weist keine konzise Gliederung um ein Zentrum auf. Den umfangreichsten Teil bildet die Werbung des Gastes (V. 43–106: 64), sie ist umgeben von zwei etwa gleich großen Blöcken über den ungebetenen Gast (V. 17–42: 26) und die falsche Frau (V. 107–128: 22). Zwei gleichstarke Gruppen schließen sich dieser Zirkelstruktur an: das Gegenmittel (V. 129–168: 40) und

die Verkäuferin (169–208: 40), d h. die Zirkelstruktur wird linear aufgelöst – dies könnte als formales Signal für die Gattung Rede, die ja eine fortlaufende Struktur ist, aufgefasst werden. Das Ganze ist umrahmt von der *huote* einst (V. 1–16: 16) und dem Lob der *huote* (V. 209–222: 14).

23
Der Höfling

Ausgaben, Forschungsliteratur und Vorbemerkung s. Nr. 22. – *Überlieferung:* A 155b; E 57; B 61; I 56.

Zur Textgestalt

[Überschrift] E *von hövischæren*; B, I *von des gastes hovezuht.* 22 *kapûz*, eigentlich schon *kabez*, zu lat. *caput.* 25 *unde* statt hs. *ode* nach E, B, I. 27 E, B, I schreiben *sol sich an.* 77 *im* statt hs. *in* nach E, B, I.

Zur Übersetzung

45 *unmâze* – die *mâze*, das ruhige und ausgeglichene Verhalten, organisiert die höfischen Tugenden (s. Ehrismann 1995, S. 128–136: Artikel Waltraud Fritsch-Rößler). Die Parodie zielt also auf das Zentrum des höfischen Lebens.
49 ff. Die Szenerie des Minnesangs wird als *locus amoenus* zitiert und mit der Szenerie des Bauernhofes kontrastiert.
57 *vogelsanc* bezeichnet nicht nur den Gesang der Vögel, sondern, wie *vogelweide*, als Flurname auch den Ort, an dem sich diese aufhalten.

Kommentar

S. Kommentar zu Nr. 22, der ersten Rede. Die vorliegende zweite Rede, die sich an den Höfling wendet, wird gerne als letzter Teil der ersten Rede aufgefasst. Die auffällige Differenz beider – sicherlich aufeinander bezogenen – Themenschwerpunkte, die *huote* der Dame und das Fehlverhalten des Höflings, sowie der deutliche Schluss der ersten Rede und die ›unvermittelte‹ Wendung an den *gast* legen jedoch eine Trennung nahe. Witz und Kritik werden, wie in der vorigen Rede, durch das Wörtlichnehmen des Minnekults erreicht. Die Minnekritik ist hier noch stärker theologisch ausgerichtet, denn die Minne, so hat es den Anschein, wird als Teufelswerk verflucht. Allerdings kann man sich nicht ganz sicher sein, wie ernst, wie realitätsbezogen die Moralisation gemeint ist: Die Ehefrage ist gewiss sehr ernst genommen, aber die den Minnedienst verhindernden Unternehmungen des Herrn geben doch zu bedenken, ob die Komik den biederen Ernst nicht relativieren sollte, und deshalb hier ein ›unzuverlässiger Erzähler‹ arbeitet.

Nachwort

Stricker lesen

Die Zeit

Der Stricker lebte auf der Schwelle zum Spätmittelalter. Das Reich verlagerte unter Kaiser Friedrich II. (1212–1250) sein Herrschaftszentrum allmählich nach Süditalien und Sizilien, in Deutschland festigten die geistlichen und weltlichen Herren ihre Positionen gegenüber dem König. Diese sogenannte Territorialisierung des Reiches wurde in den beiden großen kaiserlichen Erlassen befestigt, der *Confoederatio cum principibus ecclesiasticis* (›Vertrag mit den Kurfürsten‹, 1220) und dem *Statutum in favorem principum* (›Statut zugunsten der Fürsten‹, 1231).

Die Kirche intensivierte ihre Herrschaft. Zu Anfang des Jahrhunderts waren die Bettelorden der Franziskaner und Dominikaner gegründet worden, die vornehmlich in den Städten wirkten. Der große politische Durchbruch war Papst Innocenz III. (1198–1216) gelungen, der mit hohem diplomatischem Geschick die deutschen Thronwirren, die nach der Doppelwahl von Philipp von Schwaben (1198–1208) und Otto IV. von Braunschweig (1198–1218) entstanden waren, für die Kurie nutzen konnte. Das 4. Laterankonzil schrieb den Bischöfen die Verfolgung der Häretiker vor, und eine Inquisition wurde etabliert, die Papst Gregor IX. (1227–1241) in den dreißiger Jahren den Dominikanern übertrug. In einem solchen Klima, in dem auch die wortgewaltigen Franziskanermönche David von Augsburg und Berthold von Regensburg die Menschen mit ihren Predigten mitrissen, nahmen die geistlichen Reden des Strickers, die engagiert gegen die Ketzer stritten, Partei für die Amtskirche und die Landesherrschaft.

Der Stricker empfahl sich dem Literaturbetrieb zu einer Zeit, als dieser die intensive Bindung an den französischen Westen allmählich aufgab. Schon mit seinen beiden Epen *Daniel vom Blühenden Tal* und *Karl der Große*, wahrscheinlich seinen frühesten Werken, stellte er sich zwischen die Fronten von Tradition und Innovation. Den Helden Daniel, dem er nicht einen der üblichen arthurischen, sondern einen biblischen Namen verlieh, stattete er außer mit Mut und Tapferkeit zusätzlich mit einer gehörigen Portion List und Klugheit aus und relativierte dadurch das alte Ideal der *fortitudo* (›Tapferkeit‹): »die ›sprachlose‹ Gewalt der Schlachten« ist hier »prinzipiell durch den vernünftigen Dialog ersetzbar.«[1] In Karl akzentuierte er nach einem Programm des *erniuwen* (›Erneuern‹) das alte *Rolandslied* des Pfaffen Konrad aus dem 12. Jahrhundert neu im Sinne eines kaiser- und staufertreuen Epos, wobei er vor allem die Heiligkeit Karls hervorhob.[2] Er belebte damit die schlichte vorhöfische Erzählkunst neu, die eine Zeit lang von den Aventiure-Dichtungen um den britischen König Artus ins literarische Abseits gedrängt worden war.

Nicht diese Dichtungen jedoch bestimmen seinen herausragenden Platz in der deutschen Literaturgeschichte, sondern seine Fabeln, Reden und Mären – Texte, die man *cum grano salis* als ›Kurzerzählungen‹ zusammenfassen kann. Mit ihnen bahnte er *seinen* Weg jenseits der sogenannten höfischen Dichtung, und er leitete auf diese Weise eine Hochkonjunktur der kleinen, auf ein *exemplum* (›Beispiel‹) fokussierten Erzählformate ein. Er profilierte sich als professioneller Vermittler von Erzählstoffen. Wie diese im Einzelnen zu ihm kamen, ist heute nicht mehr konkret nachvollziehbar, doch scheint er sie sich in bemerkenswert selbstständiger Weise

1 Manfred Eikelmann, »Rolandslied und später Artusroman. Zu Gattungsproblematik und Gemeinschaftskonzept in Strickers *Daniel von dem Blühenden Tal*«, in: *Wolfram-Studien* 11 (1989), S. 107–127, hier S. 126; s. auch VL 9, Sp. 423–427 (Elke Ukena-Best).

2 S. VL 9, Sp. 419–423 (Karl-Ernst Geith).

angeeignet zu haben. Dabei ist ihm nicht die Erfindung der einzelnen Erzählformate wie Fabel, Märe oder Rede zuzuschreiben,[3] sondern eher deren eigenständige Rezeption und Literarisierung sowie deren stark erweiterte (›amplifizierte‹) moralisierende Exegese.

Als er seine beiden umfangreichen Werke schrieb, in dem Jahrzehnt um 1220, dürfte Wolfram von Eschenbach noch gelebt haben, dessen *Willehalm* sich in demselben Stoffkreis wie der *Karl* bewegte, sich allerdings im Rahmen der allgemeinen Gotteskindschaft christlicher Toleranz verpflichtet fühlte, während Strickers Dichtung weiterhin den alten kompromisslosen Kreuzzugsgedanken idealisierte.[4] Hartmann von Aue, der mit *Der arme Heinrich* und *Gregorius* die Kurzerzählung in die Volkssprache eingeführt hatte, ohne damit jedoch schon eine literarische Tradition begründen zu können, war gestorben, wohl auch schon Gottfried von Straßburg, der um 1210 den *Tristan* abgeschlossen hatte. Liebe und Abenteuer, die konventionellen Romansujets, waren auch die Themen der modisch gewordenen arthurischen Narrative, die eine glänzende höfische Welt in den vielfältigsten Schattierungen inszenierten und dabei die Welt des *sentiments*, der Humanität und der Individualität der Poesie mehr und mehr, freilich erst ganz zaghaft, erschlossen. Die alte heroische Dichtung lebte durch die höfische Einfärbung des *Nibelungenliedes* und die zahlreichen Erzählungen der Dietrichepik neu auf, und auch die religiöse Dichtung, namentlich im Gewand der Legende, setzte den irdischen Helden erfolgreich ihre eigenen entgegen, die nach Möglichkeit dem neuen Zeitgeschmack etwas angepasst waren.

3 Näheres s. Anhang; einführend vor allem: Hannes Kästner / Bernd Schirok, »Die Textsorten des Mittelhochdeutschen«, in: Werner Besch (Hrsg.), *Sprachgeschichte. Ein Handbuch zur Geschichte der deutschen Sprache und ihrer Erforschung*, Berlin / New York 1985, Sp. 1164–79.

4 Vgl. Rüdiger Brandt, *›erniuwet‹. Studien zu Art, Grad und Aussagefolgen der Rolandsliedbearbeitung in Strickers »Karl«*, Göppingen 1981 (GGA, 327).

Unter den Liedermachern waren u. a. Walther von der Vogelweide und Neidhart noch am Leben. Neidhart hatte die Figur des Dörpers, des Grobians, in der zeitgenössischen Dichtung populär gemacht, den Repräsentanten antihöfischen Verhaltens.[5] Wernher der Gärtner, der Dichter des *Mære von Helmbrecht*, der, wie der Stricker in seinen kleineren Texten, an einem aktuellen Thema (und anhand eines Antihelden) das dem *ordo* verpflichtete Weltbild, die durch die Tradition geheiligte Welt- und Rechtsordnung, demonstrierte, Freidank, der Verfasser der Spruch-Sammlung *Bescheidenheit*, und Rudolf von Ems, dem wir u. a. umfangreiche religiöse und historische Epen verdanken – sie alle dürften derselben Generation wie der Stricker angehört haben. Andere Namen wären zu nennen: Fühlte man sich jedoch im Allgemeinen der höfischen Kultur verpflichtet, die man gegen bäuerliche und städtische Kulturen verteidigte, so entwickelte der Stricker auch hier ein Problembewusstsein.

Der Dichter

Die Lebenszeugnisse über den Stricker sind reichhaltig: Es sind seine Dichtungen, und das eine oder andere seiner privaten Verhältnisse könnten wir aus ihnen ermitteln – wenn wir nicht immer wieder in Zweifel darüber kämen, was denn nun Fiktion, was Realität sei. So bleibt uns nur ein vorsichtiges Herantasten:[6] nicht nur auf dem Weg über die Texte, sondern auch über Namen und Sprache sowie Fremdzeugnisse. Er selbst stellte sich nur einmal vor, und zwar in seinem ambitionierten Frauenpreis *Die Frauenehre* (M. 3),[7] einer Gattung, die damals in Mode kam. Der Erzähler lässt

5 S. Ehrismann 1995, S. 50–54.

6 S. einführend Böhm 1995; dort S. 15–17 ein Titelverzeichnis der Strickerschen Kurzerzählungen.

7 S. VL 9, Sp. 438–440 (Hans-Joachim Ziegeler).

hier einen Kritiker seine Skepsis, ob der Dichter denn zu seinem Vorhaben überhaupt befähigt sei, deutlich Ausdruck verleihen: [8]

Ditz ist ein schœnez mære,
daz ouch nu der strickære
die vrouwen wil bekennen!
ern solde si niht nennen
an sînen mæren, wære er wîs.
sîn leben und vrouwenprîs,
die sint ein ander unbekant –
ein pfert und alt gewant,
die stüenden baz sînem lobe.

(›Das ist ja eine schöne Geschichte, dass jetzt auch schon der Stricker über die Damen Bescheid wissen will! Wäre er klug, dann würde er sie in seinen Erzählungen nicht einmal erwähnen. Sein Leben und der Preis der Damen, die haben miteinander nichts zu schaffen – ein Pferd und alte Klamotten entsprächen seinem Lob schon eher.‹)

Es liegt nahe, sei die Situation nun real gewesen oder fingiert, in dem Kritiker einen Zuhörer zu sehen, der sich über die Anmaßung des Dichters erregte, einen Preis der höfischen Dame anzustimmen, obwohl dieser offenbar ein etwas heruntergekommener Vagabund war, ein Fahrender eben, der sich mit den für diese Gruppe typischen Geschenken, Pferd und Mantel, zu bescheiden habe. Ganz im Sinne der Texte, die der Autor selbst verfasste, würde er gegen seinen Stand handeln, ja wider die ›Ordnung‹ (den *ordo*), die Gott den Menschen gesetzt hat. Der Erzähler der *Frauenehre* versucht im folgenden den Skeptiker zu

8 M. 3, V. 137–145; hs. *schœn* ist aus metrischen Gründen in *schœnez* geändert. Ich zitiere – wie auch im Folgenden – nach Moelleken/Agler/Lewis 1973–1978 unter Berücksichtigung der S. 188 ff. genannten Kriterien.

beruhigen: Er solle erst einmal abwarten, was er denn zu hören bekomme; so unbekannt seien ihm die Damen gar nicht, und auch Gott rühmten viele, obwohl sie ihn noch nicht gesehen hätten. Er aber habe viele Frauen gesehen und von ihren zahlreichen Tugenden gehört. Ist dies nicht bloß ein rhetorischer Kniff, um das folgende brillante Wissen über die Tugenden der Frau umso erstaunlicher erscheinen zu lassen – ein Topos der Bescheidenheit und des Nichtwissens –, dann nähert man sich dem Ambiente des fahrenden Dichters, der, auf klapperigem Gaul – sonst ritte er wohl ein *ros*, kein *pfert* – und in alte Sachen gekleidet, die Herren- und Fürstenhöfe bereist, um sein Lied zu singen und davon zu leben.

In die Lebenswelt eines Fahrenden würde sich ebenso der Name, augenscheinlich ein sprechender Name, gut einfügen. Er war auch sonst bekannt[9] und gehört zu dem mittelhochdeutschen Verb *stricken* (›zusammenfügen, verknüpfen, schnüren, heften, flechten, binden‹). Ein *stricker/strickære* war also einer, der Stricke anfertigte, d. h. ein Seiler, aber auch einer, der sie legte, ein Fallensteller.[10] Eine *strickerin/strickærinne* nannte Gottfried von Straßburg übrigens die Frau Minne, also ›Verstrickerin, Zauberin‹[11]. Daraus folgen zwei ansprechende Möglichkeiten:

1. Der Dichter wurde nach seinem Stand benannt: Er wäre ein Handwerker, lebte in einer Stadt, wäre vielleicht, wenn er dort Bürgerrechte besaß, ein ›Bürger‹ (mhd. *burgære*). Dies leuchtete schon jenen ein, die ihn den »ersten Philister

9 Um 1190 ist ein Heinricus Strichaere genannt. Vgl. Ludwig Jensen, *Über den Stricker als »Bîspel«-Dichter, seine Sprache und seine Technik unter Berücksichtigung des ›Karl‹ und ›Amîs‹*, Marburg 1886, S. 22; John Meier, Rezension, in: *Literaturblatt für Germanische und Romanische Philologie* 13 (1892), S. 217–220; Franz Pfeiffer, »Litteratur«, in: *Germania. Vierteljahrsschrift für deutsche Alterthumskunde* 2 (1857), S. 491–505.

10 So bezeugt in einer Rechtsquelle für das Jahr 1340: *Lexer* II, Sp. 1238.

11 Gottfried von Straßburg, *Tristan*, nach dem Text von Friedrich Ranke neu hrsg., ins Neuhochdeutsche übersetzt, mit einem Stellenkommentar und einem Nachwort von Rüdiger Krohn, Stuttgart 1980, 3., neu bearbeitete Auflage 1991, V. 12176.

in der deutschen Literatur«[12] schalten, später auch – aber freilich nicht nur – der marxistischen Literaturwissenschaft.[13] Der Dichter müsste dann irgendwann seine Seile an den Nagel gehängt und das Leben eines fahrenden Sängers ergriffen haben. Denn dass er herumzog, ergibt sich aus seiner Sprache und den Texten: In Franken und Österreich scheint er seine Kunst hauptsächlich ausgeübt zu haben.

2. Der Dichter sah sich als einen Autor, der sein Publikum zu bestricken und zu fesseln, durch seine Erzählungen zu bezaubern verstand. Diese Möglichkeit ist natürlich mit der ersten durchaus kompatibel.

Erzählungen wie *Die Herren zu Österreich* (M. 8), *Die Gäuhühner* (M. 36) oder *Die schreiende Klage* (M. 91)[14] legen einen längeren Aufenthalt des Dichters im Südosten des Reiches nahe. Sprachliche Indizien[15] verweisen in das nördlich angrenzende südliche Rheinfranken. So bleibt der weite Raum Süddeutschlands, eher das Donau- als das Rheingebiet, und man nimmt gerne an – doch auch dies muss letztlich offen bleiben –, dass er aus der fränkischen Heimat ins bayerisch-österreichische Sprachgebiet gewandert sei. Wann er als Autor der Kurzerzählungen produktiv wurde, ist nur ungefähr zu ermitteln. Seine beiden umfangreichen Epen, die er wahrscheinlich zu Anfang seiner dichterischen Tätigkeit verfasste, sind Zeugnisse eines produktiven Epi-

12 Gustav Rosenhagen, »Der *Pfaffe Amis* des Strickers«, in: Paul Merker / Wolfgang Stammler (Hrsg.), *Vom Werden des deutschen Geistes*, Festgabe für Gustav Ehrismann, Berlin/Leipzig 1925. S. 149–158, hier S. 158.

13 Vgl. Wolfgang Spiewok, »Der Stricker und die Prudentia« [1964], in: ders., *Mittelalter-Studien*, Göppingen 1984 (GAG, 400), S. 317–339; ders., »Der Stricker – Durchbruch zu neuen Formen und Inhalten«, in: Rolf Bräuer, *Der Helden Minne, Triuwe und Êre. Literaturgeschichte der mittelhochdeutschen Blütezeit*, Berlin 1990, S. 472–502; s. auch unten, Anm. 23.

14 Hier V. 10 f.: *diu klage ist offenlîche komen / ze ôsterrîche in daz lant.*

15 Dazu vor allem: Konrad Zwierzina, »Mittelhochdeutsche Studien, 9«, in: *Zeitschrift für deutsches Altertum und deutsche Literatur* 44 (1900), S. 345–406, hier S. 351 ff.; ders., »Mittelhochdeutsche Studien, 10«, in: ebd., 45 (1901), S. 19–100, hier S. 27 f., 59–61, 70 f.; Arno Schirokauer, »Studien zur mhd. Reimgrammatik«, in: *Beiträge zur Geschichte der deutschen Sprache und Literatur* 47 (1923), S. 1–126, hier S. 26, 113.

gonentums, so dass man mit der Arbeit an den kleineren Texten nach 1230 rechnen könnte. Aus diesen selbst ergeben sich keine sicheren Daten. Rudolf von Hohenems bemerkte im Rahmen eines allgemeinen Dichterpreises:[16]

swenn er wil der Strickære
sô macht er guotiu mære.

(›Wenn er will, der Stricker, dann erzählt er wirklich gute Geschichten.‹)

Dies ist schon ein etwas süffisanter Hinweis, aus dem auch hervorgeht, dass der Stricker in den dreißiger Jahren des 13. Jahrhunderts noch am Leben war; vielleicht auch, wenn man, was allerdings problematisch wäre, den Begriff *mære* auf die Kurzerzählungen beschränkt, dass gerade diese seinen poetischen Ruhm begründeten.[17]
Keiner der Texte fällt, soweit zu sehen ist, aus einer kollektiven Mentalität heraus, die den *gefühlten* zerfallenden Ordnungen und Werten die *gefühlte* soziale *stabilitas* früherer Zeiten mahnend entgegenhielt. Es war eine konservative Grundhaltung, die die auf christlicher Tradition gründenden ethischen Werte der Vergangenheit verklärend bewahrte, und die man wieder und wieder in den Topos der *Laudatio temporis acti* (›Lob der vergangenen Zeit‹) gefasst findet.

16 Rudolf von Ems, *Alexander. Ein höfischer Versroman des 13. Jahrhunderts*, hrsg. von Victor Junk. 2 Teile, Leipzig 1928 (Bibliothek des Literarischen Vereins Stuttgart, 272, 274), V. 3257 f.

17 Vgl. auch: Rudolf von Ems, *Willehalm von Orlens*, hrsg. von Victor Junk, Berlin 1905 (Nachdruck Dublin, Zürich 1967, V. 2230–2233; dort wird auf Strickers *Daniel* hingewiesen.

Publikum, Mäzen, Auftraggeber

Der Stricker war, wenigstens eine gewisse Zeit seines Lebens, nicht sesshaft und, nach allem, was wir von den Lebensumständen mittelalterlicher Dichter wissen, von Mäzenen und Auftraggebern abhängig,[18] ein fahrender Dichter.[19] Versuchen gegenüber, in Strickers Texten konkrete politische Beziehungen nachzuweisen, wird man skeptisch bleiben müssen, weil die möglichen Anspielungen auch in einem allgemeineren Rahmen verstehbar sind und weil bei vorsichtiger Analyse alles in einem ›Könnte-sein‹ endet. Um die mäzenatischen Bindungen des Dichters an einen Landesherrn nachzuweisen, hat man vor allem *Die Gäuhühner* (M. 36) und *Die beiden Knappen* (M. 4) bemüht. Man könnte sie »als Aufforderung an bestimmte Kreise des Kleinadels« verstehen, »sich zur Wahrung des Rechts im Lande in den Dienst des Landesherrn zu stellen«,[20] der das gute alte Recht repräsentiert, dessen Symbol die Hühner sind.[21] Als Landesherr käme dann wohl nicht mehr der große Förderer des kulturellen Lebens, Leopold VI. (1198–1230), infrage, sondern dessen Sohn und Nachfolger, Friedrich II. (1230–1246), der letzte Babenberger. Dabei bleibt allerdings die Frage offen, warum der Dichter gerade ihm, dem Herrischen und Rücksichtslosen,

18 S. grundlegend Joachim Bumke, *Mäzene im Mittelalter. Die Gönner und die Auftraggeber der höfischen Literatur in Deutschland 1150–1300*, München 1979. Ein bestimmter Mäzen ist allerdings für den Stricker, trotz verschiedener Bemühungen der Forschung, nicht überzeugend nachweisbar.

19 S. zur sozialen Situation der Fahrenden im Mittelalter Ernst Schubert, *Fahrendes Volk im Mittelalter*, Darmstadt 1995.

20 Joachim Heinzle, »Wandlungen und Neuansätze im 13. Jahrhundert«, in: J. H. (Hrsg.), *Geschichte der deutschen Literatur von den Anfängen bis zum Beginn der Neuzeit*, Bd. 2/2, Tübingen 1994, S. 15 f.

21 S. Joachim Bumke, »Strickers *Gäuhühner*. Zur gesellschaftsgeschichtlichen Interpretation eines mittelhochdeutschen Textes«, in: *Zeitschrift für deutsches Altertum und deutsche Literatur* 105 (1976), S. 210–232; Ragotzky (1981), S. 205–220.

der sich nicht nur zeitweilig mit dem Kaiser, sondern auch mit den Klöstern und mächtigen Ministerialen seines Landes überwarf, seine Kunst hätte widmen sollen. Die apokalyptische Stimmung in den *Gäuhühnern* wäre, soll sie denn aktuell politisch verankert werden, eher der Zeit der Mongolen- und Ungarneinfälle zuzuschreiben, die bis vor Wiener Neustadt reichten und in deren Verlauf der Herzog fiel (Schlacht an der Leitha, 1246). Das Geschlecht der Babenberger war damit erloschen; die österreichischen Länder blieben verwaist, bis 1251 die österreichischen und steirischen Ministerialen Premysl Ottokar II. von Mähren ins Land riefen, um sich der bayerischen und ungarischen Ansprüche zu erwehren.

Das konservative Weltbild bildete für den Stricker, wenn man, was in diesem Punkt vernünftig erscheint, den von ihm in seinen Kurztexten eingesetzten Erzähler mit ihm identifizieren darf, die ideologische Basis seiner Poesie. Nicht immer ist es in gleicher Stärke in den Texten spürbar. Es wäre auch ein nicht verifizierbares Vorurteil anzunehmen, er hätte es im Sinne der Formel »Wes Brot ich ess, des Lied ich sing« nur seinen Mäzenen zuliebe vorgetragen. Unterstellt diese Formel doch, dass die Performance des Dichters ein bloßes, ja unehrliches Schaustück war.[22] Der Stricker sang keineswegs nur ein gefällig' Lied. Eine Vielzahl seiner Texte sprachen den Intellekt an, und sie richteten sich gegen alle, die dem *ordo divinus*, der ›göttlichen Ordnung‹, zuwider handelten. Seine Kurzerzählungen zielten *pro humanum*, d. h. auf ein moralisches Handeln der Menschen; nicht auf ein spezifisch an den Adel gebundenes Denken und Tun. Die Mären, Fabeln und Reden, so unterhaltsam sie gewöhnlich sind, beunruhigen, indem sie den Niedergang aufrufen und oft am Gegenbild die Ruhe und Geborgenheit des *ordo* in Aussicht stellen. Der Respekt der Erzähler in den Texten galt jedem, der, wie der Volksmund

22 Vgl. auch Rocher (1980), S. 244.

sagt, bei seinem Leisten blieb.[23] So ging es beispielsweise den niederösterreichischen Bauern, die auf weitem Rodeland siedelten, gar nicht so schlecht.[24] Sie wollten, dass es ihnen besser ginge, und drängten in die Etagen der Herrschaftsverwalter. Hier bot sich ein Angriffspunkt für den Mären- und Fabeldichter an. (In kaum einer Geschichte wird dies sinnfälliger als in der Allegorie *Der Hofhund und die Jagdhunde*; s. Nr. 6.)
Die Romanwelt von Tugend und Ehre ist in den Erzählungen durchaus noch präsent, besitzt jedoch nur noch einen bedingten Wert. Die Lehre zielt auf das praktische und kluge Handeln *pro humanum*. Die Kurzerzählungen referieren nicht auf das dem Alltag ferne (höfische) Fest,[25] sondern auf den Alltag selbst. Das Publikum für die Performance der Texte lässt sich auf Grund einer solchen Beobachtung freilich nicht festmachen, denn diese zielen nicht auf einen fest

23 Diese allgemein gehaltenen Bemerkungen werden in den Kommentaren zu den einzelnen Texten konkretisiert. Eine Zeit lang ist das ›Lesen gegen den Strich‹ Mode gewesen, so dass der Stricker zu einem so genannten ›frühbürgerlichen Poeten‹ mit emanzipatorischen Ambitionen avancieren konnte (vgl. z. B. Hannelore Christ, »Frauenemanzipation durch solidarisches Handeln. *Das erzwungene Gelübde* des Stricker im Deutschunterricht«, in: Helmut Brackert [u. a.] (Hrsg.), *Literatur in der Schule* (II/2), München 1976, S. 36–92). Verfehlt sind die Analysen von Spiewok (s. oben, Anm. 13), die sich auch in den Übersetzungen seines *Altdeutschen Dekamerone* (Spiewok 1982) niederschlagen: Parteinahme für die kämpfenden Bauern (*Die Gäuhühner*), für die Interessen der Armen (*Der Richter und der Teufel*); nur Einigkeit hilft gegen Herrengewalt (*Die reiche Stadt, Der Riese*); alles in allem: »Interessenvertretung der Volksmassen«, »bewußte Aufnahme und Vertretung bürgerlich-plebejischer Ideologie« (1984, S. 324). Angesichts der »günstigen wirtschaftlichen und sozialen Stellung« (Karl Lechner, in: *Territorien-Ploetz*, Bd. 1, Würzburg 1964, S. 630; Otto Brunner, *Land und Herrschaft. Grundfragen der territorialen Verfassungsgeschichte Österreichs im Mittelalter*, Wien [5]1965) des infrage kommenden niederösterreichischen Bauerntums sind solche Formulierungen wenig glaubhaft.

24 S. Anm. 23.

25 Vgl. einführend zur Festkultur: Walter Haug / Rainer Warning (Hrsg.), *Das Fest*, München 1989 (Poetik und Hermeneutik, 13); Uwe Schultz (Hrsg.), *Das Fest. Eine Kulturgeschichte von der Antike bis zur Gegenwart*, München 1988.

umrissenen Resonanzraum. Es wird sich an den Höfen befunden haben (womit über deren Rang allerdings noch wenig ausgesagt ist), und man dürfte es wohl auch auf dem städtischen Markt, zuweilen im religiösen Raum suchen.[26] Zwar lässt sich vom Inhalt her einigermaßen plausibel machen, dass die geistlichen Stücke einem »Laienpublikum ohne Schulbildung«[27] auf den Leib geschnitten waren, ganz wie die Predigtmärlein der Kirche, die zur selben Zeit aufblühten; doch bleibt auch hier noch jedes Publikum möglich, so wie auch die Schwänke nicht vor der Klosterpforte und dem Palas des Landesherrn haltgemacht haben dürften.

Stoff, Lehre und Erzählform

Texte schaffen eine eigene Welt, mit der sie in gesellschaftliche Diskurse eingreifen. Der Stricker, so lässt sich aus seinen Kurzerzählungen herausfiltern, war bemüht, Stoffe zu ergreifen und in eigener Weise neu einzuformen, durch die er normatives Denken im Sinne des mittelalterlichen Ordnungsdenkens attraktiv machen und stabilisieren konnte. (Textanalysen, die sein normatives Denken generell infrage zu stellen versuchen, überzeugen nicht.) Die Stoffe und Erzählmotive, die er (in der Regel aus der literarischen Tradition) auswählte, hätten der zeitlose Sprengstoff des »kleinen Mannes« gegen die Mächtigen sein können, wenn sie denn vom Stricker in dieser Weise, z. B. in den Vor- und Nachworten der Geschichten, genutzt worden wären. Aber als

26 Vgl. Fischer [2]1983, S. 220–245, dem in vielen Punkten zuzustimmen ist, der jedoch (in einer gewissen verständlichen Gegenbewegung zur damaligen Forschungsmeinung) das Publikum wohl generell zu hoch ansiedelt; vgl. dazu auch Jonas 1987.

27 Wailes 1981, S. 81. Vgl. auch Daniel Rocher, »Der Stricker, ein Quasi-Häretiker oder ein Verteidiger der Kirche? Ein Essay«, in: Anna Keck / Theodor Nolte (Hrsg.), *›Ze hove und an der strâzen‹. Die deutsche Literatur des Mittelalters und ihr ›Sitz im Leben‹, Festschrift für Volker Schupp zum 65. Geburtstag*, Stuttgart/Leipzig 1999, S. 233–236.

gesellschaftlicher Sprengstoff interessierten sie ihn offenbar nicht (bleibt doch ohnehin die im 19. Jahrhundert entwickelte These des originären Gegeneinanders von Adel und Bürgertum höchst fragwürdig).[28] Stadtgemeinde und adlige Herrschaft des Mittelalters beruhten auf gemeinsamen Grundlagen; Land- und Stadtadel, Landadel und städtische Oberschicht waren eng miteinander verbunden, und die weltlichen Stände, Adel, Stadtbürger und Bauern, waren in sich vielfach nach Rängen untergliedert und sind nicht als jeweils geschlossene Gruppierungen zu definieren.

Die Stoffe, die z. T. weit in die Tradition der äsopischen Fabel zurückreichen, interessierten den Autor als Material einer Kunst des Gestaltens und Sinngebens. In der Regel waren diese Stoffe mit vielfältigen Prädispositionen belastet: das Bild des tölpelhaften Bauern etwa durch eine auf die antike Urbanität zurückgehende vagantische Tradition,[29] das Bild des triebgesteuerten Klerikers durch den konventionellen Spott der gelehrten Geistlichkeit, das Bild der bösen, listigen und hinterlistigen Frau durch eine bis weit in die Antike zurückreichende, in einer patriarchalen Gesellschaft, wie es die mittelalterliche war, stets virulente Misogynie, die seit dem Mittelalter mehr und mehr theologisch begründet worden war.[30] Solche Traditionen wurden nicht zwingend (nur) als unmittelbarer Reflex der aktuellen sozialen Realität aufgegriffen. Deshalb muss, wer heute die Geschichten liest, mit dem Dilemma leben, das Verhältnis von erzählter zu realer Welt nicht befriedigend erkennen zu können. Die fiktive Welt, die der Stricker erzählt, ist nicht als Abbild der realen zu verstehen (oder gar mit dieser gleichzusetzen),

28 Ursula Peters, »Stadt, ›Bürgertum‹ und Literatur im 13. Jahrhundert. Probleme einer sozialgeschichtlichen Deutung des *Pfaffen Amis*«, in: *Zeitschrift für Literaturwissenschaft und Linguistik* 7 (1977), S. 109–126.

29 Vgl. Jacques Le Goff, »Die Stadt als Kulturträger 1200–1500«, in: Carlo M. Cipolla / Knut Borchardt (Hrsg.), *Europäische Wirtschaftsgeschichte*, Bd. 1, Stuttgart / New York 1983, S. 45–66, hier S. 45.

30 Vgl. Rocher 1980; Ehrismann 2011, S. 79–82.

wenn sie freilich auch, wie jede virtuelle Welt, realistische Züge aufweisen konnte.

Land und Stadt waren (wirtschaftlich und familiär) noch eng miteinander verflochten, das literarische Leben setzte freilich seine eigenen Akzente: Die höfische Ritter- und Minnedichtung gab sich urban,[31] blieb jedoch ländlich geprägt, auf die Burg bezogen, und auch die heroische Dichtung gehörte dem Land. Mit dem Stricker begab sich die Poesie – auch – in die Stadt. Sie streifte zudem das Gewand von Liebe und Abenteuer ab und zog sich dasjenige der Vernunft über. Auf diese Weise gewann sie eine neue, weil intellektuelle, am ehesten der geistlichen Erzählkunst vergleichbare Urbanität. Damit ist eine *Tendenz* beschrieben, die selbstverständlich nicht für jeden der Texte gilt. Sie schließt auch die Fähigkeit des guten und schönen Erzählens im Rahmen einer ausgeprägten und besonderen, in der kirchlichen Didaxe zur Erregung der Aufmerksamkeit durchaus gerne gepflegten mittelalterlichen Lachkultur nicht aus. Dabei wird einem denn auch schon einmal, gerade beim Lesen der Stricker-Mären, das Lachen im Halse stecken bleiben.[32] Allerdings hatte die zeitgenössische Theologie durchaus ein zwiespältiges Verhältnis zum Lachen, das auch in Texten des Strickers durchscheint: *Christ hât umbe uns gewachet, / er hât nie niht gelachet* (›Christus hat

31 Vgl. Otfrid Ehrismann, »Höfisches Leben«, in: EM 6, Sp. 1154–65.

32 S. Joachim Suchomski, *›delectatio‹ und ›utilitas‹. Ein Beitrag zum Verständnis mittelalterlicher komischer Literatur*, Bern 1975; Fietz/Fichte/Ludwig 1996; Christoph Auffarth / Sonja Kerth (Hrsg.), *Glaubensstreit und Gelächter. Reformation und Lachkultur im Mittelalter und in der Frühen Neuzeit*, Münster 2008 (Religionen in der pluralen Welt, 6); Sieglinde Hartmann, »Ein empirischer Beitrag zur Geschichte des Lachens im Mittelalter: Lachen beim Stricker«, in: *Mediaevistik* 3 (1990), S. 107–129; Hartmut Kugler, »Grenzen des Komischen in der deutschen und französischen Novellistik des Spätmittelalters«, in: Ingrid Kasten / Werner Paravicini / René Pérennec (Hrsg.), *Kultureller Austausch und Literaturgeschichte im Mittelalter*, Sigmaringen 1998, S. 359–371 (Beihefte zur Francia, 43); Rocher 1999, S. 99 f.; Marianne Derron, *Des Strickers ›ernsthafter König‹. Ein poetischer Lachtraktat des Mittelalters*, Frankfurt a. M. 2008, S. 124–154 (Kultur, Wissenschaft, Literatur. Beiträge zur Mittelalterforschung, 19).

um unseretwillen gewacht, er hat niemals gelacht‹) heißt es beispielsweise in *Des Königs alte Kleider* (M. 76, 111 f.). Wie auch immer: Mochten die Geschichten des Autors noch so sehr das Lachen provozieren, mochten sie noch so sehr die *prudentia* und die *sapientia* (›Vernunft, [Lebens-]Klugheit, [Lebens-]Weisheit‹) rühmen, stets blieben sie dem christlichen Weltbild eng verbunden.[33]

Das Verfertigen von Geschichten bedeutete im Mittelalter immer auch, sich der Allegorese, deren Methode man von der theologischen Interpretation abschauen konnte, zu versichern· Hier gilt das Material, d. h. das verschriftete oder erzählte ›buchstäbliche‹ Wort, bloß als der Stellvertreter des ›eigentlichen‹ Sinns. Texte werden transparent auf ein Anderes hin, das es für die Rezipierenden zu entdecken gilt.[34] So war z. B. der *Physiologus* gleichsam das Lehrbuch für die Referenz der Tiere (z. B.: ›Der Fuchs referiert auf den Teufel‹). Umso bemerkenswerter ist in manchen Stricker-Texten die Abkehr von der Transparenz der Buchstaben, die auf die zunehmende Säkularisierung des Denkens seit dem ausgehenden 12. Jahrhundert reagierte. Sehr deutlich wird dies an der Betonung der (naturgemäßen) ›Art‹ (mhd. *art*): Das Katzenauge bleibt ein Katzenauge, auch wenn es dem König implantiert wird (M. 2); der Kater muss mit der Katze vorliebnehmen, auch wenn er nach einer Ehe mit einem höheren Wesen strebt (s. Nr. 3). Die Reflexion der *art* und der *natiure* ist zum einen eingebunden in die zeitgenössische Theologie, zum anderen aber im 13. Jahrhundert auch schon ein Zeichen der philosophischen Erkenntnis einer eigengesetzlichen Natur.[35]

33 Es ist deshalb verfehlt, den Stricker als »Aufklärer« zu apostrophieren. Vgl. dagegen die Literaturangaben in Anm. 23 und Köppe 1977.

34 S. allgemein: Max Wehrli, *Literatur im deutschen Mittelalter. Eine poetologische Einführung*, Stuttgart 1998 (Reclams Universal-Bibliothek, 8034); s. zum *Physiologus* den Kommentar zu Nr. 3.

35 Vgl. Rolf Sprandel, *Mentalitäten und Systeme. Neue Zugänge zur mittelalterlichen Geschichte*, Stuttgart 1972, S. 57 ff.

In eine solche Wendung zum Irdischen fügt sich das Erzählen im Rahmen einfacher Dichotomien, wie sie für das Format Märe typisch sind, und die Gestik des moralisierenden Lehrers. Gut und Böse sind gewöhnlich deutlich zu unterscheiden; zweifelndes Nachdenken ist die Sache des Märe nicht. Walter Haug hat die »pragmatische Moralistik« auf das seit dem ausgehenden 12. Jahrhundert zu beobachtende Auseinanderdriften von Gott und Welt (auch: Innen und Außen), das er als Bewegung gegen die »rücksichtslose Aszetik« des frühen und hohen Mittelalters interpretiert, zurückgeführt: »Die Welt wird auf sich selbst zurückgeworfen. Man verlangte konkrete, spezifische Lehren für das Verhalten im Diesseits.«[36]

Die Moralisation ist den Formaten Märe, Fabel und Rede inhärent. Sie erscheint in Märe und Fabel in den engeren Paratexten, dem Promythion (›Vorwort‹) und dem Epimythion (›Nachüberlegung‹). In die Rede als theoretische Abhandlung über einen bestimmten Gegenstand schaltet sich der Erzähler mehrfach kommentierend selbst ein. Märe und Fabel erzählen einen Fall (Kasus) als (generalisierbares) Beispiel (*exemplum*). Die erzählte Geschichte weckt eine Erwartungshaltung, die erfüllt oder enttäuscht werden kann. Auffälligerweise empfindet man die Moralisierungen heute vielfach als enttäuschend, doch es ist sehr die Frage, ob die heutige Erwartungshaltung, ob der heutige Begriff von Diskursivität mit dem des Mittelalters und der Frühen Neuzeit übereinstimmt. Das methodische Vorgehen der früheren Autoren ist am Modell der theologischen Bibelexegese geschult, die eine ›eigenwillige‹ Zeichenhaftigkeit, eine eigene Referenz zwischen Geschichte und Auslegung entwickelt hat. Es kommt in Fabel und Märe also nicht so sehr darauf an, was das Publikum als Schlussfolgerung erwartet, sondern welches Fazit der Erzähler aus seiner Geschichte zieht.

36 Walter Haug, »Von der Idealität des arthurischen Festes zur apokalyptischen Orgie in Wittenwilers Ring«, in: W. H. / Rainer Warning (Hrsg.), *Das Fest*, München 1989 (Poetik und Hermeneutik, 14), S. 157–179, hier S. 169.

In diesem Sinne bedeutet eine enttäuschte Erwartung, wenn sie denn überhaupt eintritt, eine neue intellektuelle Herausforderung.

Wer, wie der Stricker und die zeitgenössischen Prediger, mithilfe von Exempeln lehrt,[37] hält den Menschen für veränderbar und wünscht seine Veränderung. Folgt man dem überlieferungsgeschichtlichen Kontext der Strickerschen Kurzerzählungen, so bildeten sie zumindest im 13. und 14. Jahrhundert einen »Teil der paränetischen Literatur«,[38] der theologisch ausgerichteten Ermahnungsschriften (›reine‹ Stricker-Handschriften gibt es nicht). Hinsichtlich der Theologie hat man diese und jene religiöse Bewegung in den Blick genommen, vorzugsweise die städtischen Bettelorden, ohne dass eine bestimmte Kongregation festzumachen wäre. Ansprechend ist die Annahme, dass der Stricker »in seinen geistlichen Dichtungen offenbar den von Innozenz III. 1215 proklamierten Kirchenreformen Geltung und Ausdruck verschafft hat« und dass seine »Ketzerpolemik [...] vermutlich im Zusammenhang mit der Beauftragung des Dominikanerordens in Österreich zur Ketzerverfolgung durch Papst Gregor IX. im Jahr 1232« steht.[39] Die geistliche Dichtung ist im Werk des Strickers allgegenwärtig,[40] sie ist aber für das begrenzte Kontingent der vorliegenden Sammlung weniger geeignet. Im übrigen ist, wie die Erzählung *Die eingemauerte Frau* (Nr. 17) beweist, die Trennlinie zwischen

37 Die zeitgenössischen Predigttheorien empfehlen die Aufnahme von Beispiel-Geschichten in die Predigt vor allem deshalb, weil sie deren Anliegen veranschaulichen und die Aufmerksamkeit der Gemeinde erregen; s. Dorothea Roth, *Die mittelalterliche Predigttheorie und das Manuale Curatorum des Johann Ulrich Surgant*, Basel 1956 (Basler Beiträge zur Geschichtswissenschaft, 58).

38 Günthart 1993, S. 117.

39 Ulrich Ernst, »Die Auseinandersetzung mit häretischen Strömungen in der deutschen Literatur des 13. Jahrhunderts«, in: Jan A. Aertsen / Andreas Speer, *Geistesleben im 13. Jahrhundert*, Berlin / New York 2000, S. 362–392 (Miscellanea Mediaevalia, 27), hier S. 373 und 378.

40 Vgl. dazu Stefan Krause, *»Wir suln loben den heiligen geist« – Der Stricker als Vermittler geistlicher Inhalte*, Norderstedt 2008.

weltlicher und geistlicher Dichtung nicht immer scharf zu ziehen.

Dem zeitgenössischen theologischen Diskurs verdanken sich insbesondere die Geschlechter-Zeichnungen des Strickers.[41] Die Erzählungen kolportieren die üblichen patriarchalen Muster mit dem Klischee der bösen Frau, des *übeln wîp*, und dem Mann als Herrn der Ehe. Doch auch die vorbildhafte Frau und die Heilige fanden Eingang in die Kurzerzählungen (s. z. B. *Das Bloch*, M. 145; *Gebet von den Freuden Marias*, M. 21; *Die eingemauerte Frau*, s. Nr. 17), ebenso auf der einen Seite der brutale und der törichte Mann, auf der anderen der kluge und umsichtige. Ein einseitiges Bild zeichnete der Autor also nicht. Immer wieder bildet die Ehe das Spielfeld der Erzählungen. Dies liegt sicherlich zum einen am Erzählformat selbst, ließ sich doch am Gegenbild ehelicher Streitszenen und Verfehlungen die Moralisation hinsichtlich der guten Ehe sehr anschaulich entwickeln. Zum andern spiegelt sich darin jedoch auch der neue Status der Ehe als Sakrament, den die Kirche während des 13. Jahrhunderts verschärft durchzusetzen versuchte.[42] Sie hielt, wenn auch vielfach vergeblich, die Priester zur Einhaltung des Zölibats beziehungsweise zum Verbot des Konkubinats an.[43] Im Hinblick auf beide, die Ehe betreffenden theologischen Diskurse stellt der triebgeleitete Kleriker eine besonders verwerfliche Figur dar. Strickers Erzählungen sind also keine bloßen Lachgeschichten, und gerade vor dem Hintergrund des theologischen Paratextes gewinnen sie eine aktuelle zeitgenössische Tiefenschärfe.

Sie brechen den Stab für ein vernünftiges Handeln, bei dem auch eine klug eingesetzte List gelegentlich ihren angemessenen Platz finden kann. Insofern tragen sie dazu bei, den mühevollen Weg in die Moderne zu bahnen. Dieser Weg blieb jedoch immer noch in die theologische Spe-

41 S. dazu Jonas 1987, S. 149–174; Ehrismann 2011, S. 75–79.

42 S. Tanner 2005, S. 562–565.

43 S. ebd., S. 200–206.

kulation der Zeit eingebettet, ohne dass damit deren genaue Kenntnis durch den Fahrenden unterstellt werden muss: Die Ethik des Thomas von Aquin z. B. feiert die Klugheit (*prudentia*) als eine für das menschliche Leben und Handeln besonders wichtige Tugend, als praktische Vernunft (d. h. rechte Vernunft beim Handeln), und sie befasst sich eingehend mit der vom Verstand getragenen Weisheit als einer Gabe des Heiligen Geistes. Ihr stehen Torheit (*stultitia*) und Tölpelhaftigkeit (*fatuitas*) gegenüber. Thomas reflektiert ebenso das Vermögen des Verstandes/der Vernunft (*intellectus, ratio*) – als Teile der Klugheit – bzw. des rechten (d. h. vernunft-/verstandesgeleiteten) Willens als der Bedingung der Tugenden und der Glückseligkeit (*beatitudo*). Die Glückseligkeit ihrerseits ist der Endzweck (*finis ultimus*) des Menschen.[44] Der gute Wille ist auf Gott gerichtet und der Hochmut der Ursprung aller Sünde.[45] Die *gevüegiu kündikeit*, die in den Handschriften A und H 182 des *Klugen Knecht* (Nr. 15) erwähnt ist und die als eine in der Vernunft gegründete Klugheit begreifbar ist, dürfte dem *intellectus practicus* bzw. der *ratio recta* des Thomas[46] nicht allzu fern stehen.

Das literarische System

Der Stricker experimentierte mit den kleinen narrativen Genres, so dass nicht selten hybride Formen entstanden. Sind *Der Wolf und der Biber* (Nr. 7) und *Der Hofhund und die Jagdhunde* (Nr. 6) nur Fabeln oder nicht auch Mären? Gehört *Der Riese* (Nr. 14) dem Märchen oder dem Märe an?

44 Vgl. Die Deutsche Thomas-Ausgabe, vollständige, ungekürzte deutsch-lateinische Ausgabe der *Summa Theologica*, hrsg. von der Albertus-Magnus-Akademie Walberberg bei Köln, Heidelberg/Graz/Wien/Köln 1934 ff. Die *Summa* ist in den 60er und 70er Jahren des 13. Jahrhunderts entstanden; auf sie wird im Sinne eines parallelen Diskurses hingewiesen.

45 Vgl. ebd., Bd. 9 (Quaestio 19/9) und Bd. 12 (Quaestio 84).

46 Vgl. ebd., Bd. 17 B (Quaestio 47/2).

Berühren sich die beiden Tierparabeln *Die Affenmutter und ihre Kinder* (Nr. 12) und *Der Jäger* (Nr. 13) mit Fabel *und* Märe? Hinsichtlich der Zuordnung der einzelnen Formate zu einer Gattung bleibt manche Frage offen. Sie treibt den Literaturwissenschaftler um, der die Textmassen ordnen muss, nicht den Künstler, der gerade dadurch besticht, dass er neue Formen schafft. Im *Pfaffen Amîs*[47] hat er um die Figur des listigen Priesters eine Reihe Schwänke versammelt und auf diese Weise den ersten volkssprachigen Schwankroman verfasst. Einige dieser Schwänke finden sich auch im späteren *Ulenspiegel* wieder, ohne dass deren Weg zwischen beiden Texten nachzuvollziehen wäre.

Im Mittelalter wurde kein geschlossenes, gattungsmäßig organisiertes literarisches System ausgebildet. Die Autoren, so könnte man *cum grano salis* sagen, schlossen ihre Texte bedarfsgerecht vorhandenen (latein- und/oder volkssprachigen, schriftlichen und/oder mündlichen) Erzähl-Mustern an, so dass ein nach den Seiten hin offener Text-Raum entstand, der im Fall der Strickerschen Kurzerzählungen Beispieldichtungen (*exempla*) verschiedenster Art enthält. Näheres soll in dieser Einführung nicht erörtert werden, jedenfalls können die kleinen volkssprachigen Erzählformen des Mittelalters nicht in den relativ engen Rahmen einer Gattungsdefinition im heutigen Sinne eingepasst werden. Sie erheben eine eigene Stimme. Sie zehrten zu einem nicht geringen Teil von dem Tableau der (mündlichen und verschrifteten) zeitgenössischen europäischen (mittellateinischen und altfranzösischen) Kleinepik, der sie im Gegenzug einen eigenen ›deutschen‹ Farbton hinzufügten. Vielleicht hatten sie deshalb seit der sogenannten Krise der großen höfischen Narrative literarische Konjunktur.

47 S. Michael Schilling, *Der Stricker. Der Pfaffe Amis.* Mittelhochdeutsch/Neuhochdeutsch, nach der Heidelberger Handschrift cpg 341 hrsg., übersetzt und kommentiert, Stuttgart 1994 (Reclams Universal-Bibliothek, 658); VL Sp. 435–438 (Hans-Joachim Ziegeler).

Deutsche Literatur des Mittelalters

IN RECLAMS UNIVERSAL-BIBLIOTHEK

Althochdeutsche Literatur. Eine kommentierte Anthologie. Althochdeutsch/Neuhochdeutsch. Altniederdeutsch/Neuhochdeutsch. 412 S. UB 18491

Das Annolied. Mhd./Nhd. 192 S. 4 Abb. UB 1416

Deutsche Gedichte des Mittelalters. Mhd./Nhd. 613 S. UB 8849

Deutscher Minnesang (1150–1300). Mhd./Nhd. 174 S. UB 7857

Fastnachtspiele des 15. und 16. Jahrhunderts. 464 S. 9 Abb. UB 9415

Frauenlieder des Mittelalters. Zweispr. 309 S. UB 8630

Früheste deutsche Lieddichtung. Mhd./Nhd. 272 S. UB 18388

Frühmittelhochdeutsche Literatur. Mhd./Nhd. 295 S. UB 9438

Germanische Göttersagen. 208 S. UB 8750

Germanische Heldensagen. 356 S. UB 8751

Gottfried von Straßburg: Tristan. Mhd./Nhd. Bd. 1: Text. Verse 1–9982. 595 S. 10 Abb. UB 4471 – Bd. 2: Text. Verse 9983–19548. 590 S. 11 Abb. UB 4472 – Bd. 3: Kommentar, Nachwort und Register. 390 S. UB 4473

Hartmann von Aue: Der arme Heinrich. Mhd./Nhd. 134 S. UB 456 – Erec. Mhd./Nhd. 722 S. UB 18530 – Gregorius. Mhd./Nhd. 325 S. UB 18764

Heinrich der Glîchezâre: Reinhart Fuchs. Mhd./Nhd. 184 S. UB 9819

Heinrich von Morungen: Lieder. Mhd./Nhd. 248 S. UB 9797

Heinrich von Veldeke: Eneasroman. Mhd./Nhd. 895 S. UB 8303

Herzog Ernst. Mhd./Nhd. 429 S. UB 8352

Johannes von Tepl: Der Ackermann. Frühnhd./Nhd. 181 S. UB 18075

Kleine mittelhochdeutsche Verserzählungen. Mhd./Nhd. 336 S. UB 18431

König Artus und seine Tafelrunde. Europ. Dichtung des Mittelalters. 760 S. UB 9945

König Rother. Mhd./Nhd. 485 S. UB 18047

Konrad von Würzburg: Heinrich von Kempten. Der Welt Lohn. Das Herzmaere. Mhd./Nhd. 167 S. UB 2855

Kudrun. Mhd./Nhd. 664 S. UB 18639 – 360 S. UB 466

Pfaffe Lambrecht: Alexanderroman. Mhd./Nhd. 671 S. UB 18508

Mauricius von Craûn. Mhd./Nhd. 244 S. UB 8796

Meister Eckhart: Deutsche Predigten. Mhd./Nhd. 224 S. UB 18117

Mystische Texte des Mittelalters. 405 S. UB 8456

Neidhart von Reuental: Lieder. Auswahl. Mit den Noten zu neun Liedern. Mhd./Nhd. 134 S. UB 6927

Das Nibelungenlied. 408 S. UB 642

Das Nibelungenlied. Eine Auswahl. 108 S. UB 18081

Das Nibelungenlied. Mhd./Nhd. 1049 S. UB 644 – auch geb.

Oswald von Wolkenstein: Lieder. Frühneuhochdeutsch/ Neuhochdeutsch. 423 S. UB 18490

Otfrid von Weissenburg: Evangelienbuch. Auswahl. Ahd./Nhd. 272 S. UB 8384

Das Redentiner Osterspiel. Mnd./Nhd. 293 S. UB 9744

Reineke Fuchs. Das niederdt. Epos »Reynke de Vos« von 1498. 295 S. 40 Holzschn. d. Originals. UB 8768

Reinmar: Lieder. Nach der Weingartner Liederhandschrift (B). Mhd./Nhd. 408 S. UB 8318

Das Rolandslied des Pfaffen Konrad. Mhd./Nhd. 823 S. UB 2745

Sachsenspiegel. Landrecht und Lehnrecht. 267 S. UB 3355

Der Stricker: Erzählungen, Fabeln, Reden. Mhd./Nhd. 282 S. UB 18821 – Der Pfaffe Amis. Mhd./Nhd. 206 S. UB 658

Tagelieder des deutschen Mittelalters. Mhd./Nhd. 308 S. UB 8831

Thüring von Ringoltingen: Melusine. 176 S. 22 Holzschn. UB 1484

Ulrich von Liechtenstein: Das Frauenbuch. 240 S. UB 18250

Walther von der Vogelweide: Werke. Mhd./Nhd. Bd. 1: Spruchlyrik. 550 S. UB 819 – Bd. 2: Liedlyrik. 864 S. UB 820

Wernher der Gärtner: Helmbrecht. Mhd./Nhd. 216 S. UB 9498 – Meier Helmbrecht. 64 S. UB 1188

Heinrich Wittenwiler: Der Ring. Frühnhd./Nhd. 696 S. UB 8749

Wolfram von Eschenbach: Parzival. Mhd./Nhd. Bd. 1: Bücher 1–8. 736 S. UB 3681 – Bd. 2: Bücher 9–16. 704 S. UB 3682 – Parzival. Auswahl. 168 S. UB 7451

Philipp Reclam jun. Stuttgart